Der Schwarze Führer
Deutschland

Der Schwarze Führer

Deutschland

253 geheimnisvolle Stätten
in 194 Orten
mit 123 Abbildungen,
einer Übersichtskarte
und einer Einführung
von Professor Lutz Röhrich

Zusammenstellung und Bearbeitung:
Johanna M. Ziemann

Eulen Verlag

Die Zusammenstellung und Bearbeitung basiert auf den erschienenen und in Vorbereitung befindlichen Bänden der Reihe „Die Schwarzen Führer“

Redaktion: Hildegard Gerlach

Hebelstraße 11
Satz: Stückle Druck und Verlag, Ettenheim
Druck und Einband: Freiburger Graphische Betriebe
ISBN: 3-89102-440-1

Inhalt

Einführung

Die Zeit, in der Sagen weithin geglaubte mündliche Überlieferung waren, ist vorbei. Gleichwohl hat die Faszination dieser Erzählgattung auch die Menschen von heute nicht losgelassen. Sagen sind Berichte über rätselhafte und unerklärliche Geschehnisse, Zeugnisse des Aberglaubens wie der Volksfrömmigkeit. Im Unterschied zu den freundlich-optimistischen und schön geformten Märchen sind Sagen nicht selten pessimistisch, schwergewichtiger und problembeladener als die Märchen, in ihren kultur- und sozialhistorischen Bezügen wirklichkeitsnäher, zugleich in ihren Fragestellungen mehr jenseitsbezogen.
Sagen erzählen vom Eingreifen der übernatürlichen Mächte, vom Teufel, von dämonischen Wesen wie Riesen und Zwergen, von Drachen und verborgenen Schätzen. Die Skala der Figuren und Motive ist weit gefächert und regional stark differenziert. Das Unheimliche tritt in Kontrast zum Heimeligen, z. B. bei den Begegnungen der Lebenden mit den Toten in ihren mannigfachen Erscheinungsweisen als Wiedergänger, Arme Seelen oder Vampire. Und jeder weiß, daß es dabei nicht bloß um den Aberglauben von vorgestern geht. Friedhofsangst, Angst vor Dunkelheit, Naturkatastrophen, Erdbeben und Lawinen, Vorahnungen zukünftigen Unglücks vermitteln noch immer nachvollziehbare Gefühle und Phobien. Erinnerungsträchtige Namen wie *,Galgenberg'* oder *,Hexentanzplatz'* rufen noch immer eine Gänsehaut oder wenigstens wohliges Gruseln hervor. Sagen sind Zeugnisse von Angst, aber auch von Angstbewältigung. Sagen spiegeln Glaubenserfahrungen und sind damit in einem weiteren Sinne auch Dokumente von Religiosität. Die Rationalität versagt gegenüber der Erklärung übernatürlicher Phänomene. Gerade Nicht-Wissen reizt die Menschen zu Deutungen des Unheimlichen und verlockt sie, sich mit diesen Stoffen immer erneut auseinanderzusetzen. Neben Dramatik und Tragik kennt die Sage aber auch gelegentlich einen Hauch von Humor, vor allem wenn List und schwankhafte Übertölpelung eine Rolle spielen. Auch Kuriositäten und das Anekdotische haben ihren Anteil im volkstümlichen Erzählgut. Oft sind Sagen ausgesprochene Lehrstücke; sie berichten über richtiges oder falsches Verhalten von Menschen, überwiegend jedoch von Fehlverhalten und Normabweichungen und ihrer Bestrafung. Nicht zufällig sind *Frevelsagen* und *Rechtssagen* so häufig. Sagen sprechen gültige Lebenserfahrungen von Generationen aus; sie

enthalten Modelle zur Lebensbewältigung; sie sind trotz jahrhundertelanger Tradition nicht erstarrt, und darin liegen auch die Gründe ihrer Kreativität bis in die Gegenwart. Nicht zufällig haben Sagen auch in vielfältiger Weise die Literatur angeregt, die Balladen- und Novellendichter des 19. Jh. ebenso wie noch die Schriftsteller der Moderne. Und die Anregungen reichen bis zu den Drehbüchern der allseits beliebten Hexen-, Grusel- und Vampirfilme. Schließlich ist auch Science Fiction eine Form moderner Sagenbildung.

Sagen handeln nicht nur von Erlebnissen mysteriöser Art, sondern auch von bemerkenswerten historischen oder auch nur für historisch gehaltenen Ereignissen, von Hungersnöten und Massensterben der Zeit der Pest, vom Schwedenkrieg und von der Franzosenzeit, von Kriegsnöten und Belagerungen, von Raubrittern und Kreuzfahrern, von untergegangenen Städten und Klöstern. Rettungsmotive stehen neben solchen von Zerstörung und Untergang. Sagen berichten von den Schicksalen der führenden Familien, aber auch der einfachen Bevölkerung. Sie bilden eine Form volkstümlicher Geschichtsschreibung und zeigen dabei häufig die Perspektive einer von unten gesehenen Geschichtsauffassung. Dabei wird Geschichte in der Form von Geschichten wiedergegeben. Selbst wenn das geschichtliche Gedächtnis der mündlichen Volksüberlieferung nicht immer die historische Wahrheit spiegelt, so enthalten Sagen doch häufig wenigstens einen Kern von Wirklichkeit. Fast immer sind es bewegende Erzählungen, ‚unheimlich starke' Geschichten des Wissens und Gewissens.

Im Unterschied zu Märchen, die überall und nirgends angesiedelt sind, spielen Sagen an festen und real nachweisbaren Orten. Die Zeugnisse des Geschehens sind noch allenthalben sichtbar. Oft bilden sie sogar Anknüpfungspunkte heutigen Fremdenverkehrs. Obwohl Sagen örtlich und zeitlich fixiert sind, gibt es jedoch das Phänomen der *‚Wandersage'*, d. h. ein und dasselbe Motiv wird von ganz verschiedenen Orten angeeignet. Die Erzählungen z. B. von der geretteten Unschuld (Jungfernsprung), vom schlafenden Kaiser im Berg (Barbarossa), vom Traum vom Schatz auf der Brücke, vom Riesenspielzeug, von der Vielgeburt (Welfen), von den treuen Frauen von Weinsberg – um nur einige Beispiele zu nennen – werden an vielen Orten mit der lokalen Überzeugung von Historizität berichtet. Solche Erzählungen lösen im Zuhörer oder Leser ein Bekanntheitsgefühl, ein Deja-vu-Erlebnis aus. Der Mensch der Gegenwart, ob Fußwanderer,

Radfahrer oder Autotourist, möchte von der Landschaft, durch die er reist, etwas mehr wissen, als dies Ansichtskarten oder Touristenprospekte vermitteln können. Er möchte im wörtlichen Sinne ‚erfahren', was es mit diesem oder jenem Denkmal, Wegkreuz, Bildstock oder Brunnen, mit den noch sichtbaren Resten von Burgruinen oder Klöstern, mit auffallenden Orts- oder Gebäudenamen auf sich hat.
Gegenüber den alten und unkritisch immer wieder nachgedruckten Sagensammlungen bieten die ‚Schwarzen Führer' einige bemerkenswerte Neuerungen: Abbildungen des Sagengeschehens – meist in Form von Stichen aus älterer Graphik –, vor allem aber genaue Ortsbeschreibungen und historische Nachweise. Dabei werden die Sageninhalte nicht weitschweifend erzählt, sondern auf ihre Grundzüge reduziert. ‚Schwarze Führer' hat es bislang für die Welt der Deutschen Sagen noch nicht gegeben. Als ‚*Guides noires*' waren sie eher für Frankreich und die Romania bekannt. Durch die neue Reihe des EULEN VERLAGs kann man sich nun aber auch an die sagenumwobenen Plätze und zu den geheimnisvollen Orten deutscher Landschaften geleiten und in das Land der Phantasie entführen lassen.

Prof. Dr. Lutz Röhrich
Institut für Volkskunde
Universität Freiburg i. Br.

Zur Benutzung dieses Buches

DER SCHWARZE FÜHRER DEUTSCHLAND führt zu bekannten deutschen und ausgewählten regionalen Sagenorten. Die Artikel wurden bearbeitet aufgrund der erschienenen und in Vorbereitung befindlichen Bände der Reihe „Die Schwarzen Führer". Die Aufteilung ist regional und beginnt im Norden. Dabei wurde bewußt nach historischen Sagenregionen und nur sekundär nach den heutigen Bundesländern gegliedert. Dies erlaubt, in sich geschlossene Sagenregionen wie den Harz in einem Kapitel darzustellen. Die aufgenommenen Orte sind auffindbar über das Ortsverzeichnis und die Übersichtskarte. Die Fülle des Materials zwang in der Bearbeitung zur Konzentration auf die Sageninhalte. Auf detaillierte Ortsbeschreibungen, historische Nachweise und volkskundliche Erläuterungen – ein Spezifikum der Regionalbände – mußte verzichtet werden.

Symbole

	Burgen und Schlösser		Quellen und Brunnen
	Wachtürme, Burgruinen		Flüsse, Seen und Wasserfälle, Moore, Brücken
	Kirchen und Klöster		Höhlen und Grotten
	Kapellen		Vorgesch. Denkmäler, Hünen- und Hügelgräber
	Kreuze, Bildstöcke, Gedenksteine, Friedhöfe		Häuser, Gasthäuser, Mühlen, Baudenkmäler
	Naturdenkmäler : Steine, Felsen und Berge		Standbilder, Reliefs, Skulpturen, Gemälde, Wahrzeichen
	Hervorragende Bäume, Wälder		Wappen

Hamburg – Schleswig-Holstein

AMRUM (Kreis Nordfriesland)

Hark Olufs' Grabstein
Auf dem Friedhof der St. Clemenskirche in *Nebel* stehen zahlreiche alte Grabsteine aus Wesersandstein. Auf dem Stein für Hark Olufs sind eine Krone mit Reichsapfel und Kreuz, Bogen und Köcher sowie Fanfare, Standarte und Säbel erkennbar. Seine Lebensgeschichte, die auf dem Stein nachzulesen ist, soll sich tatsächlich ereignet haben:
Hark Olufs fiel als 16jähriger Matrose im Jahr 1724 bei den Scilly-Inseln in die Hände türkischer Seeräuber und wurde auf dem Sklavenmarkt von Algier verkauft. Schließlich gelangte er in den Besitz eines tunesischen Herrschers, des Beys von Constantin. Er lernte Arabisch, Türkisch und Französisch. Der Bey wurde bald auf Olufs und dessen Sprachkenntnisse aufmerksam. Er machte ihn zu seinem Schatzmeister und gab ihm ein gutes Gehalt, Land, Kamele, zwei Schreiber sowie weitere Vergünstigungen. Schließlich übertrug er Olufs sogar das Kommando über seine 500-köpfige Leibwache. Obwohl es dem gebürtigen Amrumer gutging, hatte er ständig Heimweh. Doch er mußte sich dem Schicksal fügen und begleitete seinen Herren sogar auf einer Pilgerfahrt nach Mekka. Nach 11 Jahren gab ihm der Bey aus Dankbarkeit für seine treuen Dienste die Freiheit wieder. Sechs Monate später, am 25. April 1736, kehrte er nach Amrum zurück. Dort fiel es Olufs schwer, sich wieder einzugewöhnen, zumal die Einheimischen ihm mißtrauisch begegneten und ihm die Wallfahrt nach Mekka übelnahmen. Ein Jahr nach seiner Heimkehr heiratete er Antje Harcken, aus der Ehe gingen 5 Kinder hervor. Im Jahr 1754 starb Olufs infolge eines Blutsturzes.
Diese abenteuerliche Geschichte wurde immer weiter ausgeschmückt. Demzufolge trug Olufs in der Fremde große Schätze zusammen und brachte diese mit nach Amrum. Als er gestorben war, fand er in seinem Grab keine Ruhe, da er seinen Kindern nichts vom Versteck des Schatzes erzählt hatte. Deshalb wanderte er jede Nacht im Leichenhemd auf einer Anhöhe zwischen Nebel und seinem Heimatort *Süddorf* umher. Schließlich nahm ein Amrumer all seinen Mut zusammen und fragte den Geist, was ihn bedrücke. Olufs bat ihn, seinen Kindern unbedingt mitzuteilen, daß die meisten Schätze unter der Türschwelle seines Hauses in Süddorf vergraben seien. Als seine Nachkommen darauf-

hin dort nachgruben, fanden sie tatsächlich einen sehr großen Geldschatz, den sie unter sich aufteilten. Von da an hatte der Geist Ruhe, und man sah ihn nie wieder.

HAMBURG (Freie und Hansestadt)

Störtebeker-Denkmal auf dem Grasbrook

Auf dem Grasbrook befand sich die Richtstätte der Hansestadt, auf der am 11. Juni 1402 der berühmte Seeräuber Klaus Störtebeker und fast 70 Leute seiner Mannschaft geköpft wurden. An dieser Stelle erinnert ein Denkmal an ihn.

Klaus Störtebeker gehört neben Gödeke Michel zu jenen sagenumwobenen Freibeutern, die Ende des 17. Jh. auf Nord- und Ostsee Raubfahrten unternahmen. Die Piraten hatten als reguläre Hilfstruppen begonnen, indem sie im Auftrag der Herzöge von *Rostock* und Mecklenburg seit 1389 das von den Dänen belagerte Stockholm von See her mit Lebensmitteln (Viktualien) versorgten. Nach Ende der Kriegshandlungen machten sie sich „selbständig" und wurden zu einem gefürchteten Seeräuberbund, der gegen die Schiffe der Hanse einen Kaperkrieg führte. 1401 rüstete der Hamburger Senat eine Flotte aus, die den Seeräubern bei Helgoland auflauerte und sie nach erbittertem Kampf gefangennahm. In Hamburg wurde ihnen der Prozeß gemacht; ein halbes Jahr später erfolgte die Hinrichtung.

Historisch ist über Klaus Störtebeker und Gödeke Michel nicht mehr bekannt. Umso reichhaltiger ist die Sage, die das Leben und Sterben der beiden berühmten Seehelden phantasievoll ausgeschmückt hat. Klaus Störtebeker soll ein Edelmann gewesen sein, der sein Vermögen verpraßt und sich deshalb dem Piratenführer Gödeke Michel angeschlossen hatte. Vor Aufnahme in die Bruderschaft mußte er drei Proben bestehen: eine eiserne Kette zerreißen, ein Hufeisen mit bloßen Händen zerbrechen und einen Becher Wein auf einem Zug leeren. Da er auch die letzte Probe glänzend bestand und den Wein ohne abzusetzen hinunterstürzte, wurde er „Störtebeker" (Sturzbecher) genannt. Der Becher, der angeblich dabei benutzt wurde,

ein vier Flaschen fassender silberner Pokal mit Verzierungen, ist heute im „Museum für Hamburgische Geschichte" zu sehen. In der ersten Zeit kaperte Störtebeker gemeinsam mit Gödeke Michel; die Beute wurde geteilt, weshalb die Viktualienbrüder auch als „Likedeeler" (Gleichteiler) bezeichnet wurden. Später führ-

te jeder ein eigenes Schiff, doch teilten sie die Beute auch weiterhin. Klaus Störtebeker scheint der Erfolgreichere gewesen zu sein: der Sage nach häufte er unermeßliche Schätze an, die in verschiedenen Schlupfwinkeln noch immer versteckt liegen. Der Hauptmast seines Schiffes soll mit geschmolzenem Gold gefüllt gewesen sein, aus dem man später eine prächtige Krone für den Turm der Hamburger Katharinenkirche schmiedete. Während Störtebeker die reichen Kauffahrer rücksichtslos ausraubte, war er nach mecklenburgischen und pommerschen Überlieferungen gegenüber armen Leuten oft hilfreich, unterstützte sie mit Geld oder beschenkte sie mit anderen nützlichen Dingen. Entsprechende Sagen zeigen ihn als „Sozialrebellen" vom Typus „edler Räuber", der lediglich die Reichen schädigt zum Nutzen der Armen. Gelegentlich trägt er auch mythische Züge, und man schreibt ihm zauberische Fähigkeiten zu, etwa die, sein Schiff durch die Luft fliegen zu lassen.
Nach seiner Gefangennahme bot Klaus Störtebeker den Hamburgern vergebens an, die Stadt mit einer gol-

Klaus Störtebeker. Kupfer von Daniel Hopfer, 1520

Darstellung der Hinrichtung auf dem Grasbrook

denen Kette zu umspannen, wenn man ihm Leben und Freiheit schenke. Vor seiner Hinrichtung soll er gebeten haben, ihn als ersten zu köpfen und alle die Gesellen zu begnadigen, an denen er nach der Enthauptung noch vorbeilaufen könne. So geschah es – doch als der wandelnde Leichnam beim elften Piraten angekommen war, warf der Henker ihm einen Holzklotz zwischen die Beine, so daß er stürzte. Elf Seeräuber wurden freigelassen, die übrigen führte man zum Richtblock. Auch Gödeke Michel wurde wenig später festgenommen und ebenfalls auf dem Grasbrook hingerichtet.
→ Ralswiek (Mecklenburg-Vorpommern)

Altona
Im beginnenden 16. Jh. entstand Altona als Fischer- und Arbeitersiedlung außerhalb Hamburgs auf Pinneberger Gebiet. Erst 1937 wurde Altona nach Hamburg eingemeindet.
Zum Namen dieses im Hamburger Westen am rechten Elbufer gelegenen Stadtteils weiß die Sage, er sei auf eine Wette von Hamburger Kaufleuten zurückzuführen. Sie hatten einem Gast des Wirtshauses, wo sie eingekehrt waren, angeboten, jede ihnen gestellte Aufgabe zu lösen oder aber viele tausend Taler zu zahlen. Dieser forderte sie nun auf, in der Nähe Hamburgs eine zweite Stadt zu bauen. Die Kaufleute verbanden einem Waisenknaben die Augen, brachten ihn zum westlichen Stadttor Hamburgs, dem Millerntor, und ließen ihn in westlicher Richtung loslaufen. An der Stelle, wo er hinfiel, wollten sie den neuen Ort gründen. Der Junge kam aber nicht besonders weit, denn er fürchtete, in einen Bach zu fallen und zu ertrinken. Deshalb warf er sich schon nach einigen Minuten auf

die Erde und behauptete, sich verletzt zu haben. Die Kaufleute, die hinter ihm hergegangen waren, riefen aus: „All-to-nah!“ (All-zu-nah), woraus dann der Name der geplanten Stadt entstand.
In dieser Sage ist die Konkurrenz zwischen Hamburg und dem kleineren Altona thematisiert, die das Verhältnis bestimmte, seit die Dänen den Ort systematisch förderten. Indem sie ihm Handels- und Zollprivilegien zugestanden, steigerten sie seine Attraktivität in hohem Maße. Altona wurde in kurzer Zeit zur zweitgrößten Stadt im dänischen Staat und damit zur ernsten Rivalin für die Hansestadt.

HEMMINGSTEDT (Kreis Dithmarschen)

Dusenddüwelswarft bei Dehling
Auf der Dusenddüwelswarft (Tausendteufelshügel) wurde ein Denkmal aufgestellt, das an den Sieg erinnert, den die Dithmarscher am 17. Februar 1500 in der Schlacht von Hemmingstedt über die dänischen Truppen errangen. Auf dem künstlichen Hügel steht inmitten einer steinernen Umzäunung auf einem Postament ein Findling, in den der legendäre Spruch: „WAHR DI GAHR, DE BUHR DE KÜMT“ (Wehr dich Garde, der Bauer kommt) eingelassen ist.

Die Schlacht bei Hemmingstedt. Holzschnitt, 1500

Der in Stein gemeißelte Spruch ist der Überlieferung nach eine Umkehrung des Anfeuerungsrufes der königlichen Truppen: „Wahr di Buhr, de Gahr de kümt!“ (Wehr dich Bauer, die Garde kommt.) Als die Dithmarscher das 12 000 Mann starke feindliche Heer

geschlagen hatten, drehten sie den Ruf in ihrem Sinne um. Die Dusenddüwelswarft bezeichnet allerdings nicht den genauen Platz der Schlacht, denn seine genaue Lage ist bis heute ungewiß.
In einem Lied heißt es irrtümlicherweise auch, der gegnerische Anführer, König Johann „der Segeberger", sei erschlagen worden. Eine Sage erzählt, daß er wie durch ein Wunder am Leben blieb und in ein Bauernhaus in der Nähe flüchtete. Eine Magd brachte ihn heimlich aus dem Land und erhielt von ihm zum Dank ein größeres Landstück in Nordfriesland geschenkt. Johann sagte ihr so viel an Grund und Boden zu, wie sie an einem Tag umpflügen könnte, worauf sie nicht die Fläche pflügte, sondern einen Bogen um ein großes Stück Land – eine List, die genauso auch von Till Eulenspiegel überliefert ist.
→ Mölln (Hamburg – Schleswig-Holstein)

KIEL (Landeshauptstadt)

Nikolaikirche
Der Sage nach fand in der Nikolaikirche vor vielen Jahren eine unheimliche Messe statt. Zeuge dieser gruseligen Veranstaltung wurde eine Kielerin, die eines Nachts aufwachte, weil sie Glocken und Orgelklänge hörte. Sie glaubte daher, es sei Zeit für den Gottesdienst, kleidete sich an und ging zur Nikolaikirche. Dort kam ihr jedoch alles sehr merkwürdig vor, denn die anderen Kirchgänger waren ihr völlig fremd und sangen ganz andere Lieder als die im Gesangbuch. Zudem entdeckte die Frau unter den Gottesdienstbesuchern nach und nach zahlreiche vertraute Gestalten, die eigentlich längst tot waren. Plötzlich forderte eine Frau, die sie beim näheren Hinsehen als ihre verstorbene Patentante erkannte, sie auf, sofort zu gehen und sich auf keinen Fall umzusehen. Daraufhin verließ die Frau voller Grausen schnell das Gotteshaus. Es schlug gerade Mitternacht, als sie die Kirchentür hinter sich schloß. Dabei verklemmte sich ihr Umhang, den sie jedoch schnell abstreifte, um keine Zeit zu verlieren. Als sie am nächsten Morgen den Mantel holen wollte, war er in Fetzen gerissen.
Der Glaube an Geistergottesdienste ist weit verbreitet. Wie in Wohnhäusern, Herrensitzen und unter freiem Himmel treiben Geister ihr Unwesen auch in Kirchen. Tote, die nächtliche Gottesdienste halten, zeigen sich fast immer von ihrer gefährlichen Seite. Daher tun Lebende, die zufällig in einen solchen Gottesdienst hineingeraten, gut daran, sofort wieder zu verschwinden.

MÖLLN (Kreis Herzogtum Lauenburg)

Eulenspiegel-Brunnen
Auf dem Möllner Marktplatz befindet sich ein Brunnen mit einer Skulptur des berühmten Schalks. Till oder Thyl Eulenspiegel, der angeblich 1300 in *Kneitlingen* bei *Braunschweig* geboren wurde, soll mehrere Jahre in Mölln gelebt haben und im Jahr 1350 im Spital zum Heiligen Geist an der Pest gestorben sein. Seine Abenteuer und derben Späße, die sich vor allem gegen Ratsherren, Pfaffen, geizige Marktfrauen und habgierige Kaufleute richteten, wurden Ende des 15. Jh. in einem Volksbuch erstmals gedruckt.
Es verwundert nicht, daß sich auch die Sage des Volksnarren bemächtigt hat. So legt eine Sage Eulenspiegels Geburtsort fälschlicherweise in das schleswig-holsteinische Dorf *Groß Pampau*. Dort soll Tills Familie nach dessen Taufe ausgelassen im Kirchspielkrug gefeiert haben. Auf dem Heimweg ließen die angetrunkenen Eltern den Knaben versehentlich in einen Teich fallen, ohne es zu bemerken. Als sie einige Zeit später wieder ausgenüchtert waren und verzweifelt nach ihrem Kind suchten, schwamm der kleine Junge vergnügt in seinen Windeln auf dem Tümpel umher und lachte seine Eltern aus. Das war Eulenspiegels erster Streich.
Bei den Möllnern war der freche Narr der Sage nach besonders durch einen Streich beliebt: Der Landesherr soll ihnen einst so viel Land zugestanden haben, wie sie an einem Tag umpflügen könnten. Eulenspiegel übernahm die Arbeit und zog in weitem Bogen eine einzige Furche rund um die Stadt. Alles, was innerhalb

Eulenspiegel und der Schuster. Holzschnitt, 1537

dieser Spur lag, mußte daraufhin den Einwohnern zugesprochen werden.
Eulenspiegel nahm die Möllner jedoch auch kräftig auf den Arm: Als der Schuster, bei dem er arbeitete, eines Tages auf den Markt gehen wollte, fragte ihn der Schelm, womit er sich währenddessen beschäftigen solle. Der Meister antwortete scherzhaft, er könne ja große und kleine Stiefel für Schweine zuschneiden. Eulenspiegel nahm ihn beim Wort, ging in den Stall, vermaß dort die Pfoten der Tiere und schnitt in der Werkstatt zahlreiche Schweineschuhe zu. Als der Meister zurückkam, entdeckte er entsetzt, daß Eulenspiegel das gesamte Leder für die merkwürdigen Schuhe verschnitten hatte. Eulenspiegel sagte ihm, daß er sich wegen des Verkaufs keine Sorgen machen müsse. Tatsächlich bot der Schalk während des folgenden Marktes das sonderbare Schuhwerk für teures Geld an. Er erzählte den Leuten, daß ein sehr kalter Winter bevorstünde und sie unbedingt Schuhe für ihre Schweine kaufen müßten, weil den Tieren sonst die Pfoten abfrieren würden. Die Menschen glaubten ihm, und in kürzester Zeit war alles ausverkauft.

Eulenspiegel-Grabstein und Eulenspiegel-Linde
In einer Außenwand der St. Nikolaikirche ist Till Eulenspiegels Grabstein eingelassen. Auf dem Stein ist eine Abbildung des Spaßvogels in Narrentracht mit Eule und Spiegel. Der Volksglaube sieht ihn allerdings unter einer Linde auf dem ehemaligen Friedhof neben der Kirche begraben. Eine Sage berichtet, daß es während Eulenspiegels Begräbnis zu einem Zwischenfall kam: Demnach riß ein Seil, als man den Sarg hinabließ, so daß dieser senkrecht in die Grube fiel und die Leiche dadurch auf den Füßen zu stehen kam. „Wunderlich war er im Leben“, meinten daraufhin die Möllner, „so mag er es auch im Tode sein.“ Sie ließen daher den Sarg stehen und schütteten die Gruft zu. Danach steckten sie Eulenspiegels Wanderstock auf das Grab, wie er es sich gewünscht hatte. Würde er wachsen, hatte er gesagt, sei das ein Zeichen, daß er trotz all seiner Späße in den Himmel gekommen sei. Der Stock schlug tatsächlich aus und wurde im Laufe der Jahre zu einer kräftigen Linde.

SCHLESWIG (Kreis Schleswig-Flensburg)

Schloß Gottorf
Die Sage beschäftigt sich mit verschiedenen Regenten, die auf Schloß Gottorf lebten. So wird von einem

Schloß Gottorf aus der Vogelschau. Plan von Lönborg, 18. Jh.

Grafen berichtet, der seinen Untertanen hohe Abgaben abverlangte. Unter den drangsalierten Landbewohnern war auch ein *Böklunder* Bauer, der seine Steuern persönlich ins Schloß brachte. Der Graf, der gerade zu Abend aß, ließ ihn hereinbitten und forderte ihn auf, sich mit an die Tafel zu setzen. Er zeigte ihm sein silbernes Geschirr, ließ die Musikanten aufspielen und hielt den Landmann an, tüchtig zu essen und zu trinken. Der Bauer nahm das Angebot an, schwieg aber. Als die Mahlzeit beendet war, fragte ihn der Graf, ob er sich über so viel Reichtum nicht wundere. Der Bauer antwortete, daß das Geschirr, die Speisen und Getränke sowie die Tischmusik gewiß sehr auserlesen seien. Er traue sich aber zu, den Grafen und seinen Hofstaat an einer noch kostbareren Tafel mit noch wertvollerer Tischmusik zu bewirten, falls der Markgraf die Einladung annehmen wolle. Da der Regent neugierig war, nahm er das Angebot an und ritt schon am darauffolgenden Tag mit seinen Leuten nach Böklund. In seiner Diele hatte der Bauer einen Tisch aus zwei prall gefüllten Weizensäcken und darauf liegenden Brettern gebaut. An dieser Tafel servierte er das Essen. Nachdem der Graf satt war, rechnete ihm der Bauer vor, daß seine zwei Getreidesäcke wertvoller seien als das Silbergeschirr des Grafen. Der Graf stimmte zu, fragte aber nach der angekündigten Musik. Da ließ der Bauer seine Pferde, Ochsen, Kühe, Schweine, Schafe, Gänse, Enten und Hühner auf den Hof und jagte seine Hunde dazwischen, worauf die Tiere einen großen Lärm veranstalteten. Der Markgraf soll darüber sehr nachdenklich geworden sein.

Gewölbemalerei im St.-Petri-Dom

Der Chor des Schleswiger Doms ist mit einer reichen Gewölbemalerei versehen. Im nördlichen Nebenchor

ist unter anderem auch ein auf das 14. Jh. datiertes Bildnis zweier Hexen erkennbar – ein sehr frühes Beispiel für Hexendarstellungen. Eine reitet auf einem Besen, die andere auf einer Katze.
Früher gab es in fast allen Kirchspielen Schleswig-Holsteins eine Anhöhe, von der geargwöhnt wurde, daß es sich um einen Hexentanzplatz, einen sog. „Blocksberg", handelte. Flog die Hexe auf ihrem Weg dorthin durch eine Tür, über der ein Kreuz befestigt war, mußte der Hausbesitzer mit Rache und Prügel rechnen. Die Hexen ritten auch durch Schornsteine und Eulenlöcher ins Freie hinaus. Auf dem Blocksberg angekommen, bereiteten sie sich zunächst eine üppige Mahlzeit aus Gänse- oder Ochsenfleisch sowie Brot und Bier. Danach tanzten sie mit ihren Teufeln zu ohrenbetäubender Musik von zusammenschlagenden Kesseln und zum Gesang alter Frauen. Derjenige, der während einer solchen Zusammenkunft in die Nähe eines Blocksberges kam, wurde in den Kreis der Tanzenden hineingezogen und solange herumgeschwenkt, bis er tot zusammenbrach. Am nächsten Morgen fanden sich auf den Blocksbergen Reste von geschlachteten Gänsen, Spuren von Pferde- und Ziegenfüßen sowie Aschehäufchen.
→ Brocken (Der Harz)

SYLT (Kreis Nordfriesland)

Giebelfigur in Rantum
Am östlichsten Haus in den Wattwiesen ist eine von einem Schiffsheck stammende, aus Holz geschnitzte weibliche Gallionsfigur angebracht. An sie knüpft sich eine der bekanntesten Sylter Sagen: die von dem Meermann Ekke Nekkepenn und seiner unfreiwilligen Braut Inge von Rantum.
Der Wassergeist Ekke Nekkepenn und seine Frau Ran, die Herrin über den Meeresgrund, hatten bei der Geburt ihres ersten Kindes eine Kapitänsfrau als Hebamme herangezogen. Seither dachte Ekke Nekkepenn oft an die schöne Frau. Als seine Meeresfrau Ran alt und unansehnlich geworden war, beschloß er, sie zu verlassen und die Kapitänsfrau zu heiraten, nachdem er ihren Mann im Sturm hatte umkommen lassen. Er bedachte aber nicht, daß auch Menschen im Lauf der Zeit altern. Als er bei Rantum an den Strand stieg, um die Witwe aufzusuchen, begegnete er ihrer schönen Tochter Inge und glaubte, die Mutter vor sich zu haben. Er hielt sie fest, steckte ihr einen Ring an den Finger und betrachtete sie als seine Verlobte. Da Inge

damit aber ganz und gar nicht einverstanden war, versprach er, sie freizugeben, falls sie seinen Namen herausfinden könne. Das gelang ihr auch, weil sie den Dämon belauschen konnte, als er sich allein glaubte und den Namen selbst preisgab.
Ekke Nekkepenn aber, der nicht zu seiner Wasserfrau zurückwollte, ging zu den in der *Kampener* Heide wohnenden Unterirdischen, suchte auch unter ihnen vergebens eine Braut und beanspruchte schließlich sogar den Thron des Zwergenkönigs Finn. Die Zwerge holten jedoch Frau Ran aus dem Meer, und diese nahm Ekke Nekkepenn wieder mit sich auf den Grund der See.

Steingrab „Denghoog" bei Wenningstedt
Im Norden des Ortes befindet sich ein zwischen 2900 und 2600 v. Chr. entstandenes Großsteingrab. Es ist das besterhaltene steinzeitliche Ganggrab des Landes. Hinter einem 6 m langen Gang liegt eine aus zwölf Trag- und drei Decksteinen gebildete ovale Grabkammer. Der Durchmesser des Grabhügels beträgt 25 m. Die Bezeichnung „Denghoog" leitet sich ab von dem Wort „Thinghügel", dem Ort, wo in frühmittelalterlicher Zeit Volks- und Gerichtsversammlungen stattfanden.

Das Innere des Denghoogs

Der Sage nach ist der Denghoog in Zusammenhang mit einem Krieg zwischen Riesen und Zwergen entstanden. Nachdem der Meermann Ekke Nekkepenn das Mädchen Inge von Rantum nicht für sich hatte gewinnen können, kam er in die Gegend von Kampen und warb in Gestalt eines Unterirdischen um eine im „Ennenhoog" (Entenhügel) wohnende Zwergin, die

ihn jedoch höhnisch abwies. Als er dann einem Mädchen aus dem nahen *Braderup* nachstellte, gerieten die Bewohner des Ortes in Zorn und griffen das Zwergenvolk an: Sie prügelten einzelne Zwerge und warfen tote Tiere in ihre Höhlen. Daraufhin versammelten die Zwerge sich im Kampener Reisehoog zu einer Beratung und beschlossen, gegen die Menschen – von der Sage wegen ihrer auffallenden Größe als „Riesen" bezeichnet – in den Krieg zu ziehen. Auf den Thinghügeln bei Tinnum kam es zu einer Schlacht, in deren Verlauf auf beiden Seiten viele den Tod fanden, darunter auch der Zwergenkönig Finn. Unterstützt wurden die „Riesen" von ihren Frauen, die den Zwergen Grütze in die Augen warfen, so daß sie erblindeten oder auch erstickten. Der Grütztopf soll zur Erinnerung in das friesische Wappen aufgenommen worden sein. Nach der Schlacht bestatteten die Riesen ihre Toten in großen Steingräbern und legten die einfachen Krieger alle zusammen in ein Riesenbett, eben den Denghoog, während die Vornehmeren an der Stelle begraben wurden, wo sie den Tod gefunden hatten.
→ Osnabrück (Nordwestdeutschland)

UKLEISEE (Kreis Ostholstein)

Jagdpavillon am See

Der Ukleisee, der wie alle Seen Ostholsteins in der letzten Eiszeit entstanden ist, hat eine Fläche von 35 ha und ist bis zu 16 m tief. Oberhalb des Sees steht auf einem Hügel ein eingeschossiger kleiner Jagdpavillon. Eine geheimnisvolle Sage erzählt über die Entstehung des Sees: Dort, wo sich der Jagdpavillon befindet, stand einst eine Burg, die von einem heißblütigen Ritter bewohnt wurde. Als er einmal auf der Jagd war, begegnete ihm im Wald eine schöne Bauerntochter, in die er sich verliebte. Die junge Frau wies ihn aber wegen des Standesunterschiedes beharrlich zurück: schließlich würden eine arme Bauerntochter und ein wohlhabender Adeliger nicht zusammenpassen. Eines Tages führte er sie in eine kleine Kapelle, die in einer Waldsenke stand. Dort versprach er ihr die Ehe und unterstrich sein Gelöbnis mit den Worten, daß ihn eben an dieser Stelle der Himmel vernichten sollte, wenn er sein Wort brechen würde. Das Mädchen glaubte ihm nur zu gern und wurde seine Geliebte. Künftig trafen sie sich täglich im Wald. Sobald das Mädchen ihn jedoch an sein Versprechen erinnerte, wich er aus. Schließlich verlor er das Interesse an ihr, und das Mädchen wartete bald vergeblich auf ihn. Sie erkannte, daß er sie nicht mehr liebte und starb an gebrochenem Herzen. Der treulose Ritter aber hatte sie längst vergessen und sich inzwischen mit einer wohlhabenden Gräfin verlobt. Die Hochzeit sollte ausgerechnet in der kleinen Waldkapelle stattfinden, in der er dem Bauernmädchen ewige Treue geschworen hatte. Als der Pastor den Ritter eben mit der Gräfin verheiraten wollte, erschien der Geist des betrogenen Mädchens und zeigte drohend auf den Bräutigam, der vor Schreck ohnmächtig wurde. Augenblicklich brach ein fürchterliches Unwetter aus, und die Kapelle versank mitsamt der Hochzeitsgesellschaft in den Fluten eines sintflutartigen Regens. Seitdem befindet sich an diesem Ort der Ukleisee. Nur der Prediger, die Braut und ein kleines unschuldiges Mädchen überlebten. Noch lange soll am Ukleisee an ruhigen Abenden hin und wieder die Glocke der kleinen Kirche zu hören gewesen sein.

WITZWORT (Kreis Nordfriesland)

Roter Haubarg

Die Halbinsel *Eiderstedt* ist berühmt für ihre Haubarge, stattliche Bauernhäuser, deren mächtige reetgedeckte Dächer sich auf allen Seiten tief vom schmalen First hinabziehen. Einer von ihnen ist der „Rote Haubarg" zwischen Witzwort und *Simonsberg*. Das weißgestrichene Gebäude aus dem 17. Jh. heißt Roter Haubarg, weil es ursprünglich aus roten Ziegeln errichtet wurde. Eine alte Sage berichtet, daß beim Bau des Haubargs der Teufel seine Finger im Spiel hatte: An derselben Stelle lebte einst ein junger Mann in einer kleinen Hütte. Der Jüngling hatte sich unsterblich in

Der Rote Haubarg bei Witzwort

die Tochter des benachbarten Schmiedes verliebt. Das Mädchen erwiderte seine Gefühle, und auch die Mutter war mit der Wahl ihrer Tochter einverstanden. Der Schmied aber akzeptierte ihn nicht, weil der junge Mann zu arm war. Daraufhin schloß er in seiner Not einen Pakt mit dem Teufel. Er verschrieb ihm seine Seele unter der Bedingung, daß der Teufel ihm bis zum nächsten Hahnenschrei am darauffolgenden Morgen ein stattliches Haus errichten müßte. In der folgenden Nacht machte sich der Teufel ans Werk. Er riß die alte Hütte nieder und begann, das neue Haus aufzubauen. Als der junge Mann im Morgengrauen das fast fertige Gebäude sah, bekam er Angst und lief zum Nachbarhaus. Dort weckte er seine Angebetete und deren Mutter und erzählte beiden von dem Teufelspakt. Schnell eilte daraufhin die Mutter in den Stall, ergriff einen Hahn und schüttelte diesen solange, bis er krähte. In dem Moment hatte der Teufel den Pakt verloren, denn er hatte in das hundertste Fenster noch keine Scheibe eingesetzt. Durch den stattlichen Haubarg beeindruckt, erklärte sich der Schmied endlich mit der Hochzeit einverstanden, und das Paar lebte fortan glücklich und zufrieden in dem wunderschönen Haus. Die besagte Scheibe soll bis heute fehlen. Jedesmal, nachdem man sie eingesetzt hatte, wurde sie in der darauffolgenden Nacht wieder zerbrochen.

→ Frankfurt a. M. (Hessen)

Mecklenburg-Vorpommern

ALTENKIRCHEN (Lkr. Rügen)

„Swantevit-Stein“ in der Kirche

Im Zentrum von Rügens nördlichster Halbinsel *Wittow* liegt die Gemeinde Altenkirchen mit einer der ältesten Kirchen des Ostseeraumes aus der Frühzeit der Christianisierung. In der südlichen Vorhalle ist der berühmte „Swantewit-Stein“ (querliegend) eingemauert, wohl ein slawischer Grabstein, der aus der Zeit vor 1168 stammen soll. Der Granitbildstein zeigt

„Swantevit-Stein“, ein slawisches Bildwerk, in der Kirche von Altenkirchen

das Relief eines bärtigen Mannes mit einem großen Trinkhorn in den Händen – der Legende nach ist dies Swantewit, der Hauptgott der Rügenslawen, der üblicherweise mit vier Gesichtern dargestellt wird. Da hier der Mann mit Trinkhorn mit nur einem Gesicht zu sehen ist, läßt dies auf den Tempelpriester des slawischen Heiligtums von Arkona schließen. Von diesem wird berichtet, daß er alljährlich das Trinkhorn des hölzernen Götzen Swantewit benutzte, um daraus die Ernte des kommenden Jahres vorherzusagen. Dazu betrachtete er den Met (Honigwein) im Horn: Hatte sich dieser seit dem vergangenen Jahr verringert, so war dies ein schlechtes Zeichen. Der Priester mahnte dann zur Sparsamkeit. Blieb der Flüssigkeitspegel konstant, so war mit einer guten Ernte zu rechnen.

Der steinerne Zeuge slawischer Kultur von Altenkirchen hat großen Seltenheitswert – es gibt auf Rügen nur noch einen einzigen slawischen Bildstein an der Marienkirche in *Bergen*.

Ankershagen (Lkr. Müritz)

Pfarrhaus

Die Häufigkeit der Sagen im mecklenburgischen Dorf Ankershagen dürfte mit dem Archäologen und Entdecker des sagenhaften griechischen Troja, Heinrich Schliemann, zusammenhängen, der hier acht Jahre seiner Kindheit verbrachte: „In unserem Gartenhause sollte der Geist von meines Vaters Vorgänger, dem Pastor von Russdorf, ‚umgehen‘; und dicht hinter unserm Garten befand sich ein kleiner Teich, das sog. „Silberschälchen“, dem um Mitternacht eine gespenstische Jungfrau, die eine silberne Schale trug, entsteigen sollte.“

Schliemann erzählte auch die bekannte Sage vom Ritter Henning Bradenkierl: Henning von Holstein war ein grausamer Raubritter, der in der Burg von Ankershagen seinen Wohnsitz hatte. Als er einen Überfall auf den mecklenburgischen Herzog plante, wurde dieser durch die Warnung eines Kuhhirten vereitelt. Der Ritter nahm grausame Rache an dem Verräter und warf ihn ins Kaminfeuer. Als der Kuhhirte um sein Leben kämpfte und aus den Flammen heraus wollte, stieß ihn der Raubritter mit dem Fuß zurück. Das soll ihm den Namen „Bradenkierl“ (Bratenkerl) zugetragen haben. Nicht lange darauf wurde Henning Bradenkierl vom Herzog getötet, aber die Seele des Toten fand keine Ruhe. Immer wieder soll der Fuß des toten Raubritters bis zum Knie aus der Erde herausgewachsen sein, bis man schließlich das abgeschnittene Bein in der Kirche unter dem Altar bestattete.

Boitin (Lkr. Güstrow)

Steintanz

Im Forst zwischen *Diedrichshof* und *Tarnow* liegen an der höchsten Stelle mehrere Steine in drei größeren (Durchmesser etwa 7–12 m) und einem kleineren Kreis. Ihren Namen „Steintanz“ hat die Anlage nach dem Reigen oder Kreistanz erhalten.

Der auffälligste Stein dieses alten germanischen Kultplatzes hat dreizehn Einkerbungen und wird die „Brautlade“ genannt. Der Sage nach bilden alle Steine zusammen eine versteinerte Hochzeitsgesellschaft mit Kutsche und Brautlade. Die ausgelassene Gesellschaft kegelte mit Würsten und Broten – zur Strafe für diesen Frevel wurde sie in Stein verwandelt. Jedes Jahr zum Johannistag (24. Juni) hängt ein roter Faden aus der „Brautlade“ heraus. Wer ihn mutig zur Mittagszeit herauszieht, kann den Schatz, der hier verborgen sein soll, heben.

Peckatel (Gem. Plate, Lkr. Parchim)

Rummelsberg
Im Rummelsberg, wenige Kilometer südlich von Schwerin, sollen einst Zwerge gelebt haben. Die „Unterirdischen" hielten von Zeit zu Zeit einen Festschmaus auf dem Rummelsberg und benutzten dazu bronzenes Geschirr, das sie sich von ihren Freunden in den umliegenden Bergen geliehen hatten. Eines Tages gelang es einem Jungen aus Peckatel, sich unbemerkt zur Festtafel zu schleichen und ein Messerchen zu entwenden. Er mußte es jedoch gleich wieder zurück bringen, denn die Dorfbewohner glaubten, daß es Unglück bringe, die Zwerge zu bestehlen. Erst als das Messer wieder zurück war, konnte die Tafel wieder verschwinden.
Die Unterirdischen brachten auch ihre Kinder nach Peckatel und nahmen dafür Dorfkinder mit. Zu der Verzweiflung der Mütter über ihre verlorenen Kinder kam, daß die Wechselbälger der Zwerge nicht wuchsen und gediehen – eine sehr alte, verbreitete volkstümliche Vorstellung, welche das Vorhandensein von mißgestalteten, kranken und behinderten Kindern zu erklären sucht. Schon bald holten die Unterirdischen aber ihre Zwergenkinder wieder ab.
Die Sagen um die bronzenen Schätze der Unterirdischen im Rummelsberg haben einen wahren Kern: Archäologische Grabungen in der Nähe des Bahndammes brachten einen keltischen Kultwagen aus der Bronzezeit zum Vorschein. Der rund 40 cm hohe Wagen mit dem bronzenen Kessel ist das Wahrzeichen des Archäologischen Landesmuseums von Mecklenburg-Vorpommern im Schloß Wiligrad bei *Schwerin*.

Ralswiek (Lkr. Rügen)

Hof Ruschvitz
Auf die Frage, wo der berühmte Seeräuber Klaus Störtebeker geboren wurde, kann man als Antwort „in Ralswiek" bekommen. Der kleine Ort liegt auf der Insel Rügen am Südzipfel des Großen Jasmunder Bodden. Auf Hof Ruschvitz soll Störtebeker um 1370 als Sohn einer Magd und eines Knechtes zur Welt gekommen sein und später hier selbst als Knecht gedient haben, bis er dabei erwischt wurde, wie er heimlich aus der Kanne seines Herrn Met (Honigwein) trank. Als

man ihn dafür prügelte, schlug Störtebeker zurück – er mußte flüchten und verdingte sich auf einem vor Rügen liegenden Seeräuberschiff gemeinsam mit Gödeke Michel als Schiffshauptmann.
In Ralswiek finden jedes Jahr im Sommer die „Störtebeker-Festspiele“ statt.
→ Hamburg (Hamburg – Schleswig-Holstein)

ROSTOCK (Hansestadt)

Tycho-Brahe-Denkmal
Am „Glatten Aal“, einem nach einen früheren Wirtshaus benannten Platz, steht ein Denkmal für den dänischen Astronomen Tycho Brahe (1546–1601), der an der Rostocker Universität studierte. Es befindet sich an der Südwand des Gebäudes der Volks- und Raiffeisenbank und besteht aus einem Bronzerelief, welches den Astronomen mit goldener Nase zeigt, darüber eine Sonnenuhr mit Tierkreiszeichen, auf der das Tychonische Weltsystem – Brahe sah die Erde als ruhenden Mittelpunkt der Welt – dargestellt ist.

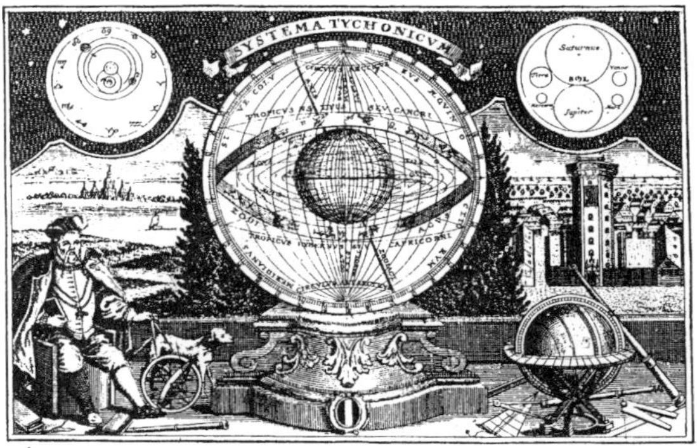

Tycho Brahe mit Tierkreiszeichen und Tychonischem Weltsystem, 18 Jh.

Eine Anekdote berichtet von einem Streit am Abend des 29. Dezember 1566, den der Student Tycho Brahe mit einem anderen dänischen Edelmann austrug, um die Frage, wer denn der bessere Mathematiker sei. Vermutlich beim Friedhof der Marienkirche kam es zum Duell, bei dem Brahe sowohl den Kampf als auch einen Teil seiner Nase verlor. Brahes gute Kontakte zu den Rostocker Medizinprofessoren verhalfen ihm alsbald zu einer neuen Nase – aus einer Silber-Gold-Legierung. Diese Nasenprothese mußte der Forscher ständig mit einer Salbe ankleben.

SCHWERIN (Landeshauptstadt)

Schloß
Im Schloß von Schwerin „lebt“ das Petermännchen – die berühmteste Sagenfigur des Landes. Im Säulenzimmer des Schloßmuseums ist eine Schranktür mit einer frühen Petermännchen-Darstellung aus dem 17. Jh. zu sehen. Das Petermännchen, auf Stelzen laufend, ist wie zur Zeit des 30jährigen Krieges (1618–48) gekleidet: mit Stulpenstiefeln, Halskrause und einem großen Federhut. Die zahlreichen Stiche des 19. Jh. lehnen sich an dieser historischen Darstellung an; sie zeigen das Petermännchen zusätzlich mit einem Schlüsselbund in oder vor dem Schweriner Schloß.

Das Petermännchen im Schweriner Schloß, 1823

Einen mutigen, jungen Soldaten aus dem Schloß führte das Petermännchen eines Tages in die unterirdischen Gänge des Schlosses. Zu der verschlossenen Gittertür eines Gemaches paßte einer seiner gewaltigen Schlüssel. Der Soldat mußte nun ein Schwert putzen, mit dem einst ein Obodritenfürst (slawischer Volksstamm) einen alten Christenpriester getötet hatte. Sobald das Schwert blank sei, wäre auch das Petermännchen erlöst. So erlöste der junge Soldat den ruhelosen Geist und wurde dafür mit drei Stangen aus

purem Gold belohnt. In dieser Sage gibt sich das Petermännchen als erlösungsbedürftige „Arme Seele" eines slawischen Herrschers zu erkennen.
Zur Herkunft des Petermännchens gibt es zahlreiche Spekulationen: der Schloßgeist wird auf einen Prinzen oder König der vorchristlichen Zeit oder gar auf eine slawische Gottheit zurückgeführt. In einer Sage aus dem 16. Jh. wird ein Puck – koboldartiger Hausgeist; wahrscheinlich von niederdeutsch „Pogge", Kröte – als Vorfahre des Petermännchen gedeutet. Auch der kleinwüchsige Hofzwerg Hartwig Kremer, der im 18. Jh. am Schweriner Hof für Unterhaltung zu sorgen hatte, wird als Vorbild für das Petermännchen gesehen. Auch gibt es Versuche, die Identität des bekannten Schloßgeistes über seinen Namen zu erklären: „Mönken" – niederdeutsch für „Männchen" – werden die kleinwüchsigen Zwerge in norddeutschen Sagen genannt; der Name Peter war ein äußerst häufiger Name und die Wahrscheinlichkeit, daß ein Fremder wirklich diesen Namen trug, war groß – demnach könnte der Name des Petermännches schlicht „unbekannter, kleiner Mann" bedeuten.

ZINNOWITZ (Insel Usedom, Lkr. Ostvorpommern)

Vineta

Mit dem nordöstlichsten Teil der Insel Usedom verbindet sich seit Jahrhunderten die Sage von der im Meer versunkenen Stadt Vineta. Die Überlieferung will wissen, daß hier in der Ostsee vor tausend Jahren die größte Stadt Europas lag. Ein buntes Völkergemisch wohnte hier friedlich miteinander, Slawen, Sachsen und auch Griechen. Der Reichtum, den die Stadt durch Handel erworben hatte, machte die Bewohner jedoch bald verschwenderisch: die Stadttore waren aus Erz, die Glocken aus Silber, die Kinder spielten auf der Straße mit Silbertalern und die Pferde trugen silberne Hufeisen. Am Schlimmsten erscheint jedoch der Brotfrevel: Man wischte den Kindern den Hintern mit Brötchen ab. Der Reichtum wurde Vineta zum Fluch. Neid und Mißgunst führten zu innerer Unstimmigkeit und zu offenen Fehden, die es den Feinden – Schweden und Dänen – einfach machte, die Stadt einzunehmen. Was nach der Eroberung übrig blieb, wurde von einer Sturmflut begraben. Die Trümmer der versunkenen Stadt sollen noch heute in der Ostsee zu sehen sein; am Abend kann man bei stiller See den Klang der silbernen Glocken hören. An Ostern, dem Tag des Untergangs, oder am Johannistag

(24. 6.) steige Vineta, so heißt es, wie ein Nebelbild mit Häusern, Kirchen und Brücken wieder aus den Wellen der Ostsee empor.
Das „Atlantis des Nordens“ soll auch bei der Stadt *Barth* gelegen haben, wo seit 1998 ein Denkmal im Hafen an die Befestigung der slawischen Stadt erinnern soll (Thesen zur Lage der versunkenen Stadt im dortigen Vineta-Museum). Als tatsächlicher Ort des legendären Vineta gilt jedoch nach wie vor das polnische *Wollin* östlich von *Swinemünde*: Durch archäologische Forschungen ist hier an der Odermündung am Schnittpunkt wichtiger Fernstraßen ein slawischer Fernhandelsplatz nachgewiesen. Die Reste dieser Siedlung des 6. Jh., die sich im 9. Jh. auf einer Fläche von 50 Hektar erstreckte und in der Mitte des 11. Jh. etwa 8.000 Einwohner zählte, liegen tatsächlich unter dem Meeresspiegel. Durch zahlreiche Funde wurden rege Handelsbeziehungen nachgewiesen: man fand orientalische Luxusgüter, chinesische Seide, Brokat aus Byzanz, Glasperlen aus dem Nahen Osten, Waren aus Kiew und den baltischen Ländern, arabische Münzen sowie rheinische Bronzekessel. Gegen Ende des 11. Jh. hatte die Siedlung ihre Bedeutung verloren; im 12. Jh. folgte die Christianisierung und die Eroberung durch die Dänen beschloß das Ende des frühen Wollin.
Alte Karten verzeichnen die untergegangene Stadt Vineta seit der Mitte des 16. Jh. in der Ostsee vor Usedom. Zinnowitz auf Usedom hat sich in den 1990er Jahren durch die sommerlichen Vineta-Festspiele zu einem touristischen Zentrum der „Vineta-Kultur“ entwickelt.

Nordwestdeutschland

Bokeloh (Lkr. Meppen)

Kath. Kirche St. Vitus und St. Katharina
Die Kirche zu Bokeloh wurde im Jahre 919 geweiht und ist der Sage nach das älteste Gotteshaus des Emslandes. Die Kirche wird mit der sog. Wekenburg, der angeblichen Wittekindsburg, in Zusammenhang gebracht. Sie liegt südwestlich von Bokeloh und könnte eine altsächsische Fluchtburg, später ein fränkischer Königshof gewesen sein. Heute sind nur noch Reste ihrer Umwallung zu erkennen.
Hier soll sich eine blutige Schlacht zwischen Karl dem Großen und dem Sachsenherzog Widukind (oder Wittekind) zugetragen haben. Nach drei Tagen harten Kampfes mußten die Sachsen 6000 Tote beklagen, darunter den sagenhaften Friesenkönig Surbold. Dann zogen sie sich in die Weken- oder Wittekindsburg zurück und ergaben sich bald darauf. Zur Erinnerung an diesen Sieg soll Karl der Große die Kirche in Bokeloh gestiftet haben.

Das Jesuskind erscheint Wittekind und bekehrt ihn

Eine andere Erzählung behauptet, daß der heidnische Wittekind sich während einer Waffenpause unter die christlichen Kirchenbesucher gemischt habe. Im Gotteshaus zu Bokeloh soll ihm in der Hostie, die der Priester emporhob, das Jesuskind, von Strahlen umglänzt, erschienen sein. Von der Stunde an wurde er Christ.
→ Enger (Westfalen) → Osnabrück (Nordwestdeutschland)

BREMEN (Hansestadt)

Roland
Die auf dem Marktplatz stehende Rolandsäule ist das älteste und bedeutendste Denkmal der Stadt. Die steinerne Säule, insgesamt über 10 m hoch, zeigt den sagenhaften Feldherren Karls des Großen geharnischt unter einem Baldachin, seinen Panzer von einem langen Mantel umhüllt, die Knie mit eisernen Stacheln bewehrt, in der Rechten ein nach oben gestrecktes breites Schwert ohne Scheide. Die Rolandsäule war einst Symbol für Markt- und Zollfreiheit, für Gerichtsfreiheit und das Stadtrecht. Sie wurde im Laufe der Jahrhunderte zum Wahrzeichen der Freiheit schlechthin. Eine alte Überlieferung sagt, daß die Unabhängigkeit Bremens nicht ernstlich gefährdet sei, solange die Rolandsäule auf dem Marktplatz stehe. Als Ersatz liege sicherheitshalber ein hölzerner Roland im Ratskeller.

Bremer Roland

Roland ist eine historische Persönlichkeit des 9. Jh. gewesen, sein Name als Hrodlandus urkundlich nachgewiesen. Er war Herzog im bretonischen Grenzbezirk. Doch Chronik und Sage verschmelzen ineinander: Das sog. Rolandslied, um 1100 entstanden, macht aus ihm einen Neffen Karls des Großen, der im Kampf gegen die Mauren im spanischen Ronceval einen tragischen Tod findet. Doch der zu Hilfe eilende Kaiser Karl schlägt die maurischen Truppen in die Flucht. Christliche Mönche aus Cluny sollen an der Legendenbildung maßgeblich beteiligt gewesen sein, so daß in späteren Jahrhunderten die Gestalt Rolands in der mündlichen Überlieferung märtyrerhaft überzeichnet wurde. Händler und Spielleute taten das ihre, um die Geschichte vom heldenhaften Leben und Sterben Rolands weit zu verbreiten.

Die Bremer Stadtmusikanten
Die Szene der aufeinanderstehenden Tiere ist in Bremen mehrfach künstlerisch dargestellt worden. Die bekannteste Skulptur steht an der Westseite des Rathauses. Das Märchen der Brüder Grimm erzählt von vier alten ausgedienten Tieren – einem Esel, einem Hund, einer Katze und einem Hahn –, die sich auf den Weg nach Bremen machen, um dort Stadtmusikanten zu werden. In der Nacht verjagen sie mit einer List Räuber aus deren Haus. Dabei stehen sie so aufeinander, wie aus Märchenbüchern in aller Welt bekannt.

Osnabrück

Löwenpudel-Denkmal
Auf dem Domhof befindet sich vor dem Hauptportal das steinerne Löwenpudel-Denkmal. Aller Wahrscheinlichkeit nach handelt es sich bei diesem Standbild um das Zeichen der Gerichtsbarkeit. Es wurde der Stadt von Herzog Heinrich dem Löwen verliehen. Den volkstümlichen Namen verdankt das Denkmal seiner Form, die den Löwen in Gestalt und Mähne einem Pudel ähnlich sehen läßt.
Die Sage erzählt, daß Karl d. Gr. nach einem erneuten Rückfall der Sachsen ins Heidentum zornig nach Osnabrück kam. Er schwor, das erste Lebewesen, das ihm begegnen würde, zu töten. Das war jedoch seine Schwester, die – mit einem christlichen Sachsen verheiratet – ihm entgegeneilte, um Gnade zu erflehen. Ihr Hund, ein Pudel, erreichte den Kaiser aber schneller, so daß Karl seinen Schwur an ihm erfüllen konnte. Er dankte Gott und verzieh den Sachsen. Zur Erinnerung an diese Begebenheit ließen die Bürger Osnabrücks das Löwenpudel-Denkmal errichten.

Steckenpferdreiten
Im Friedenssaal des Rathauses wurde der Westfälische Friede geschlossen, der den Dreißigjährigen

Krieg (1618–1648) beendete. Aus Wien war der Feldherr Piccolomini im Auftrag des Kaisers Ferdinand III. gekommen. Der Überlieferung nach sollen die Knaben der Stadt den Herzog und seine Gesandten mit Fanfarenklängen, bunten Fähnchen und auf Steckenpferdchen reitend begrüßt haben. Zur Erinnerung an diese Begebenheit ließ der Kaiser viereckige Pfennige schlagen, die auf der einen Seite einen Steckenpferdreiter abbildeten, darunter die Inschrift ‚Friedens-Gedächtnis, Nürnberg 1650'. Auf der anderen Seite stand in lateinischer Sprache: ‚Es lebe Ferdinandus III., der römische Kaiser!'
Noch heute versammelt sich am 25. Oktober eine große Menschenmenge auf dem Marktplatz vor dem Rathaus, um an die Verkündigung des Westfälischen Friedens zu erinnern: die Mädchen mit Laternen, die Jungen mit Steckenpferd und Papphelm.

Karlsteine und Kreuz im Hone
Das jungsteinzeitliche Großsteingrab bei *Haste*, das eine zersprungene Deckplatte aufweist, wird in der Volksüberlieferung als heidnischer Altar angesehen. Es liegt im Hone am Osthang der Senke zwischen Haster Berg und Piesberg. Im Gegensatz zu allen anderen erhaltenen Gräbern dieser Art wurden hier als Baumaterial nicht Findlingssteine, sondern Piesberger Kohlesandstein verwendet, den man entsprechend behauen mußte.
Um diese Steine ranken sich mehrere Erzählungen. Karl d. Gr. soll versucht haben, den Opferstein zu zerstören, bevor er die entscheidende Schlacht gegen den Sachsenherzog Widukind (oder Wittekind) begann. Die Steinblöcke widerstanden zunächst dem Eisen und Feuer. Sieben Brüder aus dem Frankenheer Karls errichteten daraufhin gegenüber dem heidnischen Opferplatz den ersten christlichen Altar in diesem Land und flehten Gott um ein Zeichen an. Karl schlug mit seiner Reitgerte aus Pappelholz auf die Opfersteine und sprach: ‚Gleich unmöglich ist es, diesen Stein und die harten Nacken der Sachsen zu brechen'. Unverhofft barst die mächtige Platte und wies so symbolisch auf den folgenden Sieg Karls über Wittekind und das Heidentum.
Eine andere Version erklärt die Zerstörung mit einem friedlichen Bekehrungsversuch des Frankenherrschers gegenüber Widukind, der ein Zeichen der angeblichen Macht des Christengottes verlangte. Auf seinen Wunsch hin zersprengte Karl mit einem Streich seiner Pappelgerte den heidnischen Opferstein. Daraufhin ließ der Sachsenherzog sich taufen.

An dem von den sieben Brüdern errichteten Altar wurde auch das erste Meßopfer im Osnabrücker Land dargebracht. Zur Erinnerung daran stellte man Mitte des 19. Jh. ein neuromanisches Steinkreuz auf, dessen lateinische Inschrift von diesem Ereignis kündet. Man umpflanzte die Stätte zum Andenken an die sieben Brüder mit sieben Buchen. Da sich die Anzahl später auf zehn erhöhte, nannte man den Ort auch ‚to'n teggen Böken'. Heute ist das ‚Kreuz im Hone' nur von acht Buchen umstanden.
→ Bokeloh (Nordwestdeutschland) → Enger (Westfalen)

VISBEK (Lkr. Vechta)

Visbeker Braut und Bräutigam – „Heidenopfertisch"

Die Gegend um Visbek gilt wegen ihrer zahlreichen stein- und bronzezeitlichen Grabstätten als ‚klassische Quadratmeile der Vorgeschichte'. Die unter den Namen ‚Visbeker Braut und Bräutigam' bekannt gewordenen jungsteinzeitlichen Grabanlagen liegen auf dem Gebiet der Stadt *Wildeshausen* bzw. der Gemeinde *Großenkneten*. Die größten Steindenkmäler Deutschlands bestehen jeweils aus einer Grabkammer und einer rechteckigen Steineinfassung. Letztere weist beim ‚Bräutigam' eine Länge von 104 m und eine Breite von 89 m auf, bei der ‚Braut' eine Länge von 80 m und eine Breite von 7 m.

Die Visbeker Braut. Steindruck von Ludwig Strack, Oldenburg 1827

Name und Ursprung der Großsteingräber werden durch die Sage erklärt: Ein Mädchen sollte gegen ihren Willen verheiratet werden. Auf dem Weg zur Trauung ging ihr verzweifelter Wunsch, lieber zu

Stein zu werden als sich fügen zu müssen, in Erfüllung. Nicht nur sie und der ganze Brautzug, sondern auch der entgegenkommende Zug des ungeliebten Bräutigams erstarrten zu Stein und sind seitdem der Nachwelt erhalten.

„Heidnischer Altar bei Engelmanns Bach". Steindruck von Ludwig Strack, Oldenburg 1827. Heutzutage wird das einstige Steingrab als Heidenopfertisch bezeichnet

Das vielbesuchte Ausflugsziel bei *Engelmannsbäke* weist noch weitere prähistorische Grabanlagen auf. Unter anderem sind hier die ‚Kleinen' und die ‚Großen Kellersteine', der sog. ‚Brautwagen' und der ‚Heidenopfertisch' zu sehen. Bei letzterem handelt es sich um eine ehemals imposante Grabkammer, von der nach starker Zerstörung nur noch eine mächtige Deckplatte auf Trägersteinen erhalten ist. Aufgrund der altarähnlichen Form spricht die Volksüberlieferung von einem heidnischen Opfertisch. Die Oberfläche der Grabplatte soll noch die Blutrinne aufweisen, in der das Blut der Opfertiere ablief.

→ Sylt (Hamburg – Schleswig-Holstein)

Niedersachsen – östlicher Teil

Braunschweig

Dom und Löwendenkmal
Die Kollegiatsstiftskirche St. Blasius – so lautet die richtige Bezeichnung, da hier nie ein Bischofssitz war und sich der Name „Dom" erst seit dem Spätmittelalter einbürgerte – entstand unter Heinrich dem Löwen (1129–1195), Herzog von Sachsen und Bayern, Vetter Kaiser Friedrich Barbarossas und einer der reichsten und mächtigsten Männer im Reich.

Löwendenkmal auf dem Burgplatz

Auf dem Burgplatz vor dem Dom steht ein bronzener Löwe der Welfen auf einem steinernen Postament. Unter den Sagen, die sich um den berühmtesten Welfenherzog ranken, ist die Geschichte am bekanntesten, welche den Löwen als Wappentier Heinrichs erklären will: Nachdem der Herzog mit dem Bann belegt worden war, soll er, um sich daraus zu lösen, ins gelobte Land gezogen sein. Hier ließ er im Kampf einen Pascha gnädig am Leben, der ihm zum Dank einen Löwen schenkte, welcher ihn von nun an treu begleitete. Nach anderer Version flüchtete sich Heinrich aus der Gefangenschaft eines Paschas in eine Höhle, in der ein winselnder Löwe sich die schmerzende Pfote leckte:

Nachdem Heinrich dem Löwen den stechenden Dorn aus der Pfote gezogen hatte, begleitete ihn das dankbare Tier auf Schritt und Tritt. Kurze Zeit später begegnete ihm ein Unbekannter – der sich an seinem Pferdefuß als der Teufel zu erkennen gab – und berichtete ihm, daß sich seine Ehefrau noch am selben Abend erneut vermählen wolle, da sie nach sieben Jahren die Hoffnung auf die Rückkehr ihres Mannes aufgegeben hätte. Der Teufel bot sich an, zuerst Heinrich, dann auch den Löwen rechtzeitig nach Braunschweig zu bringen – unter einer Bedingung: finde er bei seiner Rückkehr den Herzog schlafend, dann sei dieser ihm verfallen. Heinrich ging auf die Bedingung ein; der Teufel trug ihn durch die Lüfte und legte ihn auf einem nahe der Heimat gelegenen Berg ab, um den Löwen zu holen. Als er mit diesem zurückkam, erblickte das treue Tier noch aus der Luft seinen Herrn, der tatsächlich eingeschlafen war. Er brüllte so fürchterlich, daß der Herzog erwachte und der Teufel hatte sein Spiel verloren.

Die Treue des Löwen reichte noch bis über den Tod des Herzogs hinaus. Als Heinrich gestorben war und man ihn im Dom beigesetzt hatte, wollte der Löwe ihm dahin folgen. Man verschloß die Türen, um ihn daran zu hindern. Da grub er seine Krallen tief in die steinernen Pfosten, um zu seinem Herrn zu gelangen. Nur mit Gewalt gelang es schließlich, ihn fort zu bringen. Bald starb auch er, und zum Andenken an das treue Tier wurde sein Bild in Bronze gegossen und vor dem Schloß aufgestellt.

Das Löwendenkmal wurde in Wirklichkeit vom Herzog schon zu Lebzeiten als Zeichen seiner Macht errichtet. Eine Chronik des 13. Jh. will wissen, Heinrich habe das Standbild während jener Zeit aufstellen lassen, als seine weltlichen und geistlichen Nachbarn sich in *Merseburg* wider ihn zusammengefunden hatten. Der Löwe mit dem offenen Rachen sollte seinen Feinden bedeuten, daß er bereit war, sie gebührend zu empfangen.

Die „Spuren", welche die Krallen des sagenhaften Löwen am Eingang des Domes hinterlassen haben sollen, sind heute noch als rillenartige Vertiefungen im Kalkstein zu sehen. Ihre Entstehung bringt man mit der Verehrung des hl. Blasius in Verbindung, dem der Dom geweiht ist. Schon seit dem 6. Jh. rief man den Märtyrer bei Krankheit, vor allem bei Halsleiden, um Hilfe an. Es entstand der Glaube, Gesteinsmehl von den Wänden einer dem Heiligen geweihten Kirche könne, in Wasser aufgelöst und getrunken, bei Leiden dieser Art Linderung verschaffen. Daher kratzte man das Pulver von den Mauern, und es entstanden jene Abnutzungsspuren, wie man sie am Braunschweiger Dom sehen kann.

HANNOVER (Landeshauptstadt)

Grabmal des Josua Winecker in der Marktkirche
An einem Strebepfeiler der Marktkirche St. Georg und Jakob gibt es ein Steinrelief, das einen mit langem Umhang bekleideten Mann zeigt. Einer Inschrift kann man entnehmen, daß er Josua Winecker hieß, aus *Hameln* stammte und bis 1652 lebte. Das ist tatsächlich alles, was man heute noch über ihn weiß.

Chorknabe an der Marktkirche

Mit diesem Epitaph verbindet sich folgende Sage: Zwei Chorknaben bestiegen einst den Turm der Marktkirche, um den Wächter im Turmstübchen hoch über der Stadt zu besuchen. Als sie über die enge Treppe das letzte Turmloch erreichten, sahen sie eine Dohle davonfliegen und entdeckten bald schon ihr Nest oben an einer Wand. Neugierig, ob sich vielleicht noch Eier darin befänden, legten sie ein langes Brett an, das die Dachdecker vergessen hatten, und während der eine es festhielt, kletterte der andere hinauf. Nachdem er festgestellt hatte, daß sich fünf Eier darin befanden, entbrannte ein heftiger Streit darüber, wer wohl drei und wer nur zwei Eier bekommen sollte. Dabei glitt der Chorknabe mit den Eiern vom Brett ab und stürzte in die Tiefe. Während des Falles öffnete sich plötzlich sein weiter Mantel wie ein Fallschirm und bremste den Flug so stark, daß er sanft auf den Marktplatz hinab getragen wurde und so auf wunderbare Weise überlebte. Wie es weiter heißt, wurde das steinerne Bildnis des Chorknaben als Warnung für andere Kinder, keine Vogelnester auszunehmen, an der Marktkirche angebracht.

Neidkopf am Alten Rathaus

Neben der kleinen Gerichtslaube des Alten Rathauses findet man eine merkwürdige Steinfratze, die in die Backsteinmauer eingelassen ist. Sie ist mindestens 400 Jahre alt und zeigt einen Kopf mit großen tierhaften Ohren und wilden Haaren. Die Hände ziehen den Mund auseinander, aus dem die Zunge besonders weit herausgestreckt wird.

Über diese Steinfratze erzählt man sich, sie sei ein versteinerter Lausbub. Immer wenn die Ratsherren ka-

Der „Neidkopf“ am Alten Rathaus

men, um über das Wohl der Stadt zu beraten, riß er seinen ohnehin schon großen Mund mit beiden Händen auseinander und streckte die Zunge heraus. Alle Ermahnungen und Drohungen fruchteten nicht. Doch eines Tages blieb ihm der Mund offen stehen, die Hände lösten sich nicht mehr und auch die Zunge blieb in der bekannten Weise weit herausgestreckt. So verwandelte er sich in Stein und schließlich nahmen die Maurer das Gesicht und brachten es zur Warnung für andere böse Buben an der Rathauswand an.
→ Berlin (Berlin-Brandenburg)

Siebenmännerstein an der Aegidienkirche
An einem Strebepfeiler der Südwand befindet sich der sog. „Siebenmännerstein“. Es handelt sich dabei um den Abguß eines Denkmals aus Sandstein, dessen Original im Historischen Museum aufbewahrt wird. Im unteren Drittel knien sieben Männer in Gebetshaltung. Der Volksmund nennt diese Gruppe „Hannovers Spartaner“.
Der Sage nach soll es sich bei ihnen um die tapferen Männer handeln, die einst während eines Überfalls des Welfenherzogs Heinrich d. Ä. von Braunschweig-Lüneburg den Döhrener Turm, der sich an der Hildesheimer Straße befindet, verteidigten und dabei ums Leben kamen. Es heißt, der Herzog habe seinen Männern befohlen, ein Feuer zu legen, in dessen aufsteigendem Rauch die Turmbesatzung „totgeschmaucht“ wurde.
Historisch verbürgt ist es, daß Herzog Heinrich im Jahre 1486 die Stadt Hannover unter seine Gewalt zu bringen versuchte. Bei diesem Angriff wurden der sog. Pferdeturm und der Döhrener Turm zerstört.

HAMELN (Lkr. Hameln-Pyrmont)

Rattenfängerbrunnen, Rattenfängerhaus und Rattenkrug
Die berühmte Sage vom Rattenfänger hat Hameln in aller Welt bekannt gemacht: Im Jahre 1284 erschien in Hameln ein seltsamer Mann, der gegen ein gewisses Entgelt versprach, die Stadt von ihrer Mäuse- und Rattenplage zu befreien. Mittels einer Pfeife lockte er die Tiere aus den Häusern und führte sie in die Weser, wo sie ertranken. Als nun die Bürger ihm den versprochenen Lohn vorenthielten, kehrte er einige Tage später in anderer Verkleidung zurück. Während alle Bürger in der Kirche versammelt waren, blies er erneut seine Pfeife. Doch dieses Mal folgten ihm die Kinder

des Ortes und er verschwand mit ihnen, wie es heißt, in einem Berg.
Noch immer gibt es keine gesicherte Erklärung für den historischen Hintergrund dieser Sage. Unter anderem brachte man sie mit den Kinderkreuzzügen in Verbindung, jenen denkwürdigen Ereignissen, bei denen im Jahre 1212 zeitgleich von Frankreich und von Deutschland aus Scharen von Kindern aufbrachen, um das Heilige Land von den Sarazenen zu befreien. Von kindlichen Anführern mit Verheißungen fanatisiert, zogen allein aus Deutschland schätzungsweise 20 000 Menschen, hauptsächlich Kinder, aber auch Jugend-

Der Rattenfänger. Holzschnitt, um 1870

liche und einige Erwachsene, quer durch Europa in Richtung Mittelmeer. Schlechtes Wetter, Hunger und Erschöpfung führten dazu, daß nur etwa 7000 die Küste bei Ancona bzw. bei Genua erreichten. Trotz aller Gebete trat dort das ihnen vorhergesagte Wunder nicht ein und der Kreuzzug brach in sich zusammen. Die meisten Kinder versuchten nach Hause zurückzukehren, aber nur wenigen gelang es. Viele starben an Hunger und Krankheit oder wurden von den Lombarden als billige Arbeitskräfte festgehalten. Einem kleinen Teil gelang es, auf Schiffen doch noch das Heilige Land zu erreichen. Dort verliert sich ihre Spur weitgehend. Arabische Quellen berichten, daß sie kurz nach ihrer Ankunft von berittenen Bogenschützen des Sultans aufgerieben wurden.
Ein anderer Erklärungsansatz sieht Zusammenhänge zwischen dem Hamelner Kinderauszug und dem Veitstanz, jener seltsamen Tanzwut, die im Mittelalter epidemieartig auftrat. Als wahrscheinlichste Ursache nimmt man heute die sog. Mutterkornvergiftung an. Der Roggenparasit, ein Schimmelpilz, trat in manchen Jahren gehäuft auf und gelangte durch den Verzehr von Brot in den menschlichen Körper. Da das Mutterkorn-Alkaloid das Nervensystem angreift, kommt es zu Halluzinationen, geistiger Umnachtung und jenen konvulsivischen Krämpfen, die man als „Tanzwut" deutete. In den meisten Fällen endet die Erkrankung tödlich.
Die derzeit anerkannteste Theorie bringt den Kinderauszug mit der deutschen Ostland-Besiedlung in Zusammenhang. Mit den „Kindern der Stadt" waren demnach ganz allgemein die Stadtbewohner gemeint, die, von Anwerbern in die neuen Ostgebiete gelockt, ihren Heimatort verließen. In Verbindung mit Geschichten um die damals allgemein verbreiteten Rattenplagen und deren Beseitigung durch bestellte Rattenfänger soll sich die bekannte Sage entwickelt haben. Dabei fand der verbreitete Volksglaube Eingang, daß der Klang von Pfeifen (Flöten) eine lockende Wirkung auf Tiere auszuüben vermag und daß es Leute gibt, die durch den Zauberklang ihres Instrumentes das Haus von Mäusen und Ratten zu befreien imstande sind.
Der Rattenfängerbrunnen am Rathausplatz stellt das Sagengeschehen bildlich dar. Über dem Wasserbecken des Brunnens schweben der Pfeifer und eine Gruppe von Kindern, die ihm folgt. Auf dem Rattenfängerhaus bezieht sich eine alte Inschrift auf die Sage. Ein weiteres Haus südlich der Marktkirche in der

Alten Marktstraße lehnt sich nur dem Namen nach an die Rattenfängersage an: die Ratsschänke „Rattenkrug".
Von Mai bis September wird an jedem Sonntagmittag auf der Terrasse des sog. Hochzeitshauses in der Osterstraße die alte Sage von 80 Darstellern in historischen Kostümen nachgespielt.

HILDESHEIM (Lkr. Hildesheim)

Tausendjähriger Rosenstock am Dom
Das bekannteste sagenumwobene Objekt in Hildesheim ist der Tausendjährige Rosenstock an der Apsis des Domes. Es wird vermutet, daß sein Wurzelwerk tatsächlich ein solch beträchtliches Alter besitzt. Die in mehreren Versionen überlieferte Sage lehnt sich eng an die Gründungslegende an: Kaiser Ludwig der Fromme ritt einst jagend durch Heide und Wald. Dabei verlor er sein mit Muttergottesreliquien gefülltes Kreuz. Er schickte seine Diener aus, um das Vermißte zu suchen, und gelobte, an der Fundstelle ein Gotteshaus zu bauen. Die Diener folgten den Spuren der Jagd, die im Schnee gut zu erkennen waren, und fan-

Der Hildesheimer Rosenstock. Kupferstich, 1825

den schließlich tief im Wald das Kreuz an einem wilden Rosenstrauch hängen. Auf rätselhafte Weise trug dieser ungeachtet der Jahreszeit inmitten des kalten Schnees prächtige Blüten. Der Kaiser, dem dieses Wunder mitgeteilt wurde, verstand es als ein Zeichen der Gottesmutter und befahl, sofort eine Kapelle zu errichten, deren Altar neben dem Strauch stehen sollte. An dieser so geheiligten Stelle gedieh der Rosenstrauch prächtig und nachdem später der Dom am gleichen Ort gebaut worden war, reichten die Ranken bald schon bis zu dessen Dach empor.
Es ist kein Zufall, daß hier ein Rosenstrauch im Zusammenhang mit einem durch die Gottesmutter Maria gewirkten Wunder genannt wird. Die Rose stand im mittelalterlichen Denken sinnbildlich für Maria, die aufgrund ihrer „unbefleckten Empfängnis" als unbelastet von der Erbsünde und als rein und unschuldig galt. So nannte man sie auch die „Rose ohne Dorn". Das Wunder des inmitten des Schnees blühenden Rosenstrauches erinnert zugleich an die symbolhaften Zeilen des bekannten Weihnachtsliedes aus dem 15. Jh. „Es ist ein Ros entsprungen".
Wie ein zweites Wunder erscheint heute die Tatsache, daß der berühmte Rosenstock am Hildesheimer Dom im Feuersturm der Bombardierung am 22.3.1945 in seinen oberirdischen Teilen verbrannte, bald darauf jedoch neu austrieb und nun seine Blütenpracht wieder bis zum Dach des Domes hinaufstreckt.

LÜNEBURG (Lkr. Lüneburg)

Der Kalkberg
Der etwa 50 m hoch aufragende Kalkberg ist eine geologische Besonderheit. Er entstand im Zusammenhang mit dem Emporsteigen des unter Druck geratenen Salzlagers, als das darin enthaltene Calciumsulfat unter Einwirkung des Grundwassers zu Gips reagierte. Der Kalkberg ist also eigentlich ein Gipsberg.
Vermutlich war dieser Berg schon in germanischer Zeit eine Kultstätte. Im Jahre 950 ließ dort Markgraf Hermann Billung die Lüneburg und fünf Jahre später das Benediktinerkloster St. Michael erbauen. Der Name der Burg und des späteren Ortes geht wahrscheinlich auf die alte Bezeichnung für einen Zufluchtsort, „Hliuni", zurück, denn so wird der Platz im Zusammenhang mit den Sachsenkriegen Karls des Großen urkundlich genannt.
Die Gründungssage von Lüneburg liefert eine recht merkwürdige Deutung des Ortsnamens: Als Julius

Cäsar mit seinem mächtigen Heer durch die Heide zog, erblickte er im Mondlicht den weißen Felsen des Kalkberges. Ob dieses Anblickes tief ergriffen, beschloß er, den Felsen der Mondgöttin Luna zu weihen. Er ließ auf dem Gipfel einen Tempel mit dem goldenen Bild der Mondgöttin errichten, der viele Jahrhunderte lang dort stand. Cäsar ließ aber auch eine Burg auf diesem Berg bauen, die er Lunaburg nannte – und nach dieser hat die Stadt Lüneburg noch heute ihren Namen.
Hier handelt es sich um eine volksetymologische Deutung des Stadtnamens aufgrund einer klanglichen Ähnlichkeit mit dem Namen „Lunaburg" – der römische Feldherr Julius Cäsar ist niemals bis in das Gebiet des heutigen Norddeutschland vorgedrungen.

Knochen der Salzsau im Rathaus

Die große Bedeutung, die dem Salz und seiner Gewinnung für die Entwicklung Lüneburgs zukommt, spiegelt sich auch in der Sage von der Lüneburger Salzsau wider. Wie es heißt, wälzte sich vor vielen Jahrhunderten eine Sau in einer Quelle. Einige Stunden später bemerkte man, daß an ihren Borsten viel Salz klebte. So wurde man auf den Salzreichtum der Quelle aufmerksam und begann sie wirtschaftlich zu nutzen. Da Lüneburg einen großen Teil seines Wohlstands somit der Salzsau verdankte, beschloß man, einen Knochen des Tieres aufzubewahren und im Rathaus auszustellen.

In der sog. Alten Kanzlei des Rathauses findet man in einem Glaskasten den sagenhaften Knochen der Salzsau. Es handelt sich dabei natürlich nicht um ein Stück des echten Schweines, denn nach einigen Jahren wird das Relikt regelmäßig gegen ein frisches ausgewechselt.

Der Harz

Bad Grund (Lkr. Osterode am Harz)

Hübichenstein
Auf der Spitze der 50 m hohen Felsnadel des Hübichensteins thront ein bronzener Adler, der Kaiser Wilhelm I. gewidmet ist. Herr über den Felsen ist jedoch der Zwergenkönig Hübich (Gübich), ein behaartes Männlein mit eisgrauem Bart und runzeligem Gesicht. Er war in der Regel freundlich und hilfsbereit zu den Menschen. Nur wer ihn beleidigte oder seinen Stein bestieg, wurde bestraft. Als einst ein vorwitziger Förstersohn trotz Warnung den Stein bestieg, wurde er dort festgezaubert. Er konnte sich nicht bewegen und auch als ein Unwetter kam, mußte er regungslos auf dem Felsen ausharren. Sein Vater wollte ihn von sei-

Der Hübichenstein. Lithographie aus dem 19. Jh.

nen Qualen erlösen und in der kommenden Nacht von dem Stein herunterschießen. Auf dem Weg zum Fels traf der Förster den alten Hübich. Der Zwergenkönig hatte Mitleid: Als der Förster auf seinen Sohn zielte, wurde er von den Zwergen mit Tannenzapfen beworfen, so daß er sein Vorhaben aufgeben mußte. Unterdessen bildeten die Zwerge aus ihren Körpern eine Leiter, auf welcher der Förstersohn wieder herabstieg. Der Zwergenkönig schimpfte ihn aus, beschenkte ihn dann jedoch reichlich mit Gold und Silber. Als Gegenleistung sollte der Förstersohn aber über den Hübichstein wachen. Durch das ständige Schießen auf Vögel würde nämlich immer mehr Gestein aus dem Fels herausgebrochen und der Berg immer kleiner. Dadurch würde der Zwergenkönig nach und nach seine Krone verlieren. Der Förstersohn gelobte, den Stein zu schützen und gelangte unbeschadet zu seinem Vater zurück. Erst im Dreißigjährigen Krieg sollen feindliche Truppen die Spitze des Hübichensteins mutwillig heruntergeschossen haben; seitdem hat sich König Hübich nie mehr sehen lassen.

Von der Güte des Zwergenkönigs Hübich berichtet auch die Sage von den silbernen Tannenzapfen: Als ein armer Bergmann, der mit seiner jungen Familie in Grund wohnte, krank wurde und nicht mehr arbeiten konnte, wußte sich seine Frau nicht anders zu helfen, als im Wald nach Tannenzapfen zu suchen, die sie beim Bäcker gegen Brot eintauschen wollte. Im Wald traf sie einen alten Mann, den sie zunächst nicht als den Hübich erkannte. Sie klagte ihm ihr Leid, fand aber keinen einzigen Tannenzapfen. Plötzlich war der Alte verschwunden und es prasselten etliche Tannenzapfen auf die Frau nieder. Sie sammelte ihren großen Korb voll, konnte die Last jedoch kaum tragen. Da erschien Hübich wieder und befahl ihr, den schweren Korb nach Hause zu tragen, oder aber unterwegs anderen Bedürftigen von den Zapfen abzugeben. Daheim entdeckte sie, daß die Tannenzapfen aus purem Silber waren. Der Mann wurde vor Freude sofort gesund.

Brocken (Lkr. Wernigerode)

Brocken

Der Brocken ist mit 1142 m die höchste Erhebung des Harzes und damit Norddeutschlands höchster Gipfel überhaupt. Es ist jedoch nicht die Höhe, die den Brocken über die Grenzen hinaus zu einem deutschen Mythos gemacht hat. Zuvorderst wird er seit Jahrhunderten als Inbegriff für dämonisches Treiben und sata-

Erscheinung des Brockengespenstes

nisches Hexenwerk gesehen und ist Schauplatz zahlreicher Sagen. Die wilde, urwüchsige und für ortsunkundige Wanderer nicht ganz ungefährliche Natur des Berges (mit Klippen, Torfmooren und tiefen Sumpflöchern) hat ihren symbolischen Ausdruck in entsprechenden Sagengestalten gefunden: Der Brockenriese oder der „große Mann am Brocken“ wird als riesenhafter Mann mit einem Tannenbaum in der Hand geschildert. Eine Begegnung mit ihm bedeutet Unglück. Manchmal richtet der Brockenriese aber auch unmittelbar Schaden an: Während einer langen Hitzeperiode im Sommer 1845 soll er das wenige verbliebene Gras mit seinen riesigen Füßen vernichtet haben.

Im Gegensatz zu den Hexen, Teufeln und anderen Fabelwesen des Brockens ist das Brockengespenst eine tatsächlich vorkommende Erscheinung. Dieses Naturereignis beruht auf einer Luftspiegelung: Kurz vor Sonnenuntergang können die Schatten von Brockenbesuchern auf gegenüberliegende Wolken geworfen werden und von dort ins Riesenhafte vergrößert widergespiegelt werden. Der Sage nach ist das Brockengespenst jedoch eine Frau, die Besucher vom Brocken vertreiben will.
Da der Brocken der mit Abstand höchste Berg des Harzes ist, gibt es dort kein Echo. Aus diesem Grunde berichtet die Sage, daß auf dem Brocken weder Gewehrknall noch Schreie zu hören sind, da sie leise verhallen. Für die dämonischen Riten, die angeblich auf dem Brocken stattfanden, ist die Abwesenheit von Schall und das leise Verhallen jedweden Lärms jedoch von Bedeutung: Die Exzesse konnten ungestört auf dem Brocken stattfinden, da die übliche Methode, böse Geister durch Lärm (Läuten, Poltern, Peitschenknallen) abzuwehren, nicht angewendet werden konnte.

Teufelskanzel / Hexenaltar
Eine auffällige Gruppe von Granitfelsen trägt den Namen Teufelskanzel und Hexenaltar. Die ältesten Belege über Zusammenkünfte auf dem Brocken datieren aus der Zeit um 1300. Sie erklären die nächtlichen Treffen mit der Zwangschristianisierung durch Karl den Großen. Als dieser nach der Vertreibung der Sachsen vor ihrem Kultplatz auf dem Brocken Wachen aufstellen ließ, versuchten die Heiden durch abenteuerliche, wilde Kleidung die Wachleute zu verscheuchen. Eine andere Version erklärt die Ursprünge der Walpurgisnacht als Ritual derjenigen heidnischen Sachsen, die nicht zum Christentum übertreten wollten. Um nicht erkannt zu werden, hätten sie verkleidet und fernab menschlicher Siedlungen auf dem Brocken ihre Opferfeste abgehalten.
Der Brocken, auch *Brockesberg* oder *Brochelsberg* genannt, ist zuerst im 14. Jh. als Hexentanzplatz erwähnt. Im 16. Jh. wird er dann als *Blocksberg* zum klassischen Versammlungsplatz der Hexen, die an Wendepunkten des Jahres (vor allem zu Johannis, im Advent, zu Weihnachten, Ostern und Pfingsten) mit dem Teufel orgiastische Feste feiern. Wichtigster Termin ist die Nacht zum 1. Mai, die Walpurgisnacht.
In der Geschichte des Hexenglaubens ist der Blocksberg ein geographisch nicht fixierter Gattungsname,

„Hexensabbat auf dem Blocksberg", aus: J. Praetorius, Blockes-Berges-Verrichtung. 1668/1669

mit dem seit dem 16. Jh. alle Orte bezeichnet werden, an denen angeblich nächtliche Hexenfeste stattfinden. Jede Landschaft hat ihren eigenen Blocksberg – allein im deutschen Sprachraum sind rund 1100 Namen für Hexensabbat-Orte bekannt.

Clausthal-Zellerfeld (Lkr. Goslar)

Grubenanlagen
Um die Gruben Clausthal-Zellerfelds ranken sich viele Sagen; oft handelt es sich dabei um Begegnungen mit dem furchterregenden Bergmönch oder Bergteufel. Er wird von riesiger Gestalt und in Mönchskleidung beschrieben, in der Hand ein Grubenlicht. In seiner Figur vermischen sich Motive aus dem Teufelsglauben mit den sehr realen Ängsten vor unvorhersehbaren Katastrophen in der lebensgefährlichen Arbeits- und Unterwelt des Bergbaus. Ursprünglich als Herr und Verwalter des Reviers gedacht, der Unglück ankündigt und im Notfall beisteht, gewann er als Bergteufel zunehmend dämonisch-bösartige Züge.

Wenn Bergleuten etwas zugestoßen war, konnte der Bergmönch auch hilfreich sein. Als einst drei Bergleute verschüttet waren, wünschten sie, so lange am Leben zu bleiben, bis sie nur noch einmal die Sonne sehen, mit der Frau essen bzw. die Familie ein Jahr versorgen könnten. Der Bergmönch erschien und rettete die drei aus der Grube. Der erste starb jedoch, als er das Sonnenlicht erblickte, der zweite nach dem Mahl mit seiner Frau und der dritte, nachdem er immerhin noch ein Jahr für seine Familie hatte sorgen dürfen.
Zumeist war der Bergmönch jedoch bösartig und quälte insbesondere Arbeiter während der Nachtschichten. Ein Bergmann mußte einst bis zur Erschöpfung hämmern und schaufeln. Als er schließlich ohnmächtig wurde, hatte der Bergmönch Mitleid und erledigte den Rest der Arbeit. Besonders gnadenlos war der Bergmönch, wenn ihm ein Bergmann im Eifer des Augenblicks etwas gelobt hatte und dies später nicht einhielt. Ein Bergmann, der einen grimmigen Bergmeister im ersten Zorn umbringen wollte, weil dieser ihn schikanierte, gab dem Teufel die Hand darauf. Als später der Bergmeister sein Schwiegervater wurde, vermochte ihn der Bergmann nicht zu töten, wurde aber trotz Flucht vom Bergmönch gestellt und mußte selber sein Leben lassen.

Das Antlitz des Teufels

Eine weitere Überlieferung berichtet von der ehem. Grube „Silberner Mann“. Dort soll ein silberner Kopf entdeckt worden sein und, als man dann weiter schürfte, eine komplette Menschengestalt aus Silber, die den Bergmönch darstellte. Aus Aberglaube und Ehrfurcht wagte man nicht, das Silber auszubeuten. Als ein gieriger Bergmann doch einmal den kleinen Finger der Figur abschlug, ergoß sich ein Wasserstrahl aus der defekten Stelle und die ganze Grube wurde überschwemmt, so daß sie nie wieder befahren werden konnte.
Auch die Bestrafung für hinterlistige Bergleute ist in der Sage belegt: Ein Bergmann hatte einen Kollegen verleumdet, stritt das jedoch ab und suchte mit den Worten „So wenig, wie meine Nase von Erz ist“ seine Lüge zu bekräftigen. Da flog ihm ein Stück Erz aus dem Schacht ins Gesicht und blieb anstelle der Nase in beachtlicher Länge lebenslang haften.
Seinen liebsten Aufenthalt soll der Bergmönch im nach ihm benannten *Mönchstal* gehabt haben. Die Sage erzählt, daß er die einst reichen Gruben dieses Tals überschwemmte, aus Zorn darüber, daß die Bergarbeiter ihn durch Kreuze zu bannen versuchten, die sie auf ihre Wege legten. Heute liegt hier das Kulturdenkmal Oberharzer Wasserregal mit 75 Teichen und Seen.
In einem Pochwerk nahe dem *Spiegeltaler* Zechenhaus – nachdem das Erz zutage gefördert war, wurde es in den wasserbetriebenen Pochwerken zerkleinert – soll der Sage nach der Bergmönch für einen faulen Pochjungen die Arbeit erledigt haben, unter der Bedingung absoluten Stillschweigens: „Ruhe dich, ich poch für dich! Verrätst du mich, so poch ich dich!“ Eine Zeitlang ging das gut, dann aber wurde der Pochjunge der Hexerei verdächtigt, weil er so gute Arbeit ablieferte. Also verriet er seinen Helfer. Darauf wurde er zerschmettert und unter den Pochstempeln gefunden. Das war die Strafe des Bergmönchs für den Bruch des Schweigegebots.

Zellerfelder Wald
Der Teufel lauerte nicht nur den Bergleuten auf, auch die Jäger im Harz hatten mit ihm zu tun. Im Wald von Zellerfeld traf ein erfolgloser Schütze einst den Teufel, der ihm riet, beim Abendmahl in der Kirche die Hostie nicht zu schlucken, sondern mit in den Wald zu nehmen und auf sie zu schießen. Der Jäger folgte der Anweisung und traf fortan jedes Wild, auch wenn er nur in die Luft zielte. Auf dem Totenbett jedoch holte ihn der Teufel und am Hals des Jägers blieb ein blauer Streifen zurück, das Zeichen der gierigen Hände des Teufels.

Der Freischütz ist eine in Wald- und Berggegenden häufige Sagengestalt: Der Jäger (oder auch Wilderer) wird wegen seiner großen Treffsicherheit im Volksglauben zum Freischütz. Mit einer Freikugel, die allerdings nur mit Hilfe des Teufels und durch Beleidigung Gottes (Schuß auf die Hostie oder ein Kruzifix) gewonnen werden kann, treffen Freischützen immer, egal wohin sie zielen. Nach ihrem Tod verfallen sie jedoch der Hölle.

GOSLAR (Lkr. Goslar)

St. Jakobikirche
An der Südseite des Chorhauptes ist eine Frauengestalt über einem schlangenartigen Fabelwesen dargestellt. Der Sage nach handelt es sich um eine falsche Nonne, die einstmals feindlichen Truppen die Stadttore geöffnet haben soll. Ihr Bild wurde zum Andenken und als Strafe in Stein gemeißelt. Das dargestellte Fabelwesen bezieht sich auf das Verrätermotiv der Schlange. Sie symbolisiert Falschheit, Betrug und Verrat.

Kaiserpfalz mit Kaiserhaus und Kaisersaal
Das Kaiserhaus ist das bedeutendste Gebäude auf dem heutigen Gelände der Kaiserpfalz. Die Huldigung an das Deutsche Reich und an das Kaisertum spiegeln sich in den 52 monumentalen Historienbildern im Kaisersaal. Neben der Darstellung der Reichsgründung von 1871 sind Szenen aus der Blütezeit des Kaisertums zu sehen. An den Schmalseiten des Raumes finden sich die Darstellung der Barbarossa-Sage sowie des Dornröschen-Märchens. Die Bildfolge ist genau aufeinander abgestimmt und dient in ihrer Symbolik als Hinweis auf das Entstehen des neuen Kaisertums bzw. als Gleichnis für die Geschichte des Heiligen Römischen Reiches Deutscher Nation.
Das Motiv des Schlafenden Kaisers im Berg, wie es in dem Gemälde Erwachen Barbarossas versinnbildlicht wird, deutet auf die Erneuerung alter Kaiser- und Reichsherrlichkeit hin. In den Kaisersagen lebt der Volksglaube weiter, daß Kaiser und Könige in Bergen schlafen, um in Notzeiten zu erscheinen.
→ Kyffhäuser (Thüringen)

Brusttuch mit Butterhanne
In dem reich verzierten Fachwerkgeschoß des sog. Brusttuches – das Patrizierhaus des frühen 16. Jh. erhielt seinen Namen wahrscheinlich wegen seines fast

Die „Butterhanne“, Fassadenschnitzwerk am Haus Brusttuch

dreieckigen Grundrisses, der an ein weibliches Brusttuch erinnert – ist unter den Figuren antiker Götter, den Darstellungen christlicher Glaubensgeschichte und den volkstümlichen Fabelwesen die populärste Figur die Butterhanne. Diese an einer Knagge (verzierte Konsolstütze) angebrachte Figur zeigt eine Frau in zeitgenössischer Tracht, die mit der linken Hand ein Stampfbutterfaß betätigt und sich dabei mit der rechten an den entblößten Hintern greift, der einem auf einer benachbarten Konsolstütze hockenden kleinen Teufel zugewandt ist: eine Unheil abwehrende Gebärde.

Hintergrund dieser Darstellung ist der Glaube an Hexen. Einer allgemein verbreiteten Vorstellung zufolge erhielt die Hexe durch einen Teufelspakt magische Kräfte, die sie vorzugsweise zum Schaden ihrer Umgebung einsetzte. Den Lebensverhältnissen einer Agrargesellschaft entsprechend, trat sie insbesondere als Schädigerin der bäuerlichen Produktion auf: Als Wetterhexe verdarb sie die Feldfrüchte und gefährdete so die Ernte, als Viehhexe war sie Urheberin von allerlei Krankheiten. Als eine besonders verbreitete Hexenkunst galt der Milch- und Butterzauber, der sich auch im Volksglauben der Gegenwart findet. Mit Hilfe magischer Praktiken wurden nicht nur Mitmenschen geschädigt, sondern auch der eigene Hausstand versorgt. Butterhexen beherrschten verschiedene Zauberkünste, um jederzeit reichlich Butter gewinnen zu können: sie stahlen die Butter bzw. die Milch aus benachbarten Ställen, sie butterten mit Hilfe von Zaubersprüchen oder vom Teufel erhaltenen magischen Requisiten. Manchmal hatten sie auch in oder unter ihrem Butterfaß einen tiergestaltigen Kobold sitzen, der bewirkte, daß die Butter im Nu gelang und nie zur Neige ging. Daß es sich bei der Hexenbutter um ein Werk des Teufels handelte, wurde spätestens offenbar, wenn jemand das Geheimnis der Hexe entdeckte und mit gleichem Erfolg zu buttern versuchte: in diesem Fall erschien der Teufel und verlangte Eintritt in die Hexenzunft durch Blutunterschrift in sein Buch. Hexenbutter konnte zudem die Berührung mit christlichen Symbolen, vor allem mit dem Kreuz, nicht vertragen. Dadurch wurde sie zu Kuhmist oder anderem Unrat. Grundlage für derartige Vorstellungen vom Wirken übernatürlicher Wesen war die recht anstrengende Arbeit des Butterns, die zudem keineswegs immer erfolgreich verlief. Die Butterhanne, die sich offenbar nicht auf einen Handel mit dem Teufel einließ, sondern ihre Butter sogar vor bösen Einflüssen zu schützen verstand, ist neben dem Dukatenscheißer oder Dukatenmännle am Hotel Kaiserworth (dem ehem. Gildehaus der Gewandschneider) das volkstümlichste Wahrzeichen Goslars.

Wirtshaus „Kinderbrunnen" am Rammelsberg

Am Rammelsberg befand sich ein Brunnen, welcher der Kinderbrunnen genannt wurde. Heute weist noch das gleichnamige Wirtshaus auf den ehemaligen Brunnenort hin. Die Bezeichnung Kinderbrunnen ist auf eine Legende aus dem Jahr 1016 zurückzuführen: Damals soll die hochschwangere Frau eines Dieners Kaiser Heinrichs bei einem Spaziergang plötzlich Geburtswehen bekommen haben. Beim Brunnen gebar sie zwei Söhne und gab ihm so seinen Namen. Einer anderen Sage zufolge nimmt Frau Holle am Kinderbrunnen Bestellungen für den Nachwuchs entgegen. Frau Holle hatte sich der Sage nach schon seit längerer

Zeit im Harz niedergelassen, da sie nicht mitansehen konnte, wie die Nachfahren des Jägers Ramm (Entdecker des Rammelsberges) kinderlos blieben und der Bergbau darniederlag. Der Frau Holle der Sage – nicht zu verwechseln mit der Frau Holle des Grimmschen Märchens – kommt im Volksglauben große Bedeutung als Kinderbringerin zu. Teiche, Brunnen und andere stehende Gewässer werden traditionell als Aufenthaltsort der noch ungeborenen Kinder erwähnt.

ILSENBURG (Lkr. Wernigerode)

Ilsenstein / Ilse

Der Sage nach lebte auf dem Ilsenstein, der Reste einer um 1018 erbauten Burg trägt, vor langer Zeit ein Riese mit seiner wunderschönen Tochter Ilse. Sie liebte einen Ritter, der auf dem gegenüberliegenden *Westerberg* wohnte. Ilses Vater wollte der Liaison jedoch nicht zustimmen und schlug die Felsen entzwei, so daß das Tal entstand. Die verzweifelte Ilse stürzte sich hinab in den brausenden Fluß, dem sie ihren Namen gab. Seit dieser Zeit erscheint sie oftmals weißgewandet am Fuß des Steines, um sich dann unbekleidet im Fluß zu waschen. Wer sie dabei erblickt, den nimmt die schöne Ilse mit in ihr Kristallschloß und belohnt ihn königlich – so wie es Heinrich Heine als Männerphantasie in unvergeßliche Verse gebracht hat.
Manchmal hatten diejenigen, die Ilse erblickten, kein Glück. Ein Schäfer, der mit Hilfe einer Springwurzel

Der Ilsenstein mit Eingang ins Ilsetal. Lithographie von 1839

(einer sagenumwobenen Pflanze unbekannter botanischer Gattung, der neben anderen Wunderkräften vor allem die Fähigkeit zugeschrieben wird, alle Türen, Schlösser und Schatzkammern öffnen zu können) in das Zauberschloß der Prinzessin gelangte, kam auf dem Rückweg ums Leben. Nachdem er sich die Taschen voller Gold gesteckt hatte, vergaß er die Wurzel und wurde von dem sich über ihm schließenden Felsen erschlagen. Ein Pferdejunge gelangte zwar unversehrt und reich beschenkt aus dem Schloß, schaute jedoch zu früh in seinen Beutel, so daß sich das Gold in lauter Pferdemist verwandelte.
Die Gestalten aus dem Sagenkreis um den Ilsenstein vermischen verschiedene volkstümliche Motive: Die Weiße Frau Ilse, die auf Erlösung wartet und dabei erotisch-verlockend verirrte Wanderer verführt, ist mal die betörende Schatzhüterin, in anderen Sagenvarianten jedoch auch die unnachgiebige Verwunschene.

OSTERODE (Lkr. Osterode a. Harz)

Rathaus
Über dem Haupteingang des Rathauses, über dem doppelten Füllhorn mit einem vergoldeten O für Osterode, hängt ein gewaltiger Knochen. Einem in Niederdeutschland verbreiteten Volksglauben zufolge handelt es sich um eine Walfischrippe mit Amulettcharakter, die die Stadt vor Überschwemmungen durch die Söse bewahren sollte. Der Sage nach ist der Knochen mit einer Länge von ungefähr drei Ellen jedoch die Rippe eines Hünen.

Eseltreiberdenkmal
Die Bronzeplastik vor dem Rathaus, die einen kornsackbeladenen Esel und seinen Führer darstellt, erinnert daran, daß in früheren Zeiten Eseltreiber die Versorgung des Oberharzes mit Brotgetreide sicherstellten. Diese Leute waren selbständige Kornhändler und in einer eigenen Gilde organisiert. An Neujahr pflegten sie gemeinsam mit den Frachtfahrern und Fuhrleuten das neue Jahr mit Peitschenknall und Musik einzuklatschen. Neben der Darstellung der eigenen Peitschenschwingerkunst diente das Peitschenknallen auch zur Abwehr böser Geister. Heute werden bei Festlichkeiten zunehmend wieder Peitschenkonzerte veranstaltet. In blauleinener Tracht, schwarzen Hüten und bunten Halstüchern lassen junge Harzer diesen alten Brauch wieder aufleben.

QUEDLINBURG (Lkr. Quedlinburg)

Stiftskirche St. Servatius
Urkundlich erwähnt wird Quedlinburg erstmalig 922 als „villa, quae dicitur Quitlingabirg“, womit wohl ein befestigter Ort in der Nähe des Dorfes *Quitlingen* gemeint war. Die Legende deutet den Namen jedoch anders und bringt ihn zudem mit der Gründung des Stifts in Verbindung, für welches die ursprünglich kleine Kapelle als Sakralraum diente: Kaiser Heinrich III. hatte sich in seine Tochter Mathild verliebt, die jedoch vor seinen inzestuösen Wünschen zurückscheute und vergebens zu Gott flehte, ihre Schönheit in Häßlichkeit zu verwandeln. Da erschien der Teufel und bot ihr seine Hilfe an. Mathild konnte jedoch besondere Bedingungen aushandeln: ihre Seele sollte dem Teufel nur dann anheimfallen, wenn dieser sie drei Nächte nacheinander schlafend anträfe. Um sich wach zu halten, webte und stickte sie an einem kostbaren Tuch. Sobald sie einzunicken drohte, begann ihr Hündchen Quedel (oder Wedel) laut zu bellen. Als der Teufel sie so drei Nächte lang immer wachend fand, schlug er ihr zornig seine Krallen ins Gesicht, wodurch sie so häßlich wurde, daß ihr Vater sich von ihr abwandte. Mathild aber erbaute zu Ehren des treuen Hündchens die Abtei Quedlinburg und führte darin ein geistliches Leben.

Stadtwappen
Auch das Stadtwappen Quedlinburgs zeigt das Hündchen Quedel, im Torbogen eines silbernen Tores mit zwei spitzbedachten Türmen auf rotem Grund. In Heraldik und Grabplastik ist der Hund ein Symbol für Treue und Wachsamkeit, und in diesem Sinne versteht

Stadtwappen mit Hündchen Quedel im Torbogen

ihn auch eine andere Sage zur Deutung des Stadtnamens: Als die Bürger der neu gegründeten Siedlung gerade über einen Namen berieten, zog eine Räuberbande heran. Ein kleiner Hund namens Quedel bemerkte sie jedoch und warnte die Einwohner durch lautes Bellen, so daß die Tore noch rechtzeitig geschlossen werden konnten. Zum Dank und ewigen Andenken sollen Stadt und Burg nach diesem Hündchen „Quedlinburg“ genannt worden sein.

SCHIERKE (Lkr. Wernigerode)

Mönchstein

Im *Mönchsbruch* befindet sich der 1518 erstmals urkundlich erwähnte Mönchstein. In diesen Stein ist das Bild eines Venedigers (auch Welsche oder Walen genannt) eingemeißelt. Diese sagenhafte Gestalt beruht auf geschichtlich belegten Norditalienern, die insbesondere im 15. und 16. Jh. in Mitteleuropa auf der Suche nach Erzen, Mineralien und seltenen Metallen für die venezianische Glas- und Kunstverarbeitung waren. Die auf dem Mönchstein abgebildete Figur ist ein Wegweiser, der möglicherweise in die Richtung

Eingemeißeltes Bild eines ‚Walen‘ auf dem Mönchstein

eines Goldfundorts oder einer Erzlagerstätte zeigt. Auch an anderen Orten in Europa, an denen die Erzsucher unterwegs waren, finden sich ähnliche Zeichnungen, aber auch Kreise, Halbmonde, Kreuze o. ä. Die Phantasie der Einheimischen schrieb den Venedigern allerlei magische Fähigkeiten in bezug auf Erzsuche und Ortswechsel zu und brachte sie auch mit dem Teufel in Verbindung. Zahlreiche Sagen im Harz berichten von den übernatürlichen Künsten der Venediger. Mit Hilfe eines Zauberspiegels können sie Vergangenes und Zukünftiges entdecken, Hexen und Geister erkennen, aber auch verborgene Schätze und Erzadern auffinden.

St. Andreasberg (Lkr. Goslar)

Rehberger Klippen

Nach einer Volkssage jagte hier früher der im ganzen Harz gefürchtete „Wilde Jäger“. Ein gläubiger Einsiedler, der am Fuß der Klippen wohnte, ermahnte den Jäger, wenigstens die Sonntagsruhe einzuhalten. Der wilde Schütze verhöhnte den Eremiten jedoch und verfolgte ein weißes Reh. Der Jäger hetzte das Tier auf die Klippen zu, doch es wurde nach einem verzweifelten Sprung auf wundersame Weise in der Klause des Einsiedlers gerettet. Jäger, Pferd und Meute aber stürzten die Felsen hinunter und lagen zerschmettert am Boden. Seit diesen Tagen spuken wilde Jäger, Riesen und Geisterhorden um Mitternacht unterhalb der Klippen.

→ Fränkisch-Crumbach (Hessen) → Nideggen (Eifel-Mosel)

Thale (Lkr. Quedlinburg)

Roßtrappe

Der Fels der Roßtrappe (403 m) ragt hoch über die letzte große Schleife der Bode. Auf einem weit in die Bodeschlucht vorragenden Felssporn findet sich eine große hufförmige Vertiefung, die dem Fels seinen Namen gab. Verschiedene sagenhafte Überlieferungen suchen den Abdruck im Fels zu erklären:

Im Harz sollen einst Riesen gelebt haben: sie waren räuberisch und gewalttätig und bekämpften einander mit riesigen Eichenstämmen. Einer dieser Riesen namens Bodo verliebte sich in die wunderschöne goldgelockte Königstochter Brunhilde, die ihn jedoch abwies. Nun wollte Bodo sie mit Macht in seine Gewalt bringen und verfolgte sie, als sie sich zufällig auf der Jagd trafen, zu Pferde. Als sie in die Gegend um Thale kamen, hatte Bodo bereits stark aufgeholt und drohte, sie zu fassen. Als Brunhilde den Hexentanzplatz erreicht hatte, öffnete sich vor ihr jäh die Schlucht, hinter ihr nahte der finstere Bodo. Entschlossen gab sie ihrem Pferd die Sporen, setzte zum Sprung an und Roß und Reiterin kamen glücklich auf der anderen Seite an, wo der Aufprall des Pferdehufes einen (vier Fuß!) tiefen Abdruck im Fels hinterließ. Während des Sprungs aber war Brunhilde die schwere goldene Königskrone entfallen und in den tiefen Schlund gestürzt. Der Riese Bodo jedoch, der Brunhilde in blinder Wut nachsetzte, war mit seinem Pferd zu schwer, um über den Abgrund zu gelangen. Beide stürzten in

Der Roßtrappensprung

die Schlucht, wo Bodo noch heute in dem nach ihm benannten Gewässer sitzen und in Gestalt eines schwarzen Hundes die goldene Krone bewachen soll. Seitdem versuchten der Sage nach viele Taucher, die Krone zu bergen. Einige hatten sie bereits bis an die Oberfläche gebracht, so daß man sie sehen konnte. Doch jedesmal war sie zu schwer oder Bodo zu stark und die Krone versank wieder. Wenn Taucher dreimal zu der Krone hinabstiegen, so kehrten sie beim dritten Mal oftmals nicht wieder zurück; ein Blutstrahl schoß aus dem Wasser und es hieß dann, Bodo habe sie in der Tiefe zerrissen.
Varianten der Roßtrappen-Sage lassen deutlich erkennen, daß es sich bei diesen Riesen nicht um die aus der Mythologie und Heldensage bekannten urzeitlichen Wesen handelt, sondern um ins Riesenhafte gesteigerte Ritter. Andererseits haben die wilde Natur des Bodetals und der unerklärliche Abdruck im Felsen wohl zu dieser Sagenbildung Anlaß gegeben.

Hexentanzplatz und Teufelskanzel

Direkt gegenüber der Roßtrappe auf der anderen Seite der Bode liegt (451 m) mit seiner Abbruchkante, der Teufelskanzel. Schon in vorchristlicher Zeit dürfte das Felsplateau als Kultstätte gedient haben. Später nahm es in der Mythologie als Sammelplatz für die Hexen auf dem Weg zum Brocken einen wichtigen Platz ein. In der Walpurgisnacht versammeln sich hier der Sage nach die Hexen zu einem großen Fest unter Vorsitz des Teufels. Dieser läßt sich berichten, was seine Verbündeten im vergangenen Jahr an Untaten vollbracht haben. Besonders böse Hexen werden gelobt – diejenigen aber, die den Anforderungen nicht entsprechen, aus der satanischen Gemeinschaft ausgestoßen und ins Bodetal hinabgeschleudert, wo sie den Tod finden.
Untrennbar ist der Hexentanzplatz auch mit der Sage von der Roßtrappe verbunden, da von hier die verfolgte Schöne mit ihrem Pferd zum Sprung ansetzte. Eine umgekehrte Version dieser Erzählung erklärt die Bezeichnung Tanzplatz: Demnach kam Prinzessin Brunhilde bei ihrer Flucht an die Roßtrappe, als sich jäh die Schlucht vor ihr auftat. Mit dem Sprung, der beim Absprung (nicht beim Aufprall!) einen Abdruck hinterließ, setzte sie hinüber. Vor Freude über ihre Rettung tanzte die Königstochter so ausgelassen, daß der Fels fortan (Hexen-)Tanzplatz hieß.

WILDEMANN (Lkr. Goslar)

Wappen

In Wildemann begann der Bergbau bereits um 1524. Die erste Grube wurde nach der in verschiedenen deutschen Bergbaugebieten berühmten Sagengestalt Wilder Mann genannt, der schließlich auch namensgebend für den Ort wurde und im Wappen zu sehen ist: Dies zeigt einen nackten Wilden Mann mit grünem Laubkranz, der einem springenden silbernen Pferd die linke Hand auf den Rücken legt und mit der rechten eine aus dem Boden wachsende Tanne hält.
Die Sage berichtet, wie die ersten Siedler den Wilden Mann und das begehrte Erz in diesem Gebiet entdeckten: Bergleute, die nach Wildemann kamen, fanden menschliche Fußspuren im Tal der Innerste, denen sie folgten. Bald sahen sie zwei riesenhafte menschliche Gestalten, Mann und Frau, die am ganzen Körper mit langen Haaren bedeckt und nur mit einem Laubgürtel bekleidet waren. Das wilde Paar war scheu, dabei unglaublich kräftig, schnell und wendig. Sie lebten von Beeren und rohem Fleisch, und der Mann hatte als

Waffe einen großen ausgerissenen Tannenbaum in der Hand. Erst als der bärenstarke Mann verletzt wurde, konnte ihn eine Überzahl Bergleute gefangen nehmen – der Frau gelang die Flucht. Der Wilde Mann verweigerte jedoch das Essen und schwieg, wobei er immer wehmütig in Richtung seiner Höhle schaute. Auf Befehl des Herzogs sollte er nach Braunschweig gebracht werden, jedoch starb er bereits auf der Reise. Als die Nachricht von seinem Tod in der Harzsiedlung eintraf, entdeckte man erstmalig Silbererz am Berg und glaubte fortan, daß der Riese die Erzgänge taub gemacht hatte, solange er in Wildemann wohnte.

Wilder Mann und Wilde Frau

Die kulturhistorischen Wurzeln des Glaubens an solche Naturdämonen liegen wohl auch in der Rechtspraxis vergangener Zeiten, Menschen zur Strafe für bestimmte Vergehen aus der menschlichen Gesellschaft auszustoßen: Diese Vogelfreien waren gezwungen, möglichst unabhängig in den tiefen Wäldern zu leben, wo sich ihr äußeres Erscheinungsbild im Laufe der Zeit von den kulturell geprägten Normen wegentwickelte. Eine plötzliche Begegnung mit solchen verwilderten Gestalten mag zur Sagenbildung um die „Wilden Leute" angeregt haben.

→ Haiger-Langenaubach (Hessen)

Sachsen-Anhalt

DESSAU (Lkr. Mansfelder Land)

Denkmal Leopolds I.
Leopold I., den man auch den „Alten Dessauer" nennt, war ein bedeutender Heerführer Friedrich Wilhelms I. und Friedrichs des Großen. Sein Standbild neben der Marienkirche am Schloßplatz zeigt Leopold I. aufrecht stehend und mit einer Schriftrolle in der Hand. In den Annalen wird er als „Haudegen" und „unerbittlicher Exerzierteufel" beschrieben. Barsche Reden, Flüche und derber Schabernack machten ihn im Volk so beliebt, daß noch heute viele Anekdoten über ihn erzählt werden. Einmal kam er am Abend die Spittelstraße herauf geritten und zügelte sein Pferd vor den Händlerinnen, die hier ihre Töpferwaren feil boten. Er fragte sie, wie denn das Geschäft heute gewesen sei.

Der alte Dessauer – Leopold I., Fürst von Anhalt-Dessau (1676–1747)

Da hoben die Weiber die Arme und klagten und lamentierten so laut, daß eine die andere übertraf. Der Fürst gab daraufhin seinem Pferd die Sporen und ritt mitten in die Stände hinein. Dabei gingen die Töpferwaren zu Bruch und obwohl die Marktfrauen schrien und heulten, beendete er dieses Treiben erst, als nur noch Scherben zu sehen waren. Dann forderte er die entsetzten Frauen auf, sofort mit ihm aufs Schloß zu kommen und sagte, daß er für den angerichteten Schaden auf Heller und Pfennig zahlen wolle. So hatten die Händlerinnen dann doch noch ein recht gutes Geschäft gemacht.
Diese Anekdote soll den Brüdern Grimm bekannt gewesen sein. Sie waren davon so beeindruckt, daß sie diese in ihr Märchen „König Drosselbart“ einfließen ließen.

EISLEBEN (Lutherstadt, Lkr. Mansfelder Land)

Martin Luthers Geburtshaus
Der Reformator Martin Luther wurde hier am 10. November 1483 geboren und verstarb am 18. Februar 1546. Sowohl das Geburts- als auch das Sterbehaus sind erhalten und können besichtigt werden. Begraben wurde er in der Schloßkirche zu Wittenberg, an die er einst seine berühmten 95 Thesen anschlug.
Im Geburtshaus war die sog. Lutherschule untergebracht, eine Armenschule, in der vor allem Waisenkinder unterrichtet wurden. Diese wurde danach unter dem Namen „Neue Lutherschule“ in eine gewöhnliche Bürgerschule umgewandelt. Die Sage berichtet, daß eines Tages ein Lehrer dieser Schule glaubte, das Unterrichten aus Luthers kleinem Katechismus sei nicht mehr zeitgemäß. Er reichte dem Magistrat einen Antrag ein und man beschloß, einen anderen Katechismus einzuführen. Vor der nächsten Religionsstunde, als die Kinder den Klassenraum betraten (wozu damals noch das Geburtszimmer Luthers benutzt wurde), wollte ein dicker Junge, wie es heißt, um nichts auf der Welt hineingehen, da er „etwas gesehen“ hatte. Nicht einmal eine derbe Ohrfeige des Lehrers konnte ihn umstimmen. Dieser schickte ihn schließlich nach Hause und begann mit dem Unterricht. Kaum saß er aber vor seinen Schülern und hatte den neuen Katechismus aufgeschlagen, als er von unsichtbarer Hand eine ebenso derbe Ohrfeige erhielt. Das Buch wurde ihm aus der Hand gerissen und in eine Ecke geschleudert. Der Lehrer, einer Ohnmacht nahe, mußte den Unterricht abbrechen und die Kinder nach Hause

Luthers Geburtshaus in Eisleben. Stahlstich 1863

schicken. Als er dann auf den Flur hinaustrat, sah er oben auf der Treppe Martin Luther leibhaftig stehen. Der Reformator blickte ihn streng an und erhob mahnend den Zeigefinger. So kam es, daß dieser Lehrer bald erneut einen Antrag stellte und man daraufhin den Katechismus Luthers wieder einführte.

Freyburg (Burgenlandkreis)

Neuenburg

Auf einem Bergsporn über der Altstadt steht die Neuenburg, eine der größten Burganlagen Deutschlands. Sie wurde um 1090 von Ludwig dem Springer errichtet, der auf der Burg Giebichenstein bei *Halle* gefangen gehalten wurde und sich dort durch seinen legendären Sprung in die Saale der Haft entzog.

Nach einer Sage kam einst Kaiser Friedrich, den man den Rotbart nannte, vom *Kyffhäuser* auf die Neuen-

burg, um seine geliebte Schwester Jutta, die Gattin des Landgrafen Ludwig II., des „Eisernen", zu besuchen. Der Kaiser wunderte sich sehr, als er die Burg ohne eine schützende Ringmauer vorfand: Weder Ludwig der Springer, der Erbauer der Burg, noch dessen Sohn und Enkel hatten es geschafft, die Anlage zu vollenden und mit einer derartigen Mauer zu umgeben. Der Landgraf beschwichtigte jedoch seinen Schwager, er könne diese im Bedarfsfall innerhalb von drei Tagen schaffen. Heimlich schickte er Boten zu seinen Vasallen im Thüringer Land mit der Aufforderung, gerüstet wie zu einem Kriegszug, eiligst zur Neuenburg zu kommen. Am dritten Tag führte er dem erstaunten Kaiser eine lebende Mauer vor, die aus Männern in Harnisch und Waffen bestand. Als Barbarossa bemerkte, eine so köstliche und edle Mauer nie gesehen zu haben, erwiderte Ludwig: „Ja, mein Herr und Kaiser, und sind harte Steine darunter, haben sich aber doch gefügt!"
Noch eine andere bedeutende historische Gestalt des Mittelalters ist mit der Neuenburg verbunden: die hl. Elisabeth. Schon zu Lebzeiten war ihr barmherziges Wirken Gegenstand von Legenden: Einst nahm Elisabeth einen Bettler in Pflege, der Elias hieß und an Aussatz (Lepra) litt. Die Menschen der damaligen Zeit hatten furchtbare Angst, sich anzustecken, doch Elisabeth schien das nicht zu bekümmern. Sie nahm den Bettler mit auf die Neuenburg, wusch ihn und pflegte seine Wunden. Dann legte sie ihn in ihr Ehebett. Als Ludwigs Mutter, die Landgräfin Sophia, davon erfuhr, lief sie sofort zu ihrem Sohn und berichtete ihm, daß seine Frau einen fremden Mann im ehelichen Bett verstecken würde. Beide gingen also zum Schlafgemach um nachzusehen, fanden auch tatsächlich Elisabeth am Bett sitzen. Als sie die Bettdecke zurückschlugen, war der Aussätzige verschwunden und an seiner Stelle lag ein hölzernes Kruzifix. Da sagte der Landgraf zu Elisabeth: „Meine liebe Herrin, solchen Gast sollst du mir recht oft ins Bett legen!"
Der Vorraum der oberen Kapelle auf der Neuenburg beherbergt eine wertvolle Plastik der hl. Elisabeth aus Lindenholz.
→ Eisenach (Thüringen) → Halle (Sachsen-Anhalt)
→ Marburg (Hessen)

Halle

Burg Giebichenstein

Die bekannteste Sage um den Giebichenstein ist jene von Ludwig dem Springer. Der Thüringer Landgraf

Die älteste Darstellung der Burg Giebichenstein. Aquarellierte Zeichnung. Ende 16. Jh.

Ludwig liebte die schöne Adelheid, die Gemahlin des Pfalzgrafen Friedrich III. von Goseck. Er ließ mit Einverständnis Adelheids den Pfalzgrafen töten und heiratete die junge Witwe. Doch der Sohn des Ermordeten klagte Ludwig beim Kaiser an und dieser ließ den Beschuldigten auf der Burg Giebichenstein gefangensetzen. Nach zwei Jahren Haft sollte Ludwig hingerichtet werden, doch er schmiedete einen Plan, um dem Urteil zu entgehen. Ein befreundeter Ritter sollte am nächsten Tag sein Lieblingspferd ans jenseitige Saaleufer bringen und dafür sorgen, daß ein Kahn am diesseitigen bereit stehe. Nachdem er in der Burgkapelle den hl. Ulrich um Beistand angefleht hatte, gab er vor, krank zu sein und zu frieren, so daß man ihm Kleider und Mäntel brachte. Nachdem er sich überzeugt hatte, daß alle Vorbereitungen getroffen waren, öffnete er ein Fenster, angeblich um frische Luft zu schöpfen, schwang sich hinaus und sprang in die Tiefe, wobei die Kleider die Schnelligkeit des Sprunges milderten. Wohlbehalten kam er unten an, ließ sich in den Kahn ziehen und ans andere Ufer rudern. Dort schwang er sich auf sein Pferd und ritt davon. Später löste er dann sein Versprechen ein und ließ dem hl. Ulrich in *Sangerhausen* eine Kirche erbauen.
→ Freyburg (Sachsen-Anhalt)

Stadtwahrzeichen an der Marktkirche
An der Ostseite der Marktkirche neben dem nördlichen Hausmannsturm findet man ein Steinrelief mit der Darstellung eines Müllerburschen, der einen mit Säcken beladenen Esel führt; beide schreiten über Rosen. Über dieses Wahrzeichen der Stadt erzählt man sich folgende Geschichte: Einst wollte Kaiser Otto I.

der Stadt einen Besuch abstatten. Dazu streute man Rosen auf den Weg vom Rannischen Tor in die Innenstadt, um so den Kaiser zu ehren. Da die Saale aber zu dieser Zeit Hochwasser führte, mußte Otto I. einen anderen Weg nehmen. Er ritt über die Hohe Brücke durch das Schiefertor in die Stadt. Auf der mit Rosen bestreuten Straße kam aber anstelle des Kaisers zufällig ein Müllersbursche mit einem bepackten Esel daher. Dieses Ereignis löste bei den Hallensern ein solches Gelächter aus, daß sie sich entschlossen, die beiden zu einem der städtischen Wahrzeichen zu machen. Weitere Darstellungen des auf Rosen wandelnden Esels findet man am Brunnen auf dem Alten Markt sowie am Haus Klement-Gottwald-Straße 102.

MAGDEBURG (Landeshauptstadt)

Thronendes Paar im Dom
Um manche der im Dom befindlichen Kunstwerke haben sich erklärende Sagen gebildet. In der kleinen Heilig-Grab-Kapelle im nördlichen Langhaus befinden sich die frühgotischen Plastiken eines thronenden Paares. Vermutlich sind hier die himmlischen Brautleute Ecclesia und Christus dargestellt, die am Tag des Jüngsten Gerichts die mystische Hochzeit feiern. Volkstümliche Überlieferung sieht jedoch in den beiden Figuren Darstellungen Kaiser Ottos I. und seiner Gemahlin Editha, deren Grabstätte sich unter dem Chor befindet.

Das fälschlich als Editha und Otto I. bezeichnete Paar im Dom

Um das Leben der Kaiserin ranken sich mehrere Legenden. Die schönste erinnert an die Legende vom Rosenwunder der hl. Elisabeth. Auch Editha war freigiebig und half die Armut zu lindern, wann immer sie konnte. Allerdings gefiel dies ihrem Gatten nicht und er verbot ihr jegliche Wohltätigkeit. Als sie einmal an einem hohen Feiertag zur Kirche ging, ergriff ein Bettler einen Zipfel ihres kostbaren Gewandes und flehte sie um ein Almosen an. Die Kaiserin wollte ihn mit der Bemerkung abweisen, daß sie nichts bei sich habe, doch der Bettler bat sie, ihm doch wenigstens ein Stück ihres kostbaren Gewandes zu geben. Da erlaubte sie ihm das Stück, das er gerade festhielt, abzureißen. An der Mittagstafel verlangte ihr Gatte plötzlich das Kleid zu sehen, das sie am Morgen getragen hatte. Zitternd überreichte sie ihm das Gewand und wie durch ein Wunder war es unversehrt. Da zog der Kaiser den Ärmel hervor, den er selbst am Morgen abgerissen hatte, als er in der Verkleidung des Bettlers seine Frau prüfen wollte. Seit diesem Wunder soll er ihre Wohltätigkeit nie wieder eingeschränkt haben.

MANSFELD (Lutherstadt, Lkr. Mansfelder Land)

Schloß Vorderort

Über einen besonders großen und auffälligen grauen Stein im Mauerwerk des Schlosses Vorderort erzählt man sich folgende Sage: Beim Bau des Schlosses mußten Terrassen angelegt werden, um Raum für den Burggarten zu gewinnen. Als diese immer wieder einstürzten, erklärte eine alte Wahrsagerin, es müßte ein unschuldiges Kind lebendig darin eingemauert werden, um die Mauern standhaft zu machen. Schließlich wurde ein Knabe hinter jenem grauen Stein lebendig eingemauert. Die Mauer blieb nun stehen, aber jede Nacht störte das Gewimmer des eingemauerten Kindes den Schlaf des Schloßherrn. Andere Leute erzählen hingegen, das Kind sei eingemauert worden, um das Schloß vor jeder Eroberung zu sichern.
In der Tat ist eine solche Art Menschenopfer aus ganz Europa überliefert. Katzen, Hunde aber auch Menschen wurden beim Bau von Burgen und Brücken lebendig eingemauert, um so die Bauwerke gegen dämonische Kräfte zu schützen und ihnen Bestand, Schutz und Dauerhaftigkeit zu verleihen. Solche „beseelten“ Mauern galten als uneinnehmbar.

Merseburg (Lkr. Merseburg-Querfurt)

Dom

Als der Dom gebaut wurde, gab es bautechnische Probleme mit dem Chor, der, wie es heißt, dreimal einstürzte. So ist folgende Sage zu erklären: Da allnächtlich das wieder einfiel, was man am Tag zuvor aufgebaut hatte, verdächtigte man den Teufel, der bekanntlich jeden neuen Kirchenbau zu verhindern sucht. Nach eingehender Untersuchung fand man unter dem Fundament zwei mächtige Schildkröten. Nachdem man sie entfernt hatte, konnte der Bau glücklich zu Ende geführt werden. Die Schalen dieser Tiere hing man zum ewigen Andenken im Dom auf, wo sie aber nicht mehr zu sehen sind.

Eine andere Sage berichtet von einer unheimlichen Begebenheit. Als der Küster früh am Morgen über den Schloßhof zum Dom ging, um zur Frühmette zu läuten, huschte etwas an ihm vorüber und er erblickte mehrere schattenhafte Gestalten, unter denen er einige erst kürzlich verstorbene Personen erkannte. Der Küster ließ seine Lampe fallen und floh, ohne geläutet zu haben. Der Bischof glaubte ihm kein Wort und bedrohte ihn mit einer schweren Strafe, wenn er noch einmal das Läuten versäumen sollte. Am nächsten Morgen sah der verängstigte Küster im Dom eine gespenstische Gemeinde. Auf der Kanzel stand ein schlotterndes Gerippe im weißen Büßerhemd, das ihm seine knochendürren Hände entgegenstreckte. Der Domherr war sehr ergrimmt, daß auch an diesem Morgen nicht geläutet wurde, ließ den Geisterseher samt seinem Bett in die Sakristei einsperren, damit er nicht wieder verschlafen würde und drohte ihm erneut schwerste Strafen an. Doch auch am dritten Morgen läutete es nicht und der Küster war spurlos verschwunden – nur vor dem Hochaltar fand man ein Häufchen Asche.

Eine andere Sage berichtet: Als Vorzeichen des baldigen Todes eines Domherrn soll ein gewaltiger Lärm im Kircheninnern zu hören sein, dem zuletzt ein heftiger Schlag auf den Stuhl desjenigen Domherrn folgt, welcher sterben wird. Die Männer, die wegen des Domschatzes Tag und Nacht Wache hielten und diese Botschaft vernahmen, übermittelten sie dem Betroffenen, damit sich dieser drei Wochen lang auf seinen Tod vorbereiten konnte. Eine solche Frist wurde ihm gewöhnlich gewährt.

Beide Sagen sind eigentlich Legendenstoffe. Die Geschichte von der sog. Geistermesse bezog sich ur-

sprünglich auf einen Heiligen, der zum Zeichen besonderer Gnade am Gottesdienst der Engel teilnehmen darf. Tote hingegen, die in der Kirche nächtliche Meßfeiern abhalten, zeigen sich fast immer von ihrer gefährlichen Seite. Vorzeichen für den nahenden Tod, die eine entsprechende Vorbereitung ermöglichten, sind aus vielen Klöstern und Domen überliefert.
→ Heisterbach (Bergisches Land)

NAUMBURG (Burgenlandkreis)

Dom St. Peter und Paul
Der Naumburger Dom erlangte vor allem durch die Stifterfiguren Berühmtheit, deren bekannteste den Markgrafen Ekkehard und seine Frau Uta darstellen. Über den Bau der ersten drei Türme ist eine Sage überliefert. Sie gehört zu dem verbreiteten Sagentyp „Mord aus Kunstneid“, der besonders häufig im Zusammenhang mit dem Bau von Kirchen oder dem Glockenguß vorkommt. Während die beiden östlichen Türme vom Meister bzw. von seinem Gesellen ausgeführt worden waren, hatte der Lehrjunge den dritten im Westen gebaut. Als nun die Türme vollendet waren, mußte der Meister eingestehen, daß der Lehrling nicht nur den Gesellen, sondern auch ihn selbst übertroffen hatte, denn der Westturm war mit Abstand der schönste. Dieser Umstand erregte Neid im Herzen des Meisters und bewog ihn zu einer schändlichen Tat. Unter dem Vorwand, den Turm von oben betrachten zu wollen, stieg er mit dem Lehrling hinauf und stürzte den Arglosen hinab, so daß der kunstfertige Junge ein jämmerliches Ende fand. An der nordwestlichen Ecke, wo diese Tat geschah, ist einige Meter über dem Boden eine kleine eiserne Stange in das Mauerwerk eingelassen – zum Zeichen, wie hoch das Blut des zerschmetterten Lehrjungen gespritzt ist.

SANGERHAUSEN (Lkr. Sangerhausen)

„Kobermännchen“ im Neuen Schloß
Gegenüber dem Rathaus von Sangerhausen steht das Neue Schloß. Die Sage berichtet, daß der Bauherr des Schlosses das dazu nötige Geld einst vom Teufel bekam. Dazu hatte dieser einen Bauern geschickt, der das Geld in einem Kober (Proviantkorb) bei sich trug. Zur Erinnerung daran ließ der Erbauer des Schlosses im Westflügel an der Wand neben der linken Wendeltreppe ein steinernes Bildnis dieses Bauern mit dem umgehängten Kober anbringen. Das Bild wird im

Das sog. „Kobermännchen" im Neuen Schloß

Volksmund Graues Männchen oder Kobermännchen genannt. Man sagt, mit ihm sei es nicht geheuer, weil es nicht mit sich spaßen läßt. Einmal kam ein Bauer zum Steueramt, das hier im Schloß untergebracht war. Als er das Männchen sah, zupfte er es am Ohr und rief höhnisch: „Ei, ei, wo will der Kober mit dem Männchen hin?" Da wurde die kleine Gestalt zur Verblüffung des Bauern größer und größer, und ehe dieser flüchten konnte, erhielt er von der steinernen Hand des Riesen, der vor ihm stand, eine so gewaltige Ohrfeige, daß er zur Erde sank und zeitlebens durch ein blaues Mal gezeichnet blieb.
Tatsächlich nimmt man heute an, daß dieses etwa 60 cm große Männchen einen Bergmann darstellt. Er soll daran erinnern, daß das Schloß aus Einnahmen der thüringischen Bergwerke finanziert wurde.
Alljährlich findet im September das Sangerhausener Altstadtfest statt, das man hier auch das „Kobermännchenfest" nennt.

Wittenberg (Lutherstadt)

Schloß

Stadt und Schloß wurden berühmt durch Luthers Thesenanschlag (1517) an die Schloßkirche. Dr. Martin Luther war 1512 zum Theologieprofessor an die kurz zuvor gegründete Wittenberger Universität berufen worden, die zum Zentrum der lutherischen Reformation wurde; seine berühmten 95 Thesen, in denen er sich massiv gegen den Ablaßhandel aussprach, wurden zum Ausgangspunkt der Reformation. Heute beherbergt das Schloß ein Museum für Natur- und Völkerkunde.

Luther als Mönch. Kupferstich von Lukas Cranach d.Ä., 1520

Das Schloß gilt auch als Spukort, in dem sich oft zur Mitternachtsstunde die Weiße Frau zeigt. Einst zeigte sie sich einem jungen Soldaten, der ein Sonntagskind war. Sie gebot ihm, ihr zu folgen und führte ihn in eine verborgene Kammer, in der eine mit Gold- und Silbermünzen gefüllte Truhe stand. Die Weiße Frau schenkte ihm einen Beutel davon – allerdings mit der Weisung, keinem von dieser Begegnung zu berichten. Später, nach dem Ende seiner Dienstzeit, heiratete der Soldat und während der Hochzeitsfeier ließ er sich von den Gästen überreden, die Herkunft seines Reichtums preis zu geben. Plötzlich klopfte es dreimal heftig an das Fenster und er begriff sofort, daß es die Weiße Frau gewesen war. Seit dieser Zeit kränkelte er, es gelang ihm nichts mehr, und er verstarb bald darauf als armer Mann.

ZEITZ (Burgenlandkreis)

„Käselieb“ im Dom

Eine merkwürdige Besonderheit des Domes ist eine 38 cm hohe Steinfigur, die sich an einem Wandpfeiler der Südseite befindet. Es ist die Darstellung eines Fährmannes mit Peitsche und Deichsel; auf einem Spruchband steht „Ich heyse Keselieb“. Eine Sage weiß zu berichten, daß dieser Käselieb im 10. Jh. in *Rasberg* – heute ein Ortsteil von Zeitz – lebte. Er soll ein sorbischer Bauer gewesen sein, der im Gegensatz zu seinen nur lippenbekennenden Landsleuten ein frommer Christ war. Zwar waren die Sorben durch Otto I. „mit dem Schwert getauft worden“, doch verehrten die meisten weiterhin ihre alten Götter – so auch Käseliebs Tochter Anna, die vor ihrer Taufe Wanda hieß. Es zog sie immer wieder zum Hain des Götzen Radegast bei *Haynsburg,* der bei den Sorben mit Streitaxt und Schild dargestellt wurde und die Sonne symbolisierte. Eines Tages wandte sich Käselieb an den Priester Boso um Rat, wie er seine Tochter von ihrem Irrglauben abbringen könne. Der Priester riet ihm, selbst ein gutes Werk zu tun und forderte ihn auf, mit seinem Fuhrwerk Steine zum Bau des Gottes-

Der „Käselieb“ im Dom, um 1880

hauses heranzufahren, da man mit der Arbeit nicht so recht voran kam. Von früh bis spät schaffte Käselieb Steine herbei und vernachlässigte darüber seine eigene Wirtschaft. Um leben zu können, verkaufte er ein Stück Feld nach dem anderen und war am Ende des Dombaues bettelarm.
Zur Einweihung des Gotteshauses erschien Kaiser Otto. Vorher hatte er am Hain bei Haynsburg das steinerne Bild des sorbischen Gottes gesehen und wutentbrannt die Lanze danach geworfen. Dabei fiel der Kopf des Götzen herab und erschlug Käseliebs Tochter, die sich hinter der Statue verborgen hatte. Während des Besuchs der Kirche erblickte der Kaiser den Bauern, der mit einer Peitsche und einer Deichselwaage dastand. Boso erzählte dem Kaiser, wie Käselieb unermüdlich beim Bau geholfen hatte und dabei so arm geworden war, daß er nichts mehr besitze. Daraufhin gab ihm der Kaiser so viel Geld, daß er sich einen neuen Hof kaufen konnte und ließ zum ewigen Andenken an den frommen Mann sein Bildnis in der Kirche anbringen.

Berlin-Brandenburg

Berlin

Brandenburger Tor

Einst war es das Tor zur Hauptstadt Preußens auf der Grenze zwischen Stadt und Land. 150 Jahre später markierte es die Grenze zwischen Ost und West, die mitten durch das Herz Berlins ging. Von Anfang an aber war das von der griechischen Kunst inspirierte Bauwerk das Wahrzeichen „Spree-Athens“, und das ist es bis heute geblieben.
Als Ausdruck für Macht und Größe ließ König Friedrich Wilhelm II. den Triumphbogen errichten – ein Tor zur Siegesallee, die geradewegs zum Stadtschloß führte. 1794 wurde das 42 m breite und 11 m hohe Tor mit dem vierspännigen Siegeswagen gekrönt. Als Napoleon 1806 in Berlin einmarschierte, gefiel ihm das Herrschaftssymbol des Triumphwagens so gut, daß er die Quadriga nach Paris abtransportieren ließ. Erst nach Beendigung der Freiheitskriege 1814 kehrte die siegreiche Wagenlenkerin an ihren angestammten Platz zurück.

Brandenburger Tor, Stahlstich

Natürlich hat das „Frollein Kutscher“ den Berliner Volksmund inspiriert. Zunächst spottete man über den weiblichen Fuhrmann, „der hinten so kahl aussieht“, bis die Viktoria nachträglich einen wehenden Mantel erhielt, um ihre Blöße zu bedecken. Eine Anekdote berichtet von einer alten Gemüsefrau, die in der Nähe des Tores saß und von solchen Leuten gefragt wurde: „Können Se mir nich sagen, wat det da oben uff dem Tor vor 'ne Puppe is?“ „Det is alte römische Geschichte“, kam die schlagfertige Antwort, „Kurfürst von Brandenburg, Siebenjähriger Krieg. Det is et.“

Granitschale am Alten Museum

Nördlich an den Lustgarten grenzt das Alte Museum. Vor der Freitreppe prangt eine gewaltige Granitschale, die einst als Weltwunder bestaunt wurde. Der Granitblock für die Rundschale mit einem Durchmesser von fast 7 m stammt von einem Findling aus den Rauenschen Bergen bei *Fürstenwalde,* einem der beiden Markgrafensteine. Über 100 Männer waren nötig, um den Granitblock von dem Findling abzuspalten. Die Sage berichtet, daß ein lautes Winseln zu hören war, als das Stück sich endlich löste. Das soll von einer Prinzessin gekommen sein, die durch den Zauber eines Riesen in den Granitblock verbannt worden war. Denn einst hatte an Stelle der Markgrafensteine ein prächtiges Ritterschloß gestanden. Darin wohnte ein Edelfräulein, dessen Schönheit es den zahlreichen Riesen in der Gegend so angetan hatte, daß sie keinem Menschen gestatteten, bis zum Schloß vorzudringen. Einer der Riesen wurde von der Schönen gleich mehrfach abgewiesen, so daß er schließlich aus Zorn das Schloß mitsamt den Bewohnern in zwei große Granitblöcke verwandelte. Das Mädchen sollte nur erlöst werden können, wenn in der Johannisnacht ein Jüngling käme, der einen schwarzen Kranich und einen gelben Specht ohne Köpfe bei sich hätte. Das ist bis heute nicht geschehen. Noch immer sitzt die Prinzessin in der Schale; nur in der Vollmondnacht nach dem Johannistag, so heißt es, kommt sie heraus, baut auf der Schale ein Märchenschloß und tanzt darin mit ihrem Gefolge zu alten Weisen. Wer Glück hat, kann dann um den Stein ein zartes Leuchten sehen und ein leises Klingen hören.

Reiterstandbild Friedrichs des Großen

Das monumentale Reiterstandbild aus Bronze verleiht der Prachtstraße „Unter den Linden" einen triumphalen Charakter. Auf einem dreistöckigen Sockel mit Szenen aus dem Leben des Königs sitzt Friedrich II. überlebensgroß zu Pferde, in historischer Uniform mit Dreispitz, Krückstock und umgehängten Königsmantel. Das Denkmal ist nach Osten hin, zum ehemaligen Stadtschloß, ausgerichtet. An den Ecken des Sockels befinden sich vier Reiterfiguren: Prinz Heinrich von Preußen, Herzog Ferdinand von Braunschweig, Hans Joachim von Zieten und Friedrich Wilhelm von Seydlitz; dazwischen Gruppen mit Zeitgenossen des Königs und unter dem Schweif Vertreter des Geisteslebens, darunter auch Gotthold Ephraim Lessing und Immanuel Kant.

Friedrich II. wurde 1712 in Berlin geboren und starb 1786 in seinem Lieblingssitz Schloß Sanssouci bei *Potsdam*. In seiner letzten Lebenszeit war der „Philosoph von Sanssouci" innerlich vereinsamt. Bis zu seinem Ende befand er sich im Zwiespalt zwischen humanitärem Idealismus und Staatsräson. Spiegel dieses widersprüchlichen Bildes sind die Anekdoten, in denen der „Alte Fritz" als strenger, aber gerechter und auch humorvoller Herrscher im Bewußtsein seiner Märker weiterlebt.

Eine Anekdote berichtet von einem jungen Mann, der dem König auffiel, als er in Begleitung seiner Offiziere auf den Paradeplatz kam. Der ging bei den Umstehenden von einem zum anderen, sah sie forschend an, schüttelte den Kopf und ging zum nächsten. Der König ließ ihn fragen, wen er denn suche und bekam die Antwort: „einen Vetter" – er kenne aber weder Stand noch Namen. Da fragte er den jungen Mann selbst, wer er sei. Der stellt sich vor als Kandidat der Theologie, der seine Examen bestanden hätte, aber sich nun vergeblich nach einer Stelle als Prediger umsähe. Immer würden andere bevorzugt, die einen Vetter oder andere Verwandte mit Einfluß am Hofe hätten. Nun suche er eben auch einen solchen Vetter. Dem Alten Fritz gefiel dieser Kunstgriff, auf sich aufmerksam zu machen, und er bestellte den Kandidaten für den Nachmittag auf das Schloß. Gleichzeitig ließ er einen gelehrten Geistlichen zu sich kommen und bat ihn, „seinen Vetter" zu examinieren, ob er als Prediger tauge. Der Kandidat bestand die Prüfung gut, und der Alte Fritz befahl dem Geistlichen: „So soll meinem Vetter die erste passende Predigerstelle erteilt werden. Das ist nicht mehr als billig"

Friedrich der Große sorgte gern für Gerechtigkeit. So hörte er einmal von einem strengen Gutsherrn und fuhr verkleidet auf das Dorf, um die Sache selbst zu untersuchen. Er ließ sich von einem leibeigenen Bauern in Dienst nehmen und mußte am anderen Tag mit zum Herrendienst. Bevor er mit der Arbeit anfing, stopfte er sich eine Pfeife. Der Gutsherr sah dies und drohte ihm. Am nächsten Morgen verspätete sich der „Tagelöhner" Friedrich II. etwas – da drohte ihm der Gutsherr Schläge an. Der König erkannte, daß alle Berichte über die besondere Strenge des Gutsherrn wahr sein mußten, und verschwand aus dem Dorf. Aber auch der Gutsherr wurde kurz darauf abgeholt und kam nie wieder. Sein Land wurde dem Bauern übereignet.

Vom Humor des Alten Fritz zeugt die folgende Geschichte: Dorfbewohner beklagten sich einmal bei ihm über einen Lehrer, der nicht an die Auferstehung glaubte und verlangten seine Entlassung. Der Alte Fritz entschied: „Er soll in seinem Amte bleiben. Wenn er am Jüngsten Tag nicht auferstehen will, dann kann er ruhig liegenbleiben."

Zur Karnevalszeit gab der Alte Fritz im Berliner Schloß einen Maskenball, zu dem außer Personen hohen Standes auch viele Berliner Bürger eingeladen waren. Damit sich aber kein Unbefugter einschleichen konnte, war jeder gehalten, auf Anfrage seine Identität preiszugeben. Der Alte Fritz entdeckte einen ihm völlig unbekannten Mann in rotem Dominomantel und schickte nacheinander einen Offizier, einen Rittmeister, den Gouverneur von Berlin sowie den Kronprinzen von Preußen zu ihm. Sie alle bekamen jedoch lediglich die Gegenfrage „Und wer sind Sie?" zu hören – gefolgt von der Feststellung „So bin ich mehr als Sie!" Schließlich erkundigte sich der Alte Fritz selbst nach der Identität des Unbekannten, der sich als „Schützenkönig von Berlin" entpuppte und zugleich empfehlen wollte. Der König lud seinen selbstbewußten „Kollegen" lachend ein, bei ihm zu bleiben.

Hedwigskirche

Die katholische St.-Hedwigs-Kathedrale am Bebelplatz, der Schutzheiligen Schlesiens geweiht, ist neben dem Dom der einzige Kirchenbau, den Friedrich der Große in Berlin veranlaßt hat. Er wollte damit der katholischen Provinz Schlesien, die er gerade erworben hatte, seine Gunst bezeugen. So gab er den Auftrag zum Bau des Forum Fridericianum, das an das Pantheon in Rom erinnern sollte. Der kreisrunde Kirchenraum wird von einer halbkugelförmigen Kuppel überwölbt.

Diese Form erklärt eine Anekdote so: Friedrich II. saß beim Kaffee auf der Terrasse von Schloß Sanssouci, als ihm eine Abordnung Katholiken aus Berlin gemeldet wurde, die in einer wichtigen Angelegenheit um Rat fragte. Der König erfuhr von den Männern, daß sie sehr dankbar seien für die Erlaubnis, mitten in Berlin eine katholische Kirche zu errichten, sich aber nicht einigen könnten, wie diese Kirche aussehen sollte. Sie wollten keine Kirche bauen, die dem König mißfiele, und deshalb wollten sie seinen Rat hören. Der König schmunzelte darüber, stülpte seine leere Kaffeetasse um und meinte, so würde ihm die Kirche am besten gefallen. Befriedigt kehrten die Gläubigen nach Berlin zurück und beauftragten ihren Baumeister, die Hedwigskirche ganz rund zu bauen.

Neidkopf am Märkischen Museum

Eines der bekanntesten Berliner Wahrzeichen ist der „Neidkopf", jene steinerne Fratze, die von einer Wand des Märkischen Museums aus die Zunge herausstreckt. Es handelt sich um ein sog. Medusenhaupt: die Büste einer Frau mit entblößten Brüsten und verzerrten Gesichtszügen, den Kopf umwinden statt der Haare Schlangen. In der griechischen Mythologie ist Medusa die jüngste der drei Gorgonen, Töchter des Meeresgottes Phorkys und seiner Schwester Keto, die eine Reihe von schrecklichen Ungeheuern hervorbrachten. Wer das gräßliche Antlitz der Gorgonen erblickte, mußte zu Stein erstarren. Dem Helden Perseus gelang es jedoch, Medusa, die einzige Sterbliche unter den

Medusa. Zeichnung von Anselm Feuerbach, 1872

Gorgonen, zu töten, indem er sich ihrem abgewandten Gesicht näherte und nur ihr Spiegelbild in seinem ehernen Schild beobachtete. Das abgeschlagene Haupt schenkte er der Göttin Athene, die es seither in ihrem Schild führte. Die Menschen benutzten schon seit frühester Zeit die Köpfe von Ungeheuern aus Stein oder Holz als Schutz- und Abwehrzauber. Ihr abschreckendes Äußeres sollte vor Neid und Mißgunst bewahren. So auch das Medusenhaupt im Märkischen Museum, das ursprünglich ein Haus in der Heiligen-Geist-Straße zierte.

Wie es dorthin kam, weiß eine Berliner Sage: König Friedrich Wilhelm I. ging gern in den Straßen Berlins umher, um das Leben und Treiben der Einwohner genauer kennenzulernen. Besonders gefiel es ihm, wenn er alles recht geschäftig fand. So kam er einmal in die ärmliche Hütte eines Goldschmiedes, den er schon mehrfach bis in die Nacht hatte arbeiten sehen, ohne daß dieser recht vorwärts gekommen wäre. Der Mann erzählte ihm, daß er gern noch mehr arbeiten würde – nur fehle es ihm oft am Geld, um das nötige Gold und Silber einzukaufen. Da beauftragte ihn der König, ein goldenes Service anzufertigen, und ließ ihm das Edelmetall dazu aus der königlichen Schatzkammer liefern. Als er eines Tages wieder nach dem Schmied schaute, bemerkte er am Fenster gegenüber zwei

Frauen, die dem Goldschmied, sobald er von der Arbeit aufsah, die abscheulichsten Grimassen schnitten. Er erfuhr, daß dies Frau und Tochter eines reichen Goldschmiedes waren, die dem armen Handwerker sein unverhofftes Glück neideten. Der König strafte die beiden, indem er dem Goldschmied ein ganz neues Haus bauen ließ und daran den Neidkopf anbringen ließ: ein Frauenkopf, den statt der Haare Schlangen umwinden und dessen Züge von Neid und Mißgunst verzerrt sind.

→ Hannover (Niedersachsen)

Pfaueninsel

Südlich von *Kladow* und kurz vor *Potsdam* liegt mitten in der Havel ein weitläufiger Landschaftspark mit Schlößchen: die Pfaueninsel, mit 76 ha die zweitgrößte Insel Berlins. Bevor die Hohenzollern ein exotisches Freizeitparadies aus der Pfaueninsel gemacht haben, war diese vier Jahre lang im Besitz des Chemikers, Alchimisten und Glasmachers Johann Kunckel von Löwenstein: Der gebürtige Holsteiner hatte zuvor in kursächsischen Diensten gestanden; das ihm dort zugesagte Gehalt wurde ihm jedoch verweigert mit der Begründung: Kann Kunckel Gold machen, so bedarf er kein Geld; kann er solches aber nicht, warum sollte man ihm Geld geben? Seit 1679 war er in Brandenburg für den Großen Kurfürsten tätig und hatte das nach ihm benannte Goldrubinglas (Kunckel-Glas) erfunden, das zu schönen Pokalen verarbeitet wurde. Sechs Jahre später machte ihm der Kurfürst die als wertlos geltende Insel Kaninchenwerder, wie die Pfaueninsel früher hieß, zum Geschenk.

Schloß auf der Pfaueninsel. Lithographie, 1881

In der Glashütte wurde viel experimentiert. Kein Fremder durfte die Insel betreten; nur der Kurfürst besuchte Kunckel wiederholt. Wie vielen anderen frühen Naturwissenschaftlern haftet auch Johann Kunckel von Löwenstein der Ruf eines Zauberers und Teufelsbündners an. Es wird erzählt, er habe auf der späteren Pfaueninsel Gold und Edelsteine herstellen wollen und, als er damit nicht vorankam, den Teufel um Hilfe gerufen. Dieser kam auch und wies den Magier an, dreimal in die vor ihm stehende Quarzflüssigkeit zu spucken und diese dann erkalten zu lassen. Kunckel tat so und fand am nächsten Morgen einen riesigen Klumpen rotes Kristallglas vor; er produzierte dies nun in Mengen und brachte dem Land viel Geld ein.
Nach dem Tod des Großen Kurfüsten wurde er als Hexenmeister angeklagt und von seiner Insel vertrieben. Als er Brandenburg verließ, soll er das Geheimnis der Herstellung von Rubinglas mit sich genommen haben, doch auch ihm selbst gelang die Produktion nicht mehr, da die magische Umgebung der Pfaueninsel fehlte. In seinem Todesjahr wollen Schäfer und Jäger hier einen Mann mit rotglühenden Augen gesehen haben – der Sage nach ist dies Johann Kunckel, den sowohl der Schenkungsvertrag mit dem Großen Kurfürsten als auch der Pakt mit dem Teufel auf der Pfaueninsel festhalten. Noch heute, so erzählen die Leute, soll er zu bestimmten Zeiten nachts über die Insel wandern.
→ Zwiesel (Niederbayern-Oberpfalz)

JÜTERBOG (Lkr. Teltow-Fläming)

Stadtwappen am Rathaus

Die ursprünglich slawische Siedlung, die schon 1006 in der Sachsen-Chronik erwähnt wird, trug den Namen Jutriboc oder Jutrobog, nach dem von den Wenden verehrten Gott der Morgenröte. Bei ihrer Gründung war der Stadt nur Weideland zugeteilt worden, so gedieh zunächst die Viehzucht und schlug sich auch im Stadtwappen nieder: Am Portal des Rathauses prangt im Wappen ein stattlicher schwarzer Ziegenbock mit langen, goldenen Hörnern.
Eine Sage bringt den Bock im Wappen mit dem Namen der Stadt in Verbindung: Als deutsche und niederländische Ansiedler im Mittelalter in der damals wüsten Mark die stark befestigte Stadt gebaut hatten, fiel ihnen kein Name für sie ein. Auf dem Marktplatz hatte sich das ganze Volk versammelt; die junge Bürgerschaft beriet, wie sie ihre Stadt nennen sollte, aber man

konnte sich nicht einigen. Schließlich beschloß man, vor das Tor zu gehen und auf den ersten zu warten, der in die Stadt hinein wollte. Nach ihm sollte sie benannt werden. Der Rat mußte auch nicht lange warten, da näherte sich eine Krügersfrau mit Namen Jutta, hinter ihr ein stattlicher weißer Ziegenbock mit starken Hörnern. Die Sache war entschieden: Man malte einen kräftigen weißen Ziegenbock in das Wappen der Stadt und nannte sie kurzerhand Jüterbog. Daß das Wappentier in Wahrheit schwarz ist und nicht weiß, ignoriert die Sagenüberlieferung.

Plastik „Schmied zu Jüterbog"
Auf dem Marktplatz steht überlebensgroß auf einem Leiterwagen der „Schmied zu Jüterbog", mit erhobenem Hammer über dem Teufel, den er gleich in den Sack stecken wird. Die bunte Plastik erinnert an eine bekannte Jüterboger Sage: Vor langer Zeit lebte in der Stadt ein Schmied, der Tod und Teufel ein Schnippchen geschlagen hat. Er hatte nämlich eines Abends noch spät einen Mann im schwarzen Rock, der auf der Suche nach Unterkunft war, aufgenommen und zum Dank dafür drei Wünsche freigehabt. Er erkannte wohl, was für einen Gast er da im Hause hatte, und so wünschte er sich erstens, daß sein Stuhl hinter dem Ofen die Kraft bekäme, jeden ungebetenen Fremden solange festzuhalten, wie er es wollte. Dasselbe erbat er sich auch für seinen Apfelbaum im Garten und für seinen Kohlensack. So ließ der Schmied, als der Tod eines Tages kam, um ihn zu holen, diesen in seinem Stuhl hinter dem Ofen ausruhen; der Tod kam erst wieder los, nachdem er versprochen hatte, dem Schmied noch weitere zehn Jahre zu geben. Als er danach wiederkam, wurde er auf den Apfelbaum geschickt, um Äpfel als Wegzehrung für die weite Reise zu holen. Wieder saß der Tod fest, und diesmal holte der Schmied seine Gesellen, die ihn mit eisernen Stangen verprügelten. Erst als der Tod unter Jammern und

Geschrei versprach, nie wiederzukommen, löste der Schmied den Bann. Nun wollte aber der Teufel, dem der Tod sein Leid geklagt hatte, sich den Schmied holen. Spät nachts klopfte er an und bat um Herberge. Unter dem Vorwand, so spät die Tür nicht mehr öffnen zu können, hielt der Schmied seinen Kohlensack vor das Schlüsselloch. Der Teufel fuhr hindurch und landete in dem Sack, den der Schmied schnell zuband und auf den Amboß warf. Am Morgen ließ er dann seine Gesellen so lange auf den Amboß einhämmern, bis der Teufel ebenfalls feierlich versprach, nie wiederzukommen. Der schlaue Schmied lebte danach noch viele Jahre fleißig und zufrieden.
Aufgrund seiner besonderen Kunstfertigkeit schreibt der Volksglaube dem Schmied gern zauberische Fähigkeiten zu: er gilt sowohl als Teufelsbündner wie auch als Teufelsbanner. Die Episode vom Teufel, der mit Schmiedehämmern geprügelt wird, geht auf ein altes mythologisches Motiv zurück: Tief in der Erde soll ein mit Ketten gebundener Unhold liegen, der sich ständig seiner Fesseln zu entledigen versucht, um dann die Welt zu verschlingen. Um dies zu verhindern, tut der Schmied nach Feierabend noch einen kalten Schlag auf den Amboß, um die Ketten zu festigen.

KAMPEHL (Amt Neustadt/Dosse, Lkr. Ostprignitz-Ruppin)

Mumie in der Dorfkirche
Das kleine Dorf Kampehl bei *Neustadt an der Dosse*, nordwestlich von Berlin, besitzt eine viel besuchte Touristenattraktion: In der Gruftkapelle der kleinen Dorfkirche lagert seit 300 Jahren die mumifizierte Leiche des Ritters Kahlbutz. Sie ist 1,70 m lang, 9,8 kg schwer und weder einbalsamiert noch durch eine andere feststellbare Methode konserviert. Selbst Haare, Nägel und Zähne sind gut erhalten. Eine eindeutige wissenschaftliche Erklärung für die Mumifizierung der Leiche ist bis heute nicht gefunden worden; vermutlich jedoch spielen die große Trockenheit sowie der im Grabgewölbe vorhandene Salpeter eine Rolle.
Christian Friedrich von Kahlbutz wurde 1651 geboren, starb 1702 und ist heute als unverweste Leiche weitaus bekannter als zu seinen Lebzeiten. Von dem Ritter wird berichtet, daß er einen Schäfer erschlug, dessen Braut ihm das Recht der ersten Nacht verweigerte. Damals galt unter den Rittern noch ein ungeschriebenes Gesetz: Heiratete ein Leibeigener, so gebührte die erste Nacht mit der jungen Braut dem

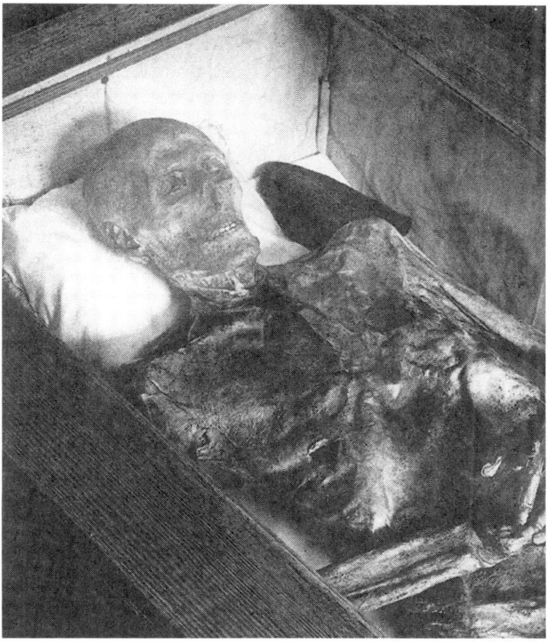

Die mumifizierte Leiche des Ritters Kahlbutz

Gutsherrn. Vor Gericht schwor der Ritter von Kahlbutz, die Tat nicht begangen zu haben und erklärte: Wenn ich doch der Mörder war, so soll mein Leib nicht verwesen. Daraufhin wurde er freigesprochen. Als man 80 Jahre später seinen Sarg öffnete, fand man die Leiche mumifiziert, so wie sie heute noch zu sehen ist. Im allgemeinen gilt Unverweslichkeit als Zeichen der Gnade; das Motiv ist vor allem aus Heiligenlegenden bekannt. Im Fall von Ritter Kahlbutz hingegen wird das Phänomen als Strafe aufgefaßt: Sagen schildern ihn als ruhelosen Wiedergänger, der den Lebenden sehr gefährlich werden kann. So soll während der Napoleonischen Kriege ein französischer Soldat das Grab des Kahlbutz besucht und seinen Spott mit ihm getrieben haben. Er hob ihn aus dem Sarg, beschimpfte ihn als Scheusal und Mörder, legte ihn verkehrt herum wieder hinein und forderte ihn auf, ihn des Nachts zwischen zwölf und eins in seinem Quartier zu besuchen. Am anderen Morgen fand man den Soldaten mit gebrochenem Genick. Die Franzosen behaupteten zwar, man habe ihn ermordet, aber das Gericht stellte fest, daß Tür und Fenster verschlossen gewesen seien und niemand von außen in das Quartier hätte

kommen können. Ein anderer Soldat soll, als ein Arm der Mumie ihn beim Aufheben zufällig im Gesicht berührte, einen Herzschlag erlitten haben.
Früher scheint es häufiger zu entsprechenden Übergriffen auf den toten Ritter gekommen zu sein: Man holte die Mumie aus der Gruft, setzte sie auf die Friedhofsmauer oder das Kirchendach. Um die Jahrhundertwende zogen Dorfburschen mit ihr durch die Straßen, um die Mädchen zu erschrecken; einmal fand sogar ein Hochzeitspaar Ritter Kahlbutz in seinem Bett. Noch 1946 wurde er auf einer Anhöhe aufgestellt, um Berliner auf Hamsterzügen zu erschrecken.

LEHNIN (Lkr. Potsdam-Mittelmark)

Ehem. Kloster
Historisch ist über das ehem. Zistersienserkloster wenig verbürgt, dafür beschäftigen sich Sagen und Legenden um so mehr mit seiner Gründung. Danach soll Markgraf Otto von Brandenburg sich nach einem ausgedehnten Ritt durch die dichten Wälder der Mark zum Ausruhen unter einen Eichbaum gelegt haben. Er schlief ein und träumte von einer Hirschkuh, die ihn mit dem Geweih aufspießen wollte. Da spannte Otto einen Pfeil in seinen Bogen und erschoß das Tier. Als der Graf von seinem seltsamen Traum erwachte, beschloß er, an dieser Stelle eine Burg des Glaubens zu errichten. Denn er deutete seinen Traum als eine göttliche Vision und bat Zisterziensermönche aus Thüringen, an dieser unwegsamen Stelle ein Kloster zu erbauen. So wurde das Kloster Lehnin – Hirschkuh heißt im Slawischen Lanye – gegründet. Der Stumpf der

Kloster Lehnin. Holzstich, 1881

Eiche, unter der Otto seinen Traum empfing, ist noch erhalten: Die Stufen des Altars sind aus ihm gehauen. Mord und Totschlag begleiteten das Kloster bis zu seiner Auflösung. Dabei stand der Konflikt mit den ansässigen Slawen fast immer im Mittelpunkt. Aber auch Prahlsucht und Liebeslust herrschten inner- und außerhalb der klösterlichen Mauern, wie in den Chroniken zu lesen ist. Eine märkische Sage erzählt die Geschichte von einem Edelfräulein, das noch Jahrhunderte nach einer Tändelei mit einem armen Klosterbruder als Weiße Frau in den Ruinen herumspuken soll. Bald ist sie allein, bald erscheint sie am Arm eines Mönches. Oft zeigt sie sich gar nicht, und doch bemerkt man ihre Anwesenheit durch allerlei kleine Unfälle, zum Beispiel dadurch, daß das Bier in der Wirtschaft sauer wird.

LÜBBENAU (Lkr. Oberspreewald-Lausitz)

Schloß

Die größte Ortschaft des Spreewaldes ist Lübbenau, das ‚Tor zum Spreewald'. 1817 ließ ein Graf zu Lynar das monströs wirkende, klassizistische Schloß errichten. Volkstümliche Überlieferung schildert das Geschlecht der Grafen von Lynar als typische Feudalherren im schlechten Sinn: von ihrem Schloß aus beherrschten sie *Lübben* und dreißig weitere Dörfer, unterdrückten und knebelten das Volk. An diese Zeit erinnern alte Ketten: mit ihnen sollen die Gefangenen im Keller der gräflichen Kanzlei neben dem Schloß gefesselt worden sein.

Wie die Grafen Lynar zu ihrem großen Reichtum kamen, erzählt eine alte märkische Sage: Als der erste Graf von Lynar nach Lübbenau kam, war er arm. Damals lebten in der Gegend unendlich viele Wasserschlangen, einige davon sogar geflügelt. Ihr König trug auf dem Kopf eine elfenbeinerne Krone, die von unschätzbarem Wert war. Wer sie erbeutete, hieß es, würde zu großem Reichtum kommen. Das hörte der erste Lynar, der ein mutiger Ritter war. Er wußte, daß der Schlangenkönig zuweilen mit seinem Gefolge an Land geschwommen kam, um auf einer grünen Insel in der Sonne zu schlafen. Dabei nahm er seine Krone ab und legte sie auf einen weißen Gegenstand. Also breitete der Ritter eines Tages ein weißes Tuch auf dem Rasen aus, versteckte sich mit seinem Pferd im Gebüsch und wartete. Der Schlangenkönig kam auch, legte seine Krone auf das ausgebreitete Tuch und streckte sich in der Sonne aus. Kaum schien er zu

Schloß Lübbenau. Stahlstich, um 1850

schlafen, ergriff der Lynar Tuch und Krone, schwang sich auf sein Pferd und jagte davon. Doch hinter ihm wurde ein furchtbares Pfeifen und Zischen laut: sämtliche Schlangen des Gefolges schossen dem Räuber wütend nach. Als eine hohe Mauer vor ihm auftauchte, glaubte er sich verloren. Doch sein Pferd setzte in einem mächtigen Sprung hinüber und der Graf war gerettet. Zum Dank für seinen so gewonnenen Reichtum ließ er in sein Wappen eine Mauer und eine geringelte Schlange aufnehmen, und die zahlreichen Ringelnattern, die bei Sonnenschein auf den Wegen und Beeten des Parks spielen, wurden durch die Jahrhunderte hindurch von den Schloßherren gehegt.

NEUGLOBSOW (Amt Gransee, Lkr. Oberhavel)

Stechlin

In der Nähe von *Rheinsberg* liegt der Große Stechlinsee, jener von alten Kiefern und Mischwäldern umrahmte See, der durch Theodor Fontanes Roman „Der Stechlin" zu literarischem Ruhm gelangte. Der 450 ha große See ist glasklar, an seiner tiefsten Stelle wurden 68 m gemessen. Und er hat seine Launen, wie schon Fontane bemerkt hat: So ruhig er gewöhnlich daliegt, so tückisch und lebensgefährlich kann er schon bei mäßigen Windböen werden. Schnell bilden sich Windwirbel und Strudel, und bei Sturm ist der Stechlinsee ein wildbrausendes Meer, dessen Wellen sich meterhoch an den teilweise steilen Ufern brechen.
Unzählige Geschichten rankten sich um den geheimnisvollen Stechlin. Auf eine der bekanntesten, die dem eiszeitlichen See bis heute anhaftet, verweist das Wappentier Neuglobsows: der flügelschlagende rote Hahn,

der auf manchem Fensterladen der alten Bauernhäuser abgebildet ist. In seiner unergründlichen Tiefe soll sich ein gewaltiger, böser, roter Hahn verbergen. Davon soll der See seine Launen haben, und die Fischer wissen genau, an welchen Stellen sie die Netze auslegen und wo sie es besser vermeiden. Ist aber einmal ein Waghalsiger im Boot gewesen, der seine Netze zog, wie und wo er wollte, konnte ein Unglück geschehen. Plötzlich verdunkelte sich dann das Wasser, ein Murren drang aus der Tiefe. Rot und schwarz stieg der wilde Hahn herauf und schlug den See mit seinen mächtigen Flügeln, daß er schäumte und wogte. Ein schrilles Krähen und Kreischen ertönte, das weit über das Wasser hallte. Heute soll der rote Hahn nur noch dann aus den Tiefen des Sees auftauchen, wenn irgendwo auf der Welt eine schlimme Katastrophe passiert ist. Dann kräht er flügelschlagend über den See und die weiten Wälder. Die eigenartige Tätigkeit des Stechlin (die slawische Bezeichnung für unruhiges Wasser) hat außer Dichtern und Sagenforschern auch Limnologen und Hydrologen zu Untersuchungen angeregt, die allerdings das Rätsel dieses Sees nicht eindeutig lösen konnten. Unterseeische Verbindungen zu anderen Gewässern sind nicht nachweisbar. Die windexponierte Gestalt des Sees, der schon bei geringer Luftbewegung relativ unruhig ist, spielt offenbar eine Rolle. Man nimmt an, daß im Becken des Sees stehende Schwingungen ausgelöst werden, die bei besonders großer Amplitude das auffallende Branden in der Mitte hervorrufen. Im Laufe der Zeit hat sich auch die Tiefe des Sees stark verändert. Die Sage vom roten Hahn im Stechlin erhielt durch ein Ereignis im Jahr 1929 neue Nahrung: Damals soll ein Boot, das am hellen Tag über das völlig ruhige Wasser fuhr, plötzlich mehr als fünf Meter emporgeschleudert und zum Kentern gebracht worden sein.

Sachsen

Bautzen (Lkr. Bautzen)

Ortenburg

Betritt man die Ortenburg von der Schloßgasse, kann man an einer Mauer zwei steinerne Köpfe sehen, über die eine Sage folgendes berichtet: Einst sollen ein Mönch aus dem hiesigen Franziskanerkloster und eine Nonne aus Prag, die schon seit ihrer Jugend in Liebe zueinander entbrannt, aber von ihren Eltern getrennt und für den geistlichen Stand bestimmt worden waren, eine Möglichkeit gefunden haben, sich zu sehen und miteinander zu verkehren. Als dies entdeckt wurde, hat man sie zur Strafe an jener Stelle, an der heute noch ihre Köpfe aus der Mauer heraussehen, lebendig eingemauert.

Bautzen, Hauptort der Oberlausitz. Stahlstich, 1863, nach Zeichnung von Ludwig Rohbock

Dresden

Schloß

Das Schloß, das seine heutige Gestalt im 16. Jh. erhielt, wurde durch mehrere Anbauten erweitert und in den Formen der Renaissance zu einem einheitlichen Bauwerk gestaltet. Ein sagenhaftes Geschehen wird aus dem Jahre 1694 berichtet. Am 22. April soll sich im Schloß der sog. Dresdner Mönch haben sehen lassen, dessen Erscheinen als Anzeige für den bevorstehenden Todesfall einer hochstehenden Persönlichkeit galt. Tatsächlich verstarb wenige Tage später Kurfürst Georg IV. Der „Dresdner Mönch“ ist eine bekannte

Geistergestalt, die auch an anderen Plätzen der Stadt gesehen wurde.
Im Zusammenhang mit dem Tod Georgs IV. und dem Georgs III. wurden unter Kurfürst August dem Starken gerichtliche Untersuchungen durchgeführt. Man vermutete, beider Ableben sei das Werk der Generalin Ursula Margarethe von Neitschütz. Zuerst soll sie den Kurfürsten Johann Georg III. auf magische Weise getötet haben, indem sie von ihm eine Figur aus Wachs geformt und ins Feuer geworfen hatte, wodurch der Fürst an „verbranntem Herzen" verschied. Als Beweis galt, daß man bei der Sektion das Herz und den Körper blutleer gefunden hatte. Ihr Ziel soll es gewesen sein, den Sohn des Kurfürsten mit Hilfe liebeszauberischer Praktiken unlöslich an ihre Tochter Magdalena Sybilla zu binden. Tatsächlich erklärte der 23jährige Johann Georg IV. ihre Tochter zur Favoritin, stattete sie mit Gütern aus und setzte für sie sogar den Titel einer Reichsgräfin von Rochlitz durch. Als Magdalena Sybilla an den Pocken erkrankte und bald starb, scheint sich auch der Kurfürst infiziert zu haben, denn er folgte ihr wenig später ins Grab.
Man warf der alten Generalin vor, auch Georg IV. behext zu haben, indem sie ihrer verstorbenen Tochter ein Porträt ihres Liebhabers sowie ein aus dessen Haar gefertigtes Armband mit in den Sarg gegeben hatte. Bei der Sargöffnung zur Beweiserhebung wurden diese Gegenstände entdeckt und als magische Ursache für das rasche Nachsterben des Kurfürsten erkannt. Der Prozeß endete mit der lebenslangen Verbannung der Generalin.

Kreuzkirche
In der Kreuzkirche soll man bis zum Jahre 1760 auf dem Fußboden der Orgelempore den Tritt eines Pferdefußes habe sehen können. Eine Sage berichtet: Als ein Kreuzschüler sich während der Predigt erlaubt hatte, Karten zu spielen, hatte ihn der Teufel geholt und dabei so heftig aufgestampft, daß er dabei den Abdruck seines Fußes hinterließ. Das Kartenspiel galt im Volksglauben als Teufelswerk, vor allem, weil bei diesem Glücksspiel oftmals viel Geld verspielt wurde. Besonders frevelhaft erscheint, daß der Schüler dem Spiel während der Predigt frönt. In vielen Sagen nimmt der Teufel selbst zunächst unerkannt am Kartenspiel teil, um die Mitspieler dazu zu verleiten, ihr Seelenheil einzusetzen.

Leipzig

Auerbachs Keller

Nur wenige Schritte vom Alten Rathaus entfernt ist der Eingang zur Mädlerpassage mit zwei Figurengruppen, die den berühmten Doktor Faust und Mephisto sowie zwei fröhliche Zecher zeigen. Heinrich Auerbach, der eigentlich Stromer hieß und aus *Auerbach* in der Oberpfalz stammte, Professor der Medizin und Senator in Leipzig war, erwarb 1519 das Gebäude. In den folgenden Jahrhunderten entwickelte sich Auerbachs Hof zu einem Zentrum des Messegeschehens. Die in den Kellergewölben eröffnete Weinschenke ist seit 1525 als Auerbachs Keller in der Stadtchronik bezeugt. Sie wurde schnell zum Treffpunkt für Kaufleute sowie Studenten und Dozenten der nahen Universität. Als Goethe 1765 sein Studium in Leipzig begann, war die Schenke fester Bestandteil des Studentenlebens. In der „Historia von Dr. Johann Fausten, dem weitbeschreiten Zauberer und Schwarzkünstler" aus dem

Auerbachs Keller in Leipzig. Kupferstich, 1848

16. Jh. gibt es die bekannte Stelle, in der Faust auf einem gefüllten Faß aus einer Schenke hinausreitet, das zuvor die Weißkittel (wie man damals die Knechte nannte) vergebens versucht hatten hinauszuziehen. Der Urenkel Heinrich Stromers beschloß im Jahre 1625, diese Szene in seinem Weinkeller anzusiedeln, ließ zwei Tafelbilder malen, die um hundert Jahre rückdatiert wurden, und stellte das Faß auf. Der historische Faust soll zwar im Jahr 1525 zur Messezeit in Leipzig gewesen sein und sich hier als Scharlatan und Wunderheiler betätigt haben, doch ist es wenig wahrscheinlich, daß er den gerade eröffneten und noch unbedeutenden Weinausschank kannte. Noch einmal hundert Jahre sollte es dauern, bis in der Ausgabe des Volksbuches die Szene ausdrücklich „in Auerbachs Keller“ spielte. Auf dem Stoff des Volksbuches basierte Goethes gleichnamige Dichtung, die Auerbachs Keller dann weltberühmt machte.
Im Goethezimmer kann man heute noch die beiden Tafelbilder von 1625 sehen, die das Saufgelage bzw. den Faßritt zeigen. Auch das riesige Faß wird in Auerbachs Keller gezeigt. Ein kunstvoll gestalteter Deckenleuchter veranschaulicht die Schlüsselszene. Darüberhinaus enthalten die Gasträume eine Reihe von Gemälden mit Szenen aus Goethes „Faust“.
→ Knittlingen (Schwaben-Bodensee) → Staufen (Schwarzwald)

Leisnig (Lkr. Döbeln)

Stadtkirche
Die Sage berichtet von einer wundertätigen Reliquie, dem blutschwitzenden Arm des hl. Laurentius. Es handelt sich dabei um einen hölzernen, mit Leinwand und Gips überzogenen, fleischfarben bemalten Arm. Eine Vertiefung an der Innenseite sowie eine Mulde im Handteller sollen mit Fleisch des Heiligen gefüllt gewesen sein. Bald schon entwickelte sich ein reges Wallfahrtswesen. Am Tag dieses Heiligen, dem 10. August, hob der Priester den Arm in die Höhe, und schon bald sahen die Gläubigen, wie dicke Blutstropfen herabfielen. Alljährlich wiederholte sich dieses Wunder. Dieser Arm wird heute im Magazin des Heimatmuseums aufbewahrt. Die beiden beschriebenen Vertiefungen gaben Anlaß zu der Vermutung, daß der Priester das Wunder des Blutschwitzens selbst bewirkte, indem er frisches bluttriefendes Fleisch in diese Öffnungen füllte und darauf drückte.

Meissen

Dom

In der Nähe des Lettners befand sich einst das Grab des hl. Benno, des berühmten Meißner Bischofs. Eine Fülle von Legenden rankt sich um diesen Heiligen. Im Zusammenhang mit dem Dom wird erzählt, daß Benno, als er von Kaiser Heinrich IV. seines Amtes enthoben wurde, den Kirchenschlüssel an zwei Chorherren übergab mit dem Befehl, diesen in die Elbe zu werfen. Als er später zurückkehrte, speiste der Heilige in einer Herberge. Dabei fand er im Bauch eines für ihn zubereiteten Fisches eben diesen Schlüssel. Bald schon strömten die Leute wieder in die Kirche, um ihren Hirten zu sehen und das Wunder zu bestaunen. Die Geschichte vom Schlüssel oder Ring im Fischbauch ist ein verbreitetes Sagen- und Legendenmotiv. Hier soll das Wunderzeichen die gottgewollte Wiedereinsetzung ins Bischofsamt unterstreichen.

Eine recht unscheinbare Sehenswürdigkeit stellt die sog. „Fegefeuernische" im Meißner Dom dar. Sie befindet sich an der rechten Seite des Hohen Chores. Von dieser Nische wurde früher behauptet, man könne hier das Geräusch des Fegefeuers hören. Nach theologischer Auffassung ist das Fegefeuer der Ort, an dem die Seelen Verstorbener für die zu Lebzeiten noch nicht abgebüßten Sünden leiden müssen. Das Fegefeuer endet mit dem Jüngsten Tag, danach gibt es nur noch Himmel und Hölle.

„Hier ist Benno gegangen" – eine Meißener Redensart, die blühende Gefilde umschreibt. Hier der heilige Benno mit den Schlüsseln der Stadt Meißen. Holzschnitt aus dem „Leben S. Bennonis", 1604

Plauen

Malzhaus / ehem. Burg

Auf den Grundmauern der im 14. Jh. zerfallenen alten Burg entstand Anfang des 18. Jh. ein Brauhaus, das jetzige „Malzhaus“. Vom „alten Schloß“ erzählt man sich eine fürchterliche Begebenheit, die sich während der Zeit der Hussitenüberfälle (15. Jh.) zugetragen haben soll: Als sich die Hussiten der Stadt näherten, flohen alle Bürger in das alte Schloß, dessen mächtige Mauern ihnen Schutz bieten sollten. Tatsächlich gelang es den Feinden nicht, die Burg einzunehmen, und deshalb bestachen sie den Türhüter. Sie versprachen ihm einen Hut voll Dukaten, wenn er ihnen die Pforte öffnen würde. Er ging darauf ein, erhielt aber, als die Hussiten eindrangen, statt der Goldstücke den Kopf abgeschlagen. Nur zwei Bürger sollen das daraufhin in der Burg angerichtete Blutbad überlebt haben, ein gewisser Pfund und ein gewisser Loth, deren Nachkommen in der Stadt noch lange nachweisbar waren.

Plauen

Als Hussiten bezeichnete man die Anhänger des tschechischen Reformators Johannes Hus (1369 bis 1415), der am 6. Juli 1415 beim Konstanzer Konzil als Ketzer verbrannt wurde. Tatsächlich hat es in Plauen am 25. Januar 1430 einen Hussiteneinfall gegeben, bei dem Stadt und Schloß eingenommen und zerstört sowie zahlreiche Menschen getötet wurden. Burggraf Heinrich I., Herr von Plauen, der sich zu dieser Zeit in seinen böhmischen Besitzungen aufhielt, stand als Anhänger König Sigismunds sowie als Reichshofrichter an führender Stelle im antihussitischen Kampf und machte damit Plauen zur Zielscheibe in dieser Auseinandersetzung.

Thüringen

Eisenach (Wartburgkreis)

Wartburg

Mit der im Jahre 1080 erstmals erwähnten Burg verbindet sich die Erinnerung an den sagenhaften Sängerwettstreit und das legendenumwobene Wirken der heiligen Landgräfin Elisabeth. Ebenso bekannt ist der Aufenthalt Martin Luthers auf der Burg, der hier das Neue Testament ins Deutsche übersetzte.
Im Landgrafenzimmer des Palas sind Szenen aus sieben bekannten Sagen um die Thüringer Landgrafen dargestellt, darunter die Gründungssage der Wartburg: Graf Ludwig der Springer, der bei der Schauenburg in der Nähe von *Friedrichroda* viel Land besaß, gelangte im Jahre 1067 während der Jagd auf einen Berg, dessen Lage ihn so begeisterte, daß er ausrief: „Wart Berg, du sollst mir eine Burg tragen!“ Obwohl ihm Grund und Boden nicht gehörten, begann er mit dem Bau. Als

Die Wartburg. Holzschnitt

die auf der benachbarten Burg *Metilstein* sitzenden Herren ihn deshalb verklagten, griff Ludwig zu einer List. Des Nachts ließ er von seinem Besitz bei Friedrichroda Erde in Körben herbeitragen und auf dem Berg verteilen. Mit zwölf Vertrauten leistete er nun den Schwur, auf eigener Erde zu bauen. So erhielt er den Berg, den er Wartberg nannte, und ließ auf ihm die Wartburg erbauen.

In seinem großformatigen Wandbild im Sängersaal hat Moritz von Schwind die Sage vom Sängerkrieg auf der Wartburg so ins Bild gesetzt, wie sie aus Grimms Sagenbuch, E.T.A. Hoffmanns Novelle „Der Kampf der Sänger“ und Ludwig Bechsteins „Sagenschatz“ bekannt war. Danach versammelten sich im Jahre 1206 auf der Wartburg sechs Sänger, darunter Heinrich von Ofterdingen, Walther von der Vogelweide und Wolfram von Eschenbach, zu einem Wettstreit. Es ging um die Frage, welchem Fürsten wohl größeres Lob gebühre, dem Herzog von Österreich oder dem Landgrafen Hermann von Thüringen. Während fünf der Sänger ihren Gastgeber Landgraf Hermann priesen, lobte Heinrich von Ofterdingen den Österreicher und wurde deshalb zum Verlierer erklärt und dem Henker übergeben. Doch Landgräfin Sophie nahm den Sänger in Schutz und erwirkte ein Jahr Aufschub. In dieser Zeit sollte Ofterdingen aus Ungarn den Zauberer Klingsor holen, damit er über den Streit entscheide. Als die Frist schon beinahe vorüber war, flog der zauberkundige Mann zusammen mit Ofterdingen auf einer Lederdecke nach Eisenach, um den Sängerkrieg mit Weisheit und Besonnenheit zu schlichten.

Der Eisenacher Hellgrevenhof ist der Überlieferung zufolge die Herberge der Minnesänger gewesen. Hier soll Heinrich von Ofterdingen nach dem Flug mit dem Zauberer Klingsor erwacht sein. Klingsor soll im Garten des Anwesens in einer sternklaren Nacht den versammelten Eisenacher Bürgern auch die Geburt der hl. Elisabeth prophezeit haben. Das Wirken der Landgräfin Elisabeth wurde schon zu Lebzeiten zum Gegenstand von Legenden, die nach ihrem frühen Tod und der Heiligsprechung um so reicher blühten. Die Prophezeiung ihrer Geburt, die Verlobung der erst vier Jahre alten ungarischen Königstochter mit dem Landgrafensohn Ludwig, ihre Hinwendung zur Armut, das „Rosenwunder“, ihre zahllosen Werke der Barmherzigkeit und viele andere Episoden sind in Moritz von Schwinds Fresken in der Elisabeth-Galerie und in der mit Mosaikbildern ausgestatteten Elisabeth-Kemenate dargestellt. Am Nordhang des Burgberges erinnern am Elisabethplan ein Brunnen und ein Kreuz an das von ihr an diesem Ort während einer Hungersnot errichtete Hospital.

Die Lutherstube ist bereits seit Ende des 16. Jh. ein Anziehungspunkt für Besucher. Hinter dem Ofen befindet sich die Wand, an der sich oft der erneuerte legendäre Tintenklecks befand. Wie erzählt wird, versuchte der Teufel mit allerlei Mitteln, die Übersetzungsarbeit am Neuen Testament zu verhindern. Er polterte auf der Treppe, umschwirrte Luther in Gestalt einer Hornisse, konnte ihn jedoch nicht aus der Ruhe bringen. Als der Teufel jedoch in seiner wahren Gestalt erschien, warf Luther wütend mit einem Tintenfaß nach ihm, das an der Wand zerschellte. Zur Entstehung dieser Sage haben Glanzrußflecke, die vom einstigen Kamin herrühren, beigetragen; ebenso Luthers Wort, mit der Tinte (d. h. seinen Schriften) den Teufel bekämpft zu haben.
→ Hörselberg (Thüringen) → Marburg (Hessen)

Erfurt

Dom

Der Dom erhebt sich an der Stelle, auf welcher der hl. Bonifatius im Jahre 725 eine Kirche erbaute. Der Überlieferung nach begann die Einführung des Christentums im Raum Erfurt mit der Vernichtung eines heidnischen Heiligtums. Bonifatius forderte die heidnischen Bewohner auf, mit ihm in den Wald zu gehen, der sich südlich von Erfurt erstreckte und den man später die Wagd oder den Steigerwald nannte. Die uralten Eichen, die hier wuchsen, wurden als heilige Stätte des Gottes Wage verehrt. Bonifatius ließ die stärksten Eichen fällen und schlug mit eigener Hand den größten Baum. Daß dieser Tat kein Strafgericht folgte, nahm das Volk als Beweis für die Stärke des neuen Gottes und ließ sich zum Christentum bekehren.

Die Wahl des Bauplatzes für die erste Kirche setzt die Legende ebenfalls ins Bild: Als Bonifatius die erste Holzkirche in Erfurt erbauen ließ, stand auf der Erhebung des gegenüberliegenden Petersberges eine alte Frau, die ihren Krückstock in die Erde gestoßen hatte. Eine Taube setzte sich auf den Stock; es war die Mutter Maria, die sich in diesen Vogel verwandelt hatte. Dies wurde als göttliches Zeichen angesehen, daß der Ort für den Kirchenbau recht gewählt war. Der Berg erhielt den Namen Marienberg und trug später das Marienkirchlein.

Im Zuge der Reformation war auch Erfurt ein Ort religiöser Auseinandersetzungen, welche die Sage auf

einen Streit um den Besitz des Domes verkürzt. Daß der Dom den Anhängern des katholischen Glaubens erhalten blieb, konnte nur Resultat einer List sein, meinten die Erfurter in späterer Zeit: Während die Bewohner in Scharen zur neuen Lehre übertraten und auch Mönche und Nonnen den neuen Glauben annahmen, hielt das Domkapitel am alten Glauben fest. Auf Druck der Bevölkerung mußte es sich aber einem Entscheid stellen, wer ferner im Besitz der Domkirche sein dürfe. Diejenigen, so hieß es, die an einem bestimmten Tage zuerst in die Kirche kämen, sollten sie für alle Zeit behalten. Am festgesetzten Tage war das Gedränge an der Kirchentür unbeschreiblich groß. Endlich wurde die Tür geöffnet, und das Volk stürzte in die Kirche. Da mußte man entdecken, daß sich der Vorsteher des Franziskanerklosters, Dr. Konrad Kling, bereits in der Kirche befand, und wollte schon an ein Wunder glauben. Von der Kanzel herab rief er der überraschten Menge seinen Triumph zu. Der eifrige Mönch hatte sich für mehrere Tage und Nächte im Dom einschließen lassen und dadurch den Verbleib des Gotteshauses bei der katholischen Kirche gesichert.
→ Geismar (Hessen)

Hohenleuben (Lkr. Greiz)

Walteich

Vom Waldbad Hohenleuben gelangt man zu einer der sagenreichsten Stätten des Vogtlandes, dem Walteich am Randes des Hegeholzes. Am Teichufer finden sich die Reste eines halbkreisförmigen Walls mit Graben, der von einer in dieser Region ungewöhnlichen Burganlage stammt. Der ursprünglich mit einem Palisadenzaun bebaute Wall stellte die Vorburg zu einer kleinen Burganlage dar, die sich auf einer Insel im Teich befand. Für diese Burg gibt es keinerlei urkundliche Belege; nur mündliche Überlieferungen wie die von einem „versunkenen Schloß“ im Walteich haben die Erinnerung daran über die Jahrhunderte bewahrt.
In einer der zahlreichen Sagen um den Walteich heißt es, das Schloß auf der Insel habe „Walhof“ geheißen und sei ganz aus Holz erbaut gewesen. Selbst die Glocke war aus Holz geschnitzt. Es ist mit all seinen Bewohnern im Teich versunken. An bestimmten Tagen steigt es nachts hell erleuchtet empor, um dann um Mitternacht wieder zu versinken. Im Walteich soll ein alter Nix mit seinen zwei Töchtern gewohnt haben. Einmal gingen die Nixen nach Hohenleuben, wo sie bei fröhlichem Tanz die Zeit vergaßen. Besorgt eilten

sie zurück und baten die Burschen, die sie begleiteten, am nächsten Tag noch einmal zum Teich zu kommen. Sei das Wasser trübe, hätten sie nur Schläge bekommen, sei es aber rot, so habe der alte Nix sie umgebracht. Als die Burschen tags darauf nachschauten, war der Walteich rot wie Blut.
Schätze soll es am Walteich ebenfalls geben. Ein Hohenleubener fand am Ufer eine prächtige Kette und nahm sie mit. Nachdem ihn nachts eine fremde Stimme aufgefordert hatte, den Fund zurückzugeben, bekam er Angst und brachte den Schmuck zurück. Nach einer beim Walteich vergrabenen schatzgefüllten Braupfanne suchten einst mehrere Jesuiten. Erst wurden sie mit Steinwürfen geneckt, dann erschienen Geister in Gestalt von Zimmerleuten, die einen Galgen aufrichteten. Schließlich verhinderte ein unheimlicher schwarzer Hund, daß sie den Schatz heben konnten.
Noch viele andere merkwürdige Erscheinungen sind von diesem Ort überliefert. Mitunter soll eine weiße Gans vom Walteich auffliegen und sich dann auf den „Heidengräbern" niederlassen, einem nahegelegenen Felsen im Wald. Manchmal soll von Hohenleuben eine Kutsche mit vier Pferden gefahren kommen und im Teich verschwinden. Zur *Tumelle*, einer als heidnische Kultstätte geltenden Burgstätte zwischen den Orten *Mehla* und *Brückla*, sollen vom Walteich aus nachts geheimnisvolle Umzüge stattfinden. Schließlich treibt hier der Wilde Jäger mit seinem „Wiedenheer" (Wotans Heer) sein Unwesen.

HÖRSELBERG (Wartburgkreis)

Venushöhle und Tannhäuserhöhle

Südöstlich von *Eisenach* erstreckt sich ein mächtiger Muschelkalkkamm, der am Großen Hörselberg mit 484 m seinen höchsten Punkt erreicht. Nach Süden stürzt der Fels ungewöhnlich steil ab. Es ist begreiflich, daß dieser fast alpin anmutende, von Höhlen durchsetzte Berg, der in stürmischen Nächten seltsame Geräusche von sich gibt, schon immer die Gemüter der Menschen beeindruckte. Nach germanischen Vorstellungen soll der Schlachtengott Wotan im Berg seinen Sitz gehabt haben, ebenso dessen Gemahlin Freia, die als Bewahrerin von Familie und Ehe wie auch als Herrscherin über das Reich der Toten galt. Es ist anzunehmen, daß der Hörselberg in vorgeschichtlicher Zeit ein wichtiger Kultplatz war. Unter christlichem Einfluß wandelte sich der unheimliche Berg zum Ort des Fegefeuers und der Hölle (Hörselberg =

„Hör die Seelen Berg"). In der Volkssage lebte Wotan als Wilder Jäger weiter, der vor allem in den „zwölf Nächten" von Weihnachten bis Dreikönig mit seinem schrecklichen Gefolge aus dem Hörselbergloch kam und „Spuk und Höllengraus" verbreitete. Die Göttermutter Freia, auch „Holde Mutter" oder „Holde Frau" genannt, wurde zur Sagengestalt der Frau Holle, die in manchen Sagen – mit fliegenden Haaren auf einem Rappen reitend – gemeinsam mit dem Wilden Jäger das gespenstische Heer anführt. Nach anderen Überlieferungen zieht sie zu Weihnachten vom Hörselberg durch das Land und richtet ihr Augenmerk vor allem auf das Flachsspinnen der Mägde. Auch von den Hütchen, zwergenähnlichen Wesen, und anderen Geistern und Spukerscheinungen berichten die Überlieferungen dieses Berges. Schließlich sollen sich hier Hexen und Teufel vor ihrem Ritt zum Blocksberg sammeln.
Eine der zahlreichen Hörselbergsagen erzählt von einer englischen Königin namens Reinswig oder Reinsweig. Diese hatte erfahren, daß ihr verstorbener Gemahl in der Tiefe des Hörselberges im Fegefeuer leiden müsse. Um seine Qualen zu verkürzen, begab sie sich mit ihren Jungfrauen nach Thüringen und ließ am Fuße des Berges mehrere Kapellen erbauen, in denen für das Seelenheil ihres Gemahls gebetet werden sollte. Weil in einem der Kirchlein oft der Satan und böse Geister erschienen, nannte sie es Satansstätte; es heißt, daraus sei der Name des Dorfes *Sättelstädt* entstanden. Den anderen Kapellen sollen die Orte *Mechterstädt, Burla* und *Kälberfeld* ihre Entstehung verdanken. Später trat Reinswig mit ihren Begleiterinnen in das gerade gegründete Nikolaikloster zu *Eisenach* ein.
An einem Weg unterhalb des Felskammes befindet sich im zerklüfteten Kalkgestein ein gewundener Gang, die Venushöhle. Sie ist schon seit alter Zeit bekannt und mit dem in den Überlieferungen meist als „Hörselbergloch" bezeichneten Eingang in die unheimliche Innenwelt des Berges identisch. Hier vermutet die Sage das Reich von Frau Venus, eine Vorstellung, die ihre Wurzeln in der Gestalt der „Holden Frau" haben dürfte (die Liebesgöttin Venus wird als die lateinische Entsprechung der germanischen Freia angesehen). Wenige hundert Meter weiter östlich öffnet sich die Tannhäuserhöhle. Sie durchquerte ursprünglich den gesamten Berg, ist aber kurz vor ihrem Ausgang inzwischen eingestürzt. Als Venusberg wurde die felsige Anhöhe über dem Tal der Hörsel vor allem durch Richard Wagners Oper „Tannhäuser" bekannt.
→ Eisenach (Thüringen) → Meißner (Hessen)

KYFFHÄUSER (Kyffhäuserkreis)

Kyffhäusergebirge, Burg Kyffhausen und Kyffhäuserdenkmal

Weithin sichtbar ragt das Kyffhäusergebirge über dem flachen Harzvorland empor. Auf Grund dieser Lage gab es hier in vorchristlicher Zeit zahlreiche Kult- und Opferplätze. Bestimmte Erinnerungen an die alten Götter lebten vielfach in der Volksüberlieferung weiter. So hielt sich in einer Wetterregel, die sich auf die Wolkenbildung über dem Kyffhäuser bezieht, lange der Name des germanischen Gottes Wotan. Nachdem Wotan, der auch als Herr über das Totenreich galt, im Zuge der Christianisierung zusammen mit der Göttin Freia in die Tiefe der Berge verbannt worden war, nahm seine Rolle der im Kyffhäuser schlafende Kaiser Friedrich Barbarossa ein. Auch die dem Wotan heiligen Raben gingen auf Barbarossa über. An die Sagengestalt des schlafenden Kaisers knüpfte das von vielem Unrecht geknechtete Volk des Mittelalters beinahe endzeitliche Hoffnungen.

Die Barbarossasage, die seit dem ausgehenden Mittelalter in ungezählten Versionen überliefert ist, berichtet: Auf seinem Kreuzzug in das Heilige Land war Kaiser Friedrich im Fluß Saleph in Kleinasien ertrunken. Doch das Volk wollte diese Nachricht über seinen geliebten Kaiser nicht glauben und vermutete, daß er noch lebe und sich im Kyffhäuser verborgen halte. Mit seinem Hofgesinde harrt er nun im Felsenschloß des Tages, an dem ihn das Volk als Retter aus schlimmer Gefahr benötigt. Bis dahin sitzt er an einem steinernen Tisch. Sein Bart ist schon durch die Tischplatte gewachsen und reicht bereits zweimal um diese herum. Zu gewissen Zeiten gestattet er einem Sterblichen, ihn zu besuchen. Er befragt ihn zum Geschehen auf der Erde und ob die Raben immer noch den Kyffhäuser umfliegen. Wenn sein Bart zum dritten Male um den Tisch herum reicht, ist seine Zeit gekommen, und er wird wieder erscheinen. Dann hängt er seinen Schild an einen dürren Birnbaum am *Rathsfeld*, der darauf als Zeichen der Hoffnung wieder ergrünen wird.

Viele wollen auch wissen, wie der Kaiser in den Kyffhäuser gekommen ist: Nachdem der Papst den Bannfluch über ihm ausgesprochen hatte, durfte er keine Kirche und keine Kapelle mehr betreten. Kein Priester las ihm die Messe, und allen, die mit ihm waren, erging es ebenso. Der edle Herrscher wollte seine getreuen Anhänger jedoch nicht einer solchen Gefahr für Leib und Seele aussetzen. Darum legte er kurz vor Be-

Der schlafende Kaiser im Kyffhäuser, von zwei Raben umflogen. Holzstich, um 1880

ginn der Osterzeit ein kostbares Gewand an, nahm ein Fläschchen mit duftendem Wasser zu sich und ritt mit einem nur geringen Gefolge in den Wald. Dort steckte er einen zauberkräftigen Ring an, drehte ihn und verschwand vor den Augen seiner Freunde auf immer.

Seit 1896 steht im Gelände der Oberburg das riesige Kyffhäuserdenkmal aus rotem Sandstein (81 m) mit dem Reiterstandbild Kaiser Wilhelms I., für dessen Errichtung große Teile der mittelalterlichen Burg geopfert wurden. Der „alte Barbarossa" sitzt in einem als Felsen erkennbaren Rundbogen; darüber ragt das monumentale Standbild Wilhelm des I. empor: der sagenumwobene „Rotbart" mußte hier als Ahnherr des „Weißbart" (Wilhelm I.) herhalten.

Wenn vom „Kyffhäuser" die Rede ist, kann dabei sowohl die Burgruine Kyffhausen wie auch das Kyffhäusergebirge gemeint sein; im Sprachgebrauch ist beides eng verwoben. Ein Schäfer, der seine Herde auf dem Kyffhäuser weidete, blies einst ein fröhliches Stücklein auf seiner Sackpfeife. Dann rief er beherzt: „Kaiser Friedrich, das sei dir geschenkt!" Da öffnete sich der Berg, der Rotbart trat hervor und lud den Mann ein, ihm zu folgen. Tief ging er in den Berg hinein bis zu einer eisernen Tür, die von alleine aufsprang und den Weg in einen großen Saal freigab. Viele Ritter und Dienstleute grüßten ehrerbietig ihren Herrscher. Barbarossa fragte den Schäfer, was er zum Lohn für sein Spiel begehre, doch der Mann winkte bescheiden ab. Der Kaiser gab ihm einen Fuß von seinem goldenen Handfaß und entließ ihn freundlich in die Oberwelt. Anderntags brachte der Hirte das Geschenk zu einem Juwelier nach Frankenhausen und erhielt viel Geld dafür.

Daß der schlafende Kaiser im Kyffhäuser als nationales Symbol galt, belegen die folgenden Sagen: Zur Zeit Napoleons I. ließ ein wagemutiger französischer Marschall, der vom Spuk in dem verwunschenen Schloß gehört hatte, auf dem Kyffhäuser sein Feldbett aufschlagen, um hier zu übernachten. Um Mitternacht sandte Kaiser Friedrich Frau Holle hinauf – die auch zu den Sagengestalten des Kyffhäuser zählt und ihre Wohnung im Berg haben soll. Sie sagte dem Marschall, er möge Napoleon warnen, nicht nach Rußland zu ziehen, denn von da werde er nur in Schmach wiederkehren. Auch solle Napoleon Deutschland räumen, denn Kaiser Friedrich dulde nicht, daß sein Volk den Franzosen untertänig sei. Der Marschall eilte am folgenden Morgen nach Halle, wo sich Napoleon aufhielt, und meldete ihm alles. Sämtliche Generale und Soldaten baten Napoleon daraufhin, nicht nach Rußland zu ziehen. Doch der lachte sie nur aus – was er hat büßen müssen.

An Napoleons Todestag waren zwei Männer in den Ruinen des Kyffhäusers beschäftigt. Plötzlich erblickten sie eine untersetzte Gestalt, in einen grauen Mantel gehüllt und mit einem Dreispitz auf dem Kopf, durch ein bis dahin nicht sichtbares Tor in der Tiefe des Berges verschwinden. Einen kurzen Augenblick sahen die Männer ein bleiches Gesicht – es war der Geist Napoleons. Kurze Zeit darauf erscholl aus der Tiefe gewaltiges Getöse, der Berg erzitterte, und ein Teil der Burgkapelle stürzte zusammen. Seit dieser Zeit meinten die Leute, Rotbart sei erlöst und statt seiner sei Napoleons Geist in den Kyffhäuser verbannt.

→ Annweiler (Pfalz) → Berchtesgaden (München-Oberbayern) → Freyburg (Sachsen-Anhalt) → Goslar (Der Harz) → Heisterbach (Bergisches Land)

Hessen

BEERFELDEN (Odenwaldkreis)

Galgen
Der alte Beerfelder Galgen mit den im Dreieck angeordneten schlanken Rotsandsteinsäulen, die oben durch eiserne Balken miteinander verbunden sind, stammt von 1597 und gilt als der besterhaltene „dreischläfrige“ Galgen Deutschlands. Der Platz war bewußt gewählt worden: Von dem Aussichtspunkt hatten die Delinquenten vor ihrem Scheiden aus dieser Welt noch einmal einen Panoramablick auf deren Schönheiten, was letzten Anlaß zur Reue geben sollte; zudem unterstrich der weithin sichtbare Galgen mit den daran baumelnden Körpern der Gehenkten die abschreckende Wirkung, die eine solche Strafform haben sollte.

Galgenanlage bei Beerfelden

Im Jahr 1797 sollte der Wilderer Kaspar Sachs für das Schießen eines Hirschen im gräflichen Revier gerichtet werden. Durch eine List entging er dem sicheren Tod: Er ließ sich den Hanfstrick wegen seines vermeintlichen Kropfes so um den Hals legen, daß er ihm beim Hängen übers Gesicht rutschte, seine Nase etwas platt drückte und es ihm schließlich möglich machte, seinen Kopf ganz aus der Schlinge zu ziehen. Der Zentrichter ließ ihn laufen: Da man den Wilddieb ja wie vorgesehen gehängt habe, sei damit dem Gesetz Genüge getan.
Richtstätten gelten traditionell als Spukorte, von denen allerlei unheimliche Geschichten erzählt werden. Das Rauschen der den Beerfeldener Galgen umste-

henden Bäume wird als schauerliches Stöhnen gedeutet – die Geister derjenigen, die hier unschuldig hingerichtet wurden.

FRANKENSTEIN (Gem. Mühltal, Lkr. Darmstadt-Dieburg)

Burgruine Frankenstein
Südlich von *Darmstadt* ragen auf dem Schloßberg die Ruinen der Burg Frankenstein empor. Internationale Bekanntheit erlangte Burg Frankenstein als Stätte des Monsterkultes. Die Phantasie der Monsterfans folgt einem der bedeutendsten Schauerromane des 19. Jh. „Frankenstein oder der Neue Prometheus" von Mary Godwin Shelley: Der ehrgeizige Naturwissenschaftler Viktor Frankenstein setzt aus Leichenteilen einen riesigen menschenähnlichen Körper zusammen, dem er mittels eines Blitzableiters durch Elektrizität Leben verleiht. Das Ungeheuer, das wegen seiner Häßlichkeit überall Abscheu erregt, entartet allmählich zum Dämon, der tötet, weil er nicht lieben darf und schließlich haßerfüllt seinen Schöpfer und dessen Familie vernichtet. „Frankenstein" wurde besonders durch die Verfilmung zum Synonym für das Schreckliche schlechthin. Amerikanischen „Tatsachenbüchern" zufolge haust das Monster in einem Verlies unter der Burg Frankenstein. Obwohl sich unter den Frankensteiner Rittern keiner mit biographischen Ähnlichkeiten mit dem fiktiven Dr. Frankenstein finden läßt, scheint es einen Bezug zu geben. Es wird angenommen, daß die Autorin während einer Rheinreise im Jahr 1814 auch die Burgruine Frankenstein besuchte. Auch soll Mary Shelley eine von Jacob Grimm festgehaltene Schauergeschichte gekannt haben, welche die Bewohner des *Beerbacher* Tals ihren Kindern erzählten, um sie davon abzuhalten, abends und vor allem zur Herbstzeit im Wald um die Ruine zu spielen: Danach soll auf der Frankenstein ein Zauberer gehaust haben, der von den Friedhöfen im Tal und an der Bergstraße Leichen stahl und daraus ein Monster schuf, welches er ins Burggefängnis steckte. Weil es aber eines Tages im November ausbrechen konnte und den Zauberer erschlug, lebe es noch heute einsam in den Wäldern um die Burg und raube kleine Kinder, spiele mit ihnen, um sie dann in siedendes Wasser zu tauchen und zu fressen.
In der Grimmschen Sage klingt eine Persönlichkeit an, die im 17. Jh. auf dem Frankenstein gelebt haben soll: Johann Konrad Dippel, ein Alchimist, der hier im ehemaligen Burgkerker ein Labor unterhielt, in dem er

neben Experimenten mit dem hochexplosiven Nitroglyzerin auch Versuche mit Blut von Jungfrauen und Kindern gemacht haben soll; man soll ihm auch nachgesagt haben, mit menschlichen Gliedmaßen experimentiert zu haben, weshalb er mit dem Teufel im Bunde gewesen und keines natürlichen Todes gestorben sein soll.

Frankfurt am Main

Stadtgründung

Für Frankfurt am Main ist eine Besiedlung seit der jüngeren Steinzeit nachweisbar. Eine Annalennotiz berichtet von der Ankunft König Karls in der „Villa Franconofurd“ (Furt der Franken), wo 794 eine Reichsversammlung abgehalten wurde. Die Anfänge wie auch der Name der Stadt werden in einer Stadtgründungssage geschildert: Karl der Große war auf einem seiner Feldzüge gegen die heidnischen Sachsen von diesen besiegt und nach Süden zurückgedrängt worden. Im dichten Nebel geriet er mit seinem Heer an den reißenden Main, die Verfolger im Nacken. An eine Überquerung des gefährlichen Flusses war nicht zu denken, und in seiner Not fiel Karl auf die Knie und flehte Gott um Hilfe und Rettung an. Plötzlich lichtete sich der Nebel und es erschien eine Hirschkuh, die ihr Kälbchen quer durch den Main leitete. Der Kaiser und sein Heer folgten dem Tier durch die Furt und gelangten sicher ans andere Ufer. Hinter ihnen schloß sich die Nebelwand wieder, und so blieben sie für die Augen der enttäuschten Sachsen versteckt. Bald darauf kehrte Karl zurück und vertrieb die Sachsen vom Main. Um die wichtige Furt zu sichern, baute er ein Kastell, später eine prächtige Pfalz, in dessen Schutz eine Siedlung entstand. Sie trug fortan den Namen „Frankenfurt“.
Auch der Name des Stadtteils Sachsenhausen verdankt seine Entstehung dem langwierigen Krieg Karls des Großen gegen die Sachsen.

Alte Brücke mit „Briggegickel“

Die Alte Brücke, welche Sachsenhausen mit Frankfurt verbindet, ist eines der Wahrzeichen der Stadt. An dieser strategisch wichtigen Stelle gab es wahrscheinlich schon 1036 einen hölzernen Steg. Die „Alte Brücke“ war einst die bedeutendste Verbindung zwischen Norden und Süden.
Auch der „Briggegickel“, der goldene Hahn, der hier auf der Brüstung steht, ist ein altes Wahrzeichen der

Das Kruzifix mit dem „Briggegickel“, 1405

Stadt. Er erinnert an die Sage, welche die meisterliche Konstruktion der Brücke mit Hilfe des Teufels erklärt. Dieser verlangte von dem jungen Baumeister für seine Hilfe die Seele des ersten Lebewesens, welches die Brücke überquere. Der Baumeister trieb darum am Tag der Erstbegehung vor den Augen der Ratsherren einen Hahn nach Sachsenhausen hinüber. Dem geprellten Teufel, der auf des Baumeisters Seele spekuliert hatte, blieb nichts anderes übrig, als mit dem Hahn vorlieb zu nehmen. Wütend packte er das Tier, zerriß es und warf die Stücke mit solcher Gewalt auf die Brücke, daß zwei Löcher zu sehen waren. Als Erinnerung daran, daß er seine Seele vor dem Teufel hatte retten können, ließ der Baumeister an dieser Stelle einen goldenen Hahn aufstellen.
Eine andere Sage erzählt von dem Schatz auf der Brücke: Ein Bauer träumte dreimal hintereinander von einer Brücke, auf deren Brüstung ein eisernes Kruzifix mit einem goldenen Hahn stand: mitten auf der Brücke sah er einen großen Haufen Gold. Es konnte sich nur um die bekannte Frankfurter Brücke handeln, und der Bauer lief diese auf und ab, fand jedoch kein Gold. Als er dem Stadtknecht, welcher am Brückenturm Wache hielt, seinen Traum erzählte, antwortete dieser mit sei-

nem eigenen Traum: Er habe dreimal hintereinander von einem windschiefen Häuschen am Hang geträumt, vor dem eine große Linde und daneben ein Brunnenrohr stand. Dort habe er zwei Ellen vom Brunnen in Richtung Haus in der Erde gegraben und einen Krug mit Gold gefunden. Der Bauer erkannte in dem Bild des Wächters sein eigenes Haus, machte sich schleunigst auf den Heimweg und grub tatsächlich gemeinsam mit seiner Frau den Schatz aus. Das Gold reichte den beiden, um sich ihren Traum zu verwirklichen und ein kleines Mühlengut zu erwerben.

Römer

Der Römer dient bis heute als Rathaus der Stadt. Der außergewöhnliche Name kommt wahrscheinlich daher, daß hier während der Messezeiten Kaufleute aus Rom logierten. Von den in Wandnischen im Kaisersaal untergebrachten 52 überlebensgroßen, ganzfigurigen Bildern der in Frankfurt gekrönten Häupter wird erzählt, die Frankfurter hätten 1849 einen Kaiser wählen wollen, obwohl kein Platz mehr für ein weiteres Kaiserbild war. Als bei Verkündigung der Wahl alle Glokken in der Stadt geläutet wurden, soll die nach Karl dem Großen benannte Glocke auf dem Pfarrturm einen gewaltigen Sprung bekommen haben.

Kaiserkrönung auf dem Römer. Kupferstich, um 1700

So bedeutsam der Römer für das Reich, so wichtig war er für die Frankfurter und ihre ganz alltäglichen Probleme; zahlreiche Erzählungen spiegeln dies. Eine Anekdote stammt aus der Zeit, in welcher der Bürgermeister im Römer noch öffentliche Sitzungen abhielt: Ein Schneider war ein unangenehmer Zuhörer, der sich jedesmal mit lautem Geschimpfe einmischte,

wenn ihm der gefällte Schiedsspruch mißfiel. Schließlich verbot ihm der Bürgermeister den Zutritt zum Römer, woraufhin der Schneider tobte und selbst durch die herbeigerufenen Stadtsoldaten nicht gefangengenommen werden konnte. Er zog seinen Mantel aus, stellte sich darauf und schrie weiter. In der Tat gab es in Frankfurt ein Gesetz, nach dem niemand auf seinem Eigentum angefaßt werden konnte, auch nicht von der Obrigkeit. So ordnete der Bürgermeister an, man sollte bei dem Schneider so lange Wache halten, bis dieser vor Hunger und Durst aufgäbe. Diese Taktik wurde verstärkt, indem man den Wachen Gebratenes und Gesottenes zum Schlemmen brachte. Am Abend gab der ausgehungerte Schneider auf; er bekam zu essen und wurde dann für drei Wochen in den Turm gesperrt. Danach legte er bereitwillig das Versprechen ab, den Römer nie wieder zu betreten.
Hintergrund für diese Erzählung ist das geringe Sozialprestige des Schneiders. Oft wird er wegen seiner dürren Gestalt verspottet, für die er an sich nichts kann: Während die Tuchhändler gut verdienten, blieb das Einkommen der Schneider in der Tat so gering, daß er, wie auch in dieser Erzählung angedeutet, hungern mußte. Zudem meinte man, daß sich vom ruhigen Sitzen bei der Arbeit die Galle staue, weshalb ein richtiger Schneider immer etwas brauche, woran er seinen Ärger abreagieren, die „Galle überlaufen“ lassen könne, damit selbige in Fluß komme.

Schelmenburg
In *Bergen-Enkheim* liegt die Schelmenburg. Hier lebte das sagenhafte Geschlecht derer von Bergen, ein Ministerialengeschlecht der Stauferzeit. Als die Burgen in *Münzenberg*, *Büdingen* und *Gelnhausen* erbaut wurden, ist auch hier eine kleine Burg errichtet worden; von ihr ist nur das Kellergewölbe der heutigen Wasserburg geblieben. Verschiedene Sagen aus der Umgebung Kaiser Friedrichs I. Barbarossa verbinden sich mit diesem Geschlecht, unter dem im ausgehenden Mittelalter Frankfurter Bürger und Messebesucher zu leiden hatten: Die Wasserburg lag an der wichtigen Handelsstraße, die über Gelnhausen nach Leipzig führte, und die Bergener betätigten sich als Raubritter. Wie die räuberischen Schelme von Bergen zu ihrem Adel kamen, hat die Menschen offensichtlich sehr bewegt; zahlreiche Sagen geben darauf eine Antwort. Die bekannteste erzählt von einem Henker, der bei einem Maskenball in Frankfurt mit der Kaiserin tanzte und diese dadurch entehrte. Er konnte der

Die Entlarvung des Henkers von Bergen, 1868

Todesstrafe nur durch den gnädigen Ritterschlag Barbarossas zum „Schelm von Bergen“ entgehen.
Dieselbe Geschichte wird auch an der „Barbarossaburg“ in *Gelnhausen*, der Kaiserpfalz, lokalisiert, wo das Tanzfest stattgefunden habe.
Anderen Sagen zufolge habe der Schelm von Bergen dem Kaiser das Leben gerettet und sei aus Dankbarkeit von diesem in den Adelsstand erhoben worden. Schelm meinte ursprünglich den Abdecker oder Henker, dessen Tätigkeit – obwohl notwendig – als unehrenhaft galt, weshalb er als sozialer Außenseiter angesehen wurde. Erst seit dem 18. Jh. erhielt das Wort die Nuance eines „neckischen“ Menschen. An die alte Bedeutung erinnert noch das Wappen der Familie Schelm von Bergen mit zwei Rippen eines geschlachteten Tieres; es befindet sich links über dem Sprenggiebel des Renaissanceportals der Schelmenburg.

Fränkisch-Crumbach (Odenwaldkreis)

Burgruine Rodenstein
Fränkisch-Crumbach war Wohnsitz der Herren von Crumbach, die sich seit dem Bau der Burg Rodenstein außerhalb der Siedlung in den Wäldern „von Rodenstein“ nannten.
Zahlreiche Sagen haben das Geschlecht der Rodensteiner über die Grenzen des Odenwaldes hinaus bekannt gemacht. Am bekanntesten ist die Sage vom Rodensteiner Ritter, der vor Ausbruch und auch nach Beendigung jeden Krieges mit seinem Gefolge unsichtbar, dafür aber umso deutlicher hörbar mit lautem Getöse durch die Lüfte reitet. Nach dieser in der deut-

schen Romantik sehr populären Sage war ‚der Rodensteiner' ein wilder Ritter, der sich seine Zeit gerne mit Kämpfen und Jagen vertrieb. Nachdem er sich in ein Edelfräulein verliebt und sie zur Frau genommen hatte, mäßigte sich der Rodensteiner für eine Weile, bekam dann aber Streit mit seinem Nachbarn und verfiel wieder in seinen alten Kampfeswahn. Seine schwangere Frau, die sich an ihn hängte und ihn nicht fortlassen wollte, stieß er so grob zur Seite, daß sie noch am selben Tag ein totes Kind gebar und selbst in den Wehen starb. Während der Rodensteiner vor der Burg seines Feindes lag, erschien ihm in der Nacht seine bleiche, tote Frau mit ihrem toten Kind auf dem Arm und verfluchte ihn: Da er Frau und Kind seiner Kampfeslust geopfert habe, solle er von nun an ewig kämpfend umherziehen und dem Land Krieg und Frieden verkünden.

Ihr Fluch ging in Erfüllung. Den Eintritt Deutschlands in den Weltkrieg kündigte das Geisterheer des Rodensteiners, das vom benachbarten *Schnellertsberg* zum Rodenstein zog, mit mehrtägiger Verzögerung am 10. August 1914 gegen 18 Uhr an. Der Lärm, der sich anhörte wie schwere Wagen in der Luft oder ein anziehendes Gewitter, wurde von mehreren Zeugen zu Protokoll gegeben. Die Ankündigung des Kriegsendes wurde am 15. Dezember 1917 zwischen 11.30 und 12.30 Uhr an verschiedenen Orten gehört. Merkwürdigerweise war dies ein windstiller, sonniger Tag mit klarem Himmel.

Die Sage vom Rodensteiner geht zurück auf eine ältere Überlieferung vom „Schnellertsherrn", der auf dem nahegelegenen Berg Schnellerts bei *Brensbach-Affhöllerbach* beheimatet ist.

FULDA (Lkr. Fulda)

Dom

In der Bonifatiusgruft unter dem Hochaltar ruhen die Gebeine des heiligen Bonifatius, auf den die Gründung des Klosters Fulda im Jahre 744 zurückgeht. Von 716 an hatte der bedeutendste angelsächsische Missionar im Auftrag Papst Gregors II. Missionsreisen nach Friesland, Thüringen und Hessen unternommen, wobei er zahlreiche Klöster und Bistümer gründete.

Eine Legende rankt sich um das Grab des Heiligen, der zu Lebzeiten den Wunsch geäußert hatte, in Fulda beerdigt zu werden. Nachdem der Mainzer Bischof auf seiner letzten Missionsreise 754 bei Dokkum getötet worden war, trieb sein Leichnam den Rhein auf-

wärts bis Mainz. Dort wurde er beigesetzt. Nachdem am darauffolgenden Tag der Sarg wieder neben der Gruft stand, lud man ihn auf einen Wagen, den die vorgespannten Kühe führerlos durch den Rhein und bis nach Fulda zogen. Hier fingen die Glocken von selbst an zu läuten und der Sarg des Bonifatius senkte sich ganz allein in seine selbstgewählte Gruft, wo er sich heute noch befindet. Hier handelt es sich um ein sog. „Gespann-Wunder“, das in Heiligenlegenden verbreitete Motiv von der „Wahl des richtigen Ortes“ durch eine Reliquie, bzw. den Leichnam eines Heiligen.
→ Erfurt (Thüringen) → Geismar (Hessen)

GEISMAR (Stadt Fritzlar, Schwalm-Eder-Kreis)

Donareiche
Die bekannteste Legende um Bonifatius ist die Fällung der Donareiche im Jahre 723: Im Dorf Gesmere (heute *Geismar*) im Edertal, dessen Bewohner sich der Christianisierung besonders hartnäckig widersetzten, stand eine gewaltige, dem Wettergott Donar geweihte Eiche. Als der Heilige, begleitet von Soldaten des

Bonifatius fällt die Donareiche

fränkischen Königs, begann, die Eiche zu fällen, soll der Baum der Sage nach nur wenigen Hieben standgehalten haben. Daraufhin bekehrten sich die heidnischen Dorfbewohner zum Christentum, weil sie sahen, daß es ihrem alten Glauben überlegen war. Das Holz der Donareiche wurde zum Bau einer Kirche verwendet. Durch die Zerstörung und die gleichzeitige Umnutzung des Materials für einen Kirchenbau wird das heidnische Heiligtum auf besonders wirksame Weise unschädlich gemacht. Die in der

„Legenda aurea" aufgezeichnete Sage hat ihren wahren Kern in einem wahrscheinlich historischen Vorgang während der Missionierung der Hessen.

GRASELLENBACH (Lkr. Bergstraße)

Siegfriedbrunnen mit Steinkreuz am Spessartskopf

Am Nordhang des Spessartskopfs befindet sich inmitten einer kleinen Lichtung der Siegfriedbrunnen, eine mit groben Steinen urwüchsig gefaßte Quelle, an deren Ende ein erhöhtes steinernes Kreuz mit schräg abgeschliffenen Kanten und Enden steht. Um das Kreuz am Brunnen rankt sich die Sage, hier hätten sich zwei Männer gegenseitig totgeschlagen.

An diesem Brunnen soll Siegfried, der Held des Nibelungenliedes, von Hagen von Tronje hinterrücks erstochen worden sein. Nach seiner Bewährung in zahlreichen Abenteuern (Drachenkampf, Gewinnen eines großen Goldschatzes, des „Nibelungenschatzes") wirbt der niederländische Königssohn Siegfried um Kriemhild, die Schwester der drei Burgunderkönige Gunther, Gernot und Giselher. Erst nachdem er die isländische Königin Brunhild mit Hilfe einer Tarnkappe in Kampfspielen überwunden und für König Gunther zur Frau erworben hat, erhält er von diesem Kriemhilds Hand. In einem Rangstreit zwischen beiden Königinnen verrät Kriemhild das Geheimnis der Werbung und der Hochzeitsnacht. Hagen von Tronje, ein Verwandter und Hofgetreuer König Gunthers, will die öffentliche Beleidigung seiner Königin und seines Königs nicht hinnehmen und plant mit Zustimmung Gunthers Siegfried zu töten. Er lockt Siegfried auf einen vermeintlichen Kriegszug und täuscht Kriemhild vor, ihren Mann besonders gut beschützen zu wollen. Kriemhild, in großer Sorge um ihren Mann, vertraut Hagen und gibt die einzige verwundbare Stelle ihres Mannes preis: Siegfried hatte nach dem siegreichen Kampf gegen den Drachen in dessen Blut gebadet, das seinen Körper wie einen undurchlässigen Panzer umgab und schützte; nur auf die eine Schulter war ein Blatt herabgefallen und hatte dort eine Panzerung verhindert. Statt des Kriegszugs findet wie geplant eine Jagd statt. Als der ahnungslose Siegfried Erfrischung an einem Brunnen sucht, ersticht ihn Hagen hinterrücks. Kriemhild übt Jahre später als Gattin des Hunnenkönigs Etzel furchtbare Rache: Sie lädt die Burgunden zu einem Fest an den Hof nach Ungarn; dort kommt es zu einem Saalkampf, in dem auf beiden

Seiten alle Helden fallen. Kriemhild selbst wird von Hildebrand, dem Waffenmeister Dietrichs von Bern, getötet.
Verschiedene Orte im oder am Odenwald, so etwa *Odenheim* im Kraichgau oder *Heppenheim*, erheben Anspruch auf den sagenumwobenen Brunnen, an dem der Mord an Siegfried geschehen sein soll.
→ Königswinter (Rheinland) → Worms (Pfalz) → Xanten (Niederrhein)

HAIGER-LANGENAUBACH (Lahn-Dill-Kreis)

Wildweiberhäuschen
Mitten im Naturschutzgebiet liegt das „Wildweiberhäuschen". Im hellgrauen Stein des großen Felsens befinden sich drei Höhlen, deren obere vermutlich der Schauplatz der oft erzählten Sagen von den ‚Wilden Weibern' von *Langenaubach* ist. Hier sollen weibliche Naturdämonen gewohnt haben, die oft vor dem Eingang der Höhle saßen, ihr langes, goldenes Haar kämmten und schöne Lieder sangen. Viele Geschichten werden über sie erzählt: wie sie guten und fleißigen Menschen halfen, böse und faule hingegen bestraften. Einem Mädchen schenkten sie zur Hochzeit ein Bündel gesponnenen Flachses, das sich über Nacht in Silber, Gold und kostbare Perlen verwandelte. Einem armen Schäfer zeigten sie heilkräftige Kräuter und buken ihm Brot, anderen halfen sie bei der Ernte. Müttern jedoch, die ihre Kinder vernachlässigten, entführten sie den Nachwuchs in ihre unterirdische Behausung und gaben sie erst dann wieder zurück, wenn die Mütter verzweifelt versprachen, sich zu bessern. Einem Bauern, der ein Hemd von ihrer Wäsche mitgenommen hatte, die sie zum Bleichen am Bach unterhalb des Felsens ausgebreitet hatten, zahlten sie diesen Diebstahl böse heim: Um Mitternacht umtosten sie sein Haus und rissen ihn an den Haaren aus dem Bett. Als am Ort Gruben und Steinbrüche zum Kalkabbau eingerichtet wurden, die ihre unterirdischen Wohnungen durcheinanderbrachten, verschwanden die Wilden Weiber. Ihren großen Goldschatz aber haben sie zurückgelassen, und der kann nur zur Geisterstunde unter konsequentem Schweigen gehoben werden. Zwei Männer aus Langenaubach haben dies einmal versucht. Als sie das bis obenhin mit Gold gefüllte Faß bereits mit einem Seil auf halbe Höhe hinaufgezogen hatten, wurde der Schatz plötzlich immer schwerer und aus Angst, das kostbare Gold könnte ihnen doch noch entgleiten, feuerte der eine seinen Kumpel an:

„Willem, heb!“ Damit war das Schweigegelöbnis gebrochen der Schatz verschwand mit einem gewaltigen Donnerschlag in der Tiefe.
1953 wurde in der unteren der drei Höhlen des Wildweiberhäuschens tatsächlich ein Schatz gefunden, allerdings nicht aus Gold, sondern aus Silber: er besteht aus 85 alten Silbermünzen der Zeit zwischen 1195 und 1315. Die Höhle am Fuß des Felsens wurde wahrscheinlich im Mittelalter zu einem Grubenstollen ausgeweitet.

HOFGEISMAR (Lkr. Kassel)

Sababurg
Auf der Sababurg soll die Riesin Saba, die der Burg (vormals Zappen- oder Zapfenburg) den Namen gab, ihren Wohnsitz gehabt haben. Saba und ihre beiden Schwestern Trenda und Bamba waren Töchter eines mächtigen Königs, der im *Reinhardswald* wohnte. Der Vater baute jeder von ihnen ein Schloß – so entstanden die Sababurg, die *Trendelburg* und die *Bramburg*. Auf der Sababurg soll man lange das große Bett der Riesin gezeigt haben, dessen Holz ganz zerkerbt war, weil sich jeder Besucher einen Span mitnahm, um ihn als Zahnstocher zu benutzen – man glaubte, dies könne von Zahnschmerzen heilen. Nach einer anderen Überlieferung standen auf der Sababurg drei gewaltige Hünenbetten, die täglich frisch gemacht werden mußten. Geschah dies nicht, erhob sich nachts auf der Burg ein so gewaltiger Lärm, daß niemand ein Auge zu tun konnte. Tatsächlich seien am folgenden Morgen Spuren in den Betten zu sehen gewesen.
Bekannt ist die Sababurg vor allem als Dornröschenschloß. Bereits bei der Auffahrt erinnert die Skulptur eines Baumstammes aus Holz und Stein an die bekannte Märchenfigur, ein Turmzimmer ist als Dornröschenzimmer ausgebaut.
Im Reinhardswald, in dem neben anderen Märchen auch Rapunzel (auf der Trendelburg) lokalisiert wird, erinnert man sich an die 5 km lange und 20 m breite Dornenhecke, die einst das Schloß umgeben hatte. Das romantische Bild des seit 1800 verfallenen, von Efeu umrankten Schlosses bestärkte die Annahme, hier habe sich Dornröschen in einem Turmzimmer mit einer Spindel in den Finger gestochen und sei mitsamt dem ganzen Hofstaat in einen hundertjährigen Schlaf versunken, aus dem sie ihr Prinz wachgeküßt habe.

LIMBURG (Lkr. Limburg-Weilburg)

Lahninsel

Direkt unter dem Domfelsen, nahe der alten Mühle liegt eine kleine Insel in der Lahn. Hier soll vor etwa 500 Jahren ein Barfüßermönch, Bruder Siechentrost, gelebt haben. Als die Pest zum drittenmal in Limburg ausgebrochen war, kümmerte er sich aufopfernd um die Siechen (Pestkranken) in ihren Hütten. Weil er täglich mit den Kranken in Berührung kam, glaubten die Limburger, er sei selbst „unrein" und verbannten ihn aus der Stadt. Bruder Siechentrost zog sich auf die Lahninsel zurück. Von dort hörte man ihn zur Geige die Lieder singen, mit denen er die Siechen getröstet hatte. Viele Limburger, die ihm für seine Hilfe dankbar waren, standen am Ufer und lauschten oder sangen mit.

Limburg ist in den Jahren 1249 bis 1395 von fünf großen Pestepidemien heimgesucht worden. Täglich fielen dieser Seuche durchschnittlich 30 Menschen zum Opfer. Die Welle, die 1351 über die Stadt kam, wurde zudem von schweren Erdbeben und Mißernten begleitet. So ist es nicht verwunderlich, daß sich diese besonders im Gedächtnis der Menschen festgesetzt hat und in der Sage vom Bruder Siechentrost bis in die heutige Zeit lebendig gehalten wurde.

Hattstein-Brunnen

Auf der Plötze, einem der alten Marktplätze der Altstadt, steht ein Brunnen aus rotem Sandstein in Form einer monumentalen Ritterskulptur. Der Ritter hält mit kräftigen Armen ein Faß über seinen Kopf und läßt sich seinen Inhalt genüßlich über den geöffneten Mund in den feisten Leib laufen. Eine Inschrift auf der Rückseite in Spiegelschrift gibt Auskunft, daß hier dem Ritter von Hattstein ein Denkmal gesetzt ist. Dieser soll der Sage nach ein berüchtigter Raubritter gewesen sein, bis die Limburger ihn zum Freund gewannen, indem sie ihn 1357 in den Rang eines Stadthauptmanns erhoben. Er fiel 1363 bei der Verteidigung der Stadt gegen die Reiffenberger.

Die Sage erzählt über ihn folgendes: Der Ritter von Runkel hatte alle befreundeten Ritter der Gegend zu einem Fest eingeladen, bei dem der „Runkeler Rote", ein begehrter Rotwein, kredenzt wurde. Der Gastgeber wollte den guten Wein nicht verkaufen, jedoch wurde eine Wette abgeschlossen, daß derjenige ein volles Ohmfaß (150 Liter) bekomme, der ein solches hochheben und austrinken könne. Ein Limburger schlug den Stadthauptmann Hattstein vor: der hob das Faß freischwebend auf und trank es ohne abzusetzen aus.

MARBURG (Lkr. Marburg-Biedenkopf)

Elisabethkirche

Die Elisabethkirche wurde im 13. Jh. als Grabeskirche der hl. Elisabeth von Thüringen errichtet. Als ihr Gatte, Landgraf Ludwig I., mit dem sie auf der Wartburg bei *Eisenach* lebte, von einem Kreuzzug nicht zurückkehrte, wurde Elisabeth als 20jährige Witwe. Wegen ihrer „unstandesgemäßen" Frömmigkeit wurde sie von der Wartburg vertrieben und flüchtete mit ihrem Beichtvater Konrad in dessen Heimatstadt Marburg, die zugleich den westlichen Teil ihres Witwengutes ausmachte. In Marburg baute sie ein Spital für arme Kranke, in dem sie selbst aufopferungsvoll pflegerische Dienste übernahm. Sie starb, durch den Dienst an den Seuchenkranken gesundheitlich ruiniert, im Jahr 1231 im Alter von nur 24 Jahren. Elisabeth wurde schon drei Jahre nach ihrem Tod heiliggesprochen. Die Gebeine der Heiligen waren 1249 bis zur Reformation in einem kostbaren vergoldeten Schrein geborgen, der heute in der Sakristei zu sehen ist. Er zeigt als älteste Darstellungen aus ihrem Leben acht Reliefszenen.

Um das Leben der thüringischen Landgräfin in asketischer Frömmigkeit bildeten sich schnell Legenden. Geschichten über Wunderheilungen am Grabe machten Marburg neben Jerusalem, Rom und Santiago di

Elisabeth hilft den Kranken und Armen. Holzstich, 19. Jh.

Compostela zu einem der größten Wallfahrtsorte, was sich auch positiv auf das Wachstum der Stadt und ihre wirtschaftliche Situation auswirkte.
In zahlreichen Bildwerken ist die Heilige in der für sie erbauten Kirche präsent, so in 13 Szenen der farbenprächtigen Elisabeth-Fenster im Hochchor, im Elisabeth-Mausoleum, welches bis 1236 ihre Gebeine barg, auf dem geschnitzten Schrein und auf den Flügeln des Elisabeth-Altars, auf den Wandmalereien über dem Elisabeth-Altar, welche die Legende des Kreuzwunders sowie die feierliche Erhebung der Gebeine der Heiligen im Jahr 1236 zeigen, deren politische Bedeutung durch die Anwesenheit Kaiser Friedrich II. deutlich wird.
→ Eisenach (Thüringen)

Ketzerbach
Der Name des Straßenzuges gegenüber der Elisabethkirche leitet sich von der Stelle ab, an der Konrad von Marburg als Ketzerrichter die Asche der von ihm verurteilten und verbrannten Ketzer in den Bach streuen ließ. Die damals übliche Art zur Urteilsfindung in einem Ketzerprozeß sah ein Gottesurteil vor: wer als Ketzer denunziert, aber noch nicht geständig war, mußte ein glühendes Eisen neun Schritt weit tragen oder über neun glühende Pflüge schreiten. Bestand er die Probe nicht, so galt er der Ketzerei überführt und wurde auf dem Scheiterhaufen verbrannt. Allein in Marburg mußten 80 Menschen ihr Leben auf diese Weise beschließen und im Land mehrte sich Widerstand gegen solche Verfolgung.
Eine Sage berichtet, daß auch Ketzer aus der Gegend von *Lengsberg* und *Momberg* vor das Gericht geführt werden sollten. Der Priester am Kopf des Zuges, der im Auftrag Konrads die vermeintlichen Ketzer gefangen genommen hatte, verhöhnte sie und jubilierte vor Freude über das, was die armen Menschen in Marburg erwarten würde. Das hörte schon von weitem der Herr von *Etzgerode* und ärgerte sich über den Übermut des Priesters so sehr, daß er einen scharfen Pfeil in seine Armbrust legte und den Boten Konrads kurzerhand erschoß. Die Gefangenen wurden sodann befreit und konnten sich wohlbehalten auf den Heimweg machen. Konrad selbst wurde 1233 auf dem Heimweg von *Mainz*, wo er sich vor verschiedenen Reichsfürsten wegen seiner brutalen Verfolgung rechtfertigen sollte, bei *Beltershausen* ermordet.

MEISSNER (Werra-Meißner-Kreis)

Hoher Meißner

Der 750 m hohe Berg westlich von *Eschwege* war der Legende nach der Wohnsitz von Frau Holle, die mit ihrer Zauberglocke Wanderern und fleißigen Spinnerinnen half, den eitlen und faulen Mädchen aber Streiche spielte. Wenn es schneit, heißt es, Frau Holle schüttelt ihr Bett auf und wenn sie kocht, ziehen Wolken auf. Frau Holle erscheint noch heute als schöne weiße Frau an einem Waldteich, aus dessen Tiefe man manchmal Glockengeläut hören soll und dem man nachsagt, ein Bad darin mache Frauen gesund und schenke ihnen Fruchtbarkeit. Außerdem sollen die Kinder am Meißner alle aus dem Hollenteich kommen.

Frau Holle soll der Sage nach ursprünglich eine tugendhafte Frau aus dem Dorf *Dudenrode* gewesen sein. Ihr arbeitsscheuer, verschwenderischer Mann verlor durch Trunk und Spiel sogar seine Freiheit. Der verlassenen Frau Holle schenkte die Göttin Holda oder Freya den Meißenberg als Wohnung und außerdem eine Zauberglocke, auf deren Klang die Geister von Feuer, Wasser, Luft und Erde gehorchten. Man erzählt sich, Frau Holle habe von ihren Männern sitzengelassene Mädchen in ihrem Zauberschloß aufgenommen. Die eitlen und putzsüchtigen unter ihnen verwandelte sie in Katzen und sperrte sie in eine Höhle auf der Westseite des Meißners, die bis heute Kiezkammer heißt.

Als die Leute begonnen hatten, den verzauberten Wald um den Hohen Meißner zu meiden, gelang es dem Einsiedler Bernhard, die Geister zu bannen. Der Einsiedler war in Wirklichkeit Frau Holles Mann, der sich in der Gefangenschaft gebessert hatte und Christ geworden war. Er bat seine Frau um Verzeihung und bekehrte auch sie zum Christentum, woraufhin Frau Holle dem Zauber abgeschworen und die Zauberglocke in den Teich geworfen haben soll. Beide lebten der Legende nach wieder als Ehepaar im Dorf.

MICHELSTADT (Odenwaldkreis)

Einhard-Basilika

Am alten Ortsrand von *Steinbach* steht leicht erhöht die Einhard-Basilika. Einhard, ein Gelehrter adliger Abstammung kam etwa 794 an den Hof Karls des Großen nach Aachen. Neben seiner Tätigkeit als Hofschreiber war Einhard die Oberaufsicht über die königlichen Bauten in Aachen übertragen. Auch in politischen Dingen zog Karl der Große ihn ins Vertrauen. Nach dem Tod des Frankenkaisers bekam Einhard von dessen Sohn Ludwig dem Frommen die Dörfer *Unter- und Ober-Mülheim* im Maingau und die Mark Michelstadt zum Dank für seine Dienste geschenkt. Einhard wählte „Michilunstat" als Alterssitz und ließ dort die Basilika errichten. Um die Kirche weihen zu können, benötigte er Reliquien. Im März 827 schickte er seinen Sekretär Ratleic mit einem Diener nach Rom, um dort Reliquien zu besorgen. Schon auf dem Weg befiel Ratleics Diener ein schlimmes Fieber, in dem er eine Traumerscheinung hatte: er sah Rom und die Kirche, in der sie fündig werden könnten – die Heilung des Fieberkranken erscheint als Wahrheitsbeweis der Vision. In der heiligen Stadt angekommen, fand man die Basilika des Märtyrers Tiburtius und brach dort nachts ein, um die Gebeine zu entwenden. Weil es nicht gelang, den schweren Deckel der Altartumba zu heben, stiegen Einhards Männer in die Krypta und fanden dort die Grablege der Märtyrer Marcellinus und Petrus. Ratleic entschloß sich, ein zweites Mal in die Kirche einzubrechen und die Gebeine beider Märtyrer aus dem Doppelgrab zu entnehmen. Im Herbst 827 erreichten die Reliquien Michelstadt, wo sie in der neuen, noch nicht geweihten Kirche zu dauerhaftem Verbleib aufgestellt wurden. Wieder hatte jedoch Ratleics Diener eine Erscheinung: Zwei Tauben ließen sich auf dem Baldachin über den Gebeinen der Heiligen nieder – die Seelen der beiden Märtyrer – und schienen sich miteinander zu unterhalten. Der schlafende Diener hörte eine Stimme, die mahnte, daß die heiligen Märtyrer eine andere Stelle auserwählt hätten und dorthin überführt zu werden wünschten. Eine blutartige Flüssigkeit, die nach drei Tagen Fastens und Betens plötzlich versiegte, tropfte an allen Seiten des Schreins herab. Trotz all dieser Wunder zweifelte Einhard zunächst und ließ erst dann alles für eine Überführung der Reliquien vorbereiten, als ihm selbst im Traum ein weißgekleideter Mann erschien, der seine Hartherzigkeit und seinen Starrsinn tadelte und erneut die Forderung nach einer Überführung der Gebeine erhob. Daraufhin wurden die Gebeine der Heiligen nach Ober-Mühlheim, dem heutigen *Seligenstadt*, getragen.

STEINAU AN DER STRASSE (Main-Kinzig-Kreis)

Märchenbrunnen
Für die Brüder Jacob und Wilhelm Grimm ist Steinau von besonderer Bedeutung: Im ehemaligen Amtshaus (heute Amtsgericht), einem Renaissancegebäude aus dem Jahr 1562, war von 1791–96 die Wohnung der Familie Grimm; hier verbrachten sie ihre Kindheits- und frühen Jugendjahre und kehrten auch später zurück. Heute ist im Amtshaus ein Museum eingerichtet, das sich mit Leben, Werk und Wirkung der Grimms beschäftigt.
Auf dem Marktplatz, dem „Kumpen“, steht der Märchenbrunnen. Aus einer kreisrunden Brunnenfassung aus Sandstein ragt eine 4 m hohe Säule, deren weißer Kalkstein durch Sandsteinbänder in drei Trommeln geteilt ist. In den Kalksteintrommeln sind Reliefs mit Szenen aus 17 Märchen der Grimms zu sehen, miteinander durch Pflanzenornamentik verbunden.

VOGELSBERG

Geologisch handelt es sich beim Vogelsberg um ein 2500 qkm großes zusammenhängendes Basaltgebiet, das einen Durchmesser von etwa 60 km umfaßt und damit den größten erloschenen Vulkan Europas darstellt. Das Basaltmassiv ist zugleich die Wasserscheide zwischen Rhein und Weser.
Über die Entstehung des Namens „Vogelsberg“ hat die Sage folgende Erklärung: In *Herchenhain* wohnte ein Schmied, der mit dem Teufel einen Pakt geschlossen hatte. Bei seinem Sturz aus dem Himmel war der einstige Engelsfürst Luzifer auf das Dach der Herchenhainer Schmiede gefallen. Sofort begann er sein Unwesen, versuchte den Schmied und versprach ihm große Reichtümer. Schließlich kam man überein, der Teufel werde dem Schmied drei Jahre lang unentgeltlich als Geselle dienen und dafür dessen Seele erhalten. Doch sollte der Schmied die Chance haben, aus diesem Vertrag freizukommen, wenn er drei Fragen oder Aufgaben richtig beantworten bzw. lösen oder aber seinerseits drei unlösbare Fragen stellen könnte. Kurz vor Ablauf der Frist begegnete der Schmied einer alten Frau, die ihm klugen Rat gab, so daß er seinen Partner übertölpeln konnte. Als es soweit war, stellte der Schmied dem Teufel als allererstes die Aufgabe, einige krause Haare glatt zu schmieden; dann ließ er ihn falsch raten, indem er eine Hacke mit einem ein-

Der Schmied. Holzschnitt von Jost Ammann

zigen Schlag in eine Hippe umschmiedete und verlangte zum Schluß, einen im Baum neben der Schmiede sitzenden Vogel zu identifizieren. Zuvor hatte er seine Frau angewiesen, sich nackt erst im Backtrog und anschließend im Federbett zu wälzen. Einen solch merkwürdigen Vogel hatte der Teufel natürlich noch nie gesehen, und so fuhr er voller Wut über seine Niederlage mit den Worten „Das ist einmal ein verdammter Vogelsberg!“ unter Gestank und Gepolter zurück in die Hölle. Seitdem heißt die Gegend „Vogelsberg“.

WIESBADEN (Landeshauptstadt)

Quellen
Die heißen Quellen waren schon immer ein wichtiger wirtschaftlicher Faktor für die Stadt. Bereits unter den Römern gab es Badeanlagen, und auch im Mittelalter wurden die Bäder gerne besucht. Der wirtschaftliche Aufschwung Wiesbadens im 19. Jh. erfolgte vor allem wegen der Bedeutung der Stadt als Heil-, Luxus- und Vergnügungsbad.

Der Sage nach verdanken die Wiesbadener Thermalquellen ihre Entstehung dem Riesen Ekko, der hier vor langer Zeit lebte. Er war auf der Jagd nach einem wilden Drachen, der in den Taunuswäldern sein Unwesen trieb, konnte aber weder ihn noch seine Höhle finden. Als er mit seiner Lanze tief in den Boden hineinstieß, glaubte er das spöttische Lachen des Drachen zu hören. Jedesmal, wenn er die Lanze wieder herauszog, spritzte kochendes Wasser aus der Tiefe. Als ihn der siedende Wasserstrahl im Gesicht traf, stürzte der Riese. Beim Abstützen hinterließen Unterarm und linke Hand, an welcher der kleine Finger fehlte, tiefe Abdrücke: Das Salzbachtal entstand aus dem Abdruck des Unterarms, der Abdruck der Mittelhand ließ den Wiesbadener Kessel entstehen, in dem heute der Kochbrunnen sprudelt, und seine vier Finger bildeten das Wellritztal, das Walkmühltal, das Nero- und das Rambachtal. Unbeschadet sitzt der Drache noch heute in der Tiefe und sorgt mit seinem heißen Atem für das warme Wasser der Thermalquellen.

Der klassische Drache (aus Gesners Tierbuch)

Westfalen

ARNSBERG (Hochsauerlandkreis)

Propsteikirche St. Laurentius
In der Propsteikirche St. Laurentius bewahrt man eine Schwarze Hand auf, die Richard von Arnsberg, genannt Richardus Anglicus oder Richard von Wedinghausen, zugeschrieben wird. Bei Cäsarius von Heisterbach findet sich der Bericht, daß im Arnsberger Kloster ein gewisser Richard, ein Engländer, viele Bücher mit eigener Hand niedergeschrieben hatte und dafür den Lohn im Himmel erwartete. Als er gestorben war, wurde er an einem ehrwürdigen Platz begraben. Nach zwanzig Jahren öffnete man das Grab und fand seine rechte Hand so unversehrt und frisch, als wäre sie soeben vom lebendigen Körper abgeschnitten. Das übrige Fleisch war zu Staub geworden. Zum Beweis für dieses große Wunder wird die Hand bis heute im Kloster aufbewahrt.

Die „Schwarze Hand"

BALVE (Märkischer Kreis)

Balver Höhle
Die gewaltige Höhle gehört mit fast 80 m Länge und bis zu 20 m Breite zu den größten Kulturhöhlen Deutschlands. In den 14–18 m hohen Ablagerungen fanden Wissenschaftler Reste von Mammutjägern der letzten Früheiszeit bis hin zu solchen von den Menschen der frühen Eisenzeit (600 v. Chr.). Den größten Teil der Funde zeigt das Museum in *Arnsberg*.
Auf die Zeit der Eisenhüttenleute scheint die Sage von Wieland dem Schmied zurückzugehen, eine der ältesten germanischen Sagen, die sich im 5.–7. Jh. über ganz Europa verbreitete und im nordischen Völundrlied (Wielandlied) erhalten ist. Wieland ist ein Alb, der von König Nidhad gefangengenommen und zu kunstvollen Schmiedearbeiten gezwungen wurde.

Aus Rache vergewaltigte Wieland Nidhads Tochter und tötete dessen Söhne. Danach erhob er sich mit selbstgeschmiedeten Flügeln in die Luft und entfloh. Die Überlieferung will wissen, Wieland habe in der Balver Höhle bei zwei geschickten Zwergen sein Handwerk erlernt.
Es gibt einige westfälische Sagen, die von einem legendären Schmied erzählen, der häufig Grienkenschmied genannt wird. Legte man ihm ein Arbeitsstück vor seine Höhle oder vor ein Grab, so konnte das fertig geschmiedete Teil bald dort wieder abgeholt werden. Den Lohn mußte man auf einen Stein legen. Den Schmied aber bekam nie jemand zu Gesicht. Dieser ungewöhnliche Handel ist als Wielandshandel bekannt geworden.

Billerbeck (Kreis Coesfeld)

„Ludgerusdom" und Ludgerus-Brunnenkapelle
Die kath. Propstei- und Wallfahrtskirche St. Ludgerus wurde an jenem Platz errichtet, an dem nach der Überlieferung der Hl. Ludgerus starb. Auf den hl. Ludger geht die Gründung des Klosters Werden an der Ruhr zurück Als Wanderprediger unter Karl dem Großen half Ludger, die Sachsen und Friesen zu christianisieren. Die letzte Messe vor seinem Tode soll Ludger in der Johanniskirche zu Billerbeck gehalten haben.
Die Brunnenkapelle befindet sich auf einem von Linden umstandenen Platz. Bereits 1541 ist hier eine Quelle bezeugt. Die Brunnenstatue des Hl. Ludgerus ist ein modernes Werk, das die Gesichtszüge des münsterischen Kardinals Graf von Galen trägt. Der Brunnen mit Kapelle und Statue erinnert an eine Legende aus dem Leben des Heiligen: Zur Zeit einer großen Dürre, als alle Brunnen versiegt waren, klagte ihm eine arme Frau auf dem Billerbecker Berg ihre Not. Ludgerus versprach Hilfe und warf zwei Gänse in den nahegelegenen Brunnen. Wo diese wieder aus der Erde hervorkämen, dort solle man einen Brunnen graben, der nie versiegen würde. Die Billerbecker folgten dem Auftrag und erhielten so einen sicheren Brunnen, der bis heute nicht versiegt ist.
→ Essen (Bergisches Land)

Borken (Kreis Borken)

Wegkreuz
Südwestlich von Borken steht ein Kreuz aus Gußeisen. Gegen Ende des vorigen Jahrhunderts wurde

Ein Mord. Holzschnitt aus: Petrarcas Trostspiegel

dieses Kreuz anstelle eines älteren aufgestellt, das zu stark verwittert war und das die Inschrift trug: „Bete für die arme Seele, die allhier ermordet ist.“
Im Volk wurde über die Mordtat folgendes erzählt: Auf dem Viehmarkt hatte eine Frau aus Westenborken einiges Vieh verkauft und das Geld unter ihrer „Näwwelkappe“ versteckt. Ein Gauner hatte sie dabei beobachtet und war ihr in der Dämmerung gefolgt. Er überfiel sie auf ihrem Heimweg an einsamer Stelle, und weil sie sich kräftig zur Wehr setzte, schlug er sie tot. Er wurde aber gefaßt und zum Tod durch den Strang verurteilt. 500 m vom Kreuz entfernt, weithin sichtbar auf der Höhe bei den „Zwei Linden“, wurde das Urteil vollstreckt. Doch der Mörder fand keine Ruhe im Grab. Bis heute muß er als Mann ohne Kopf zu mitternächtlicher Stunde zwischen Westenborken und der Mordstelle umherspuken.

ENGER (Kreis Herford)

Kirche St. Dionysius
In Westfalen gibt es eine Stadt, die aus der Überlieferung einer Sage lebt: die Widukind-Stadt Enger. Im Chor der ehemaligen Stiftskirche befindet sich das Grabmal des Sachsenherzogs Widukind. Die Grabplatte zeigt Widukind in Königstracht mit Krone und Lilienzepter. Seine rechte Hand ist erhoben im Zeichen des Segens. Widukind brachte dem Frankenkönig und späteren Kaiser Karl dem Großen erheblichen Widerstand entgegen und erschwerte ihm so die Eingliederung der sächsischen Gebiete in sein Herrschaftsgebiet.
Den alleinstehenden Turm der Kirche weiß man heute zu erklären: Das ehemalige Dionysiusstift in Enger,

Kupferstich, 16. Jh.

dessen Orden Turmbauten verbot, war wohl die Ursache für die zunächst turmlose Kirche. An der Ostseite der Kirche ist ein Mohrenkopf zu sehen, dessen Bewandtnis man sich heute so erklärt: Enger gehörte lange Jahre zum Bistum *Magdeburg*, und der Stadtpatron Magdeburgs ist der Hl. Mauritius; dieser Mauritius wird immer als Mohr dargestellt. Der Sage nach jedoch ist der Kirchbaumeister in Enger ein Mohr gewesen. Er spielt bei der Entstehung der Kirche und dem zunächst fehlenden Turm eine Rolle: Wittekind hatte sich 785 taufen lassen und befahl, an drei Stellen Kirchen zu bauen: in *Bünde*, in *Rehme* und in Enger. In dem Ort, in dem die Kirche zuerst fertig sei, wollte er wohnen. Der Mohr in Enger wandte beim Bau der Kirche eine List an. Den Turm ließ er zunächst gar nicht bauen und so war die Enger Kirche als erste fertig.

Viele Sagen ranken sich um Widukind: wie der Sachsenherzog durch eine List die fränkischen Verfolger irreleitete, indem er seinem schwarzen Hengst die Eisen verkehrt unterschlagen ließ, oder wie dieses Pferd in der Gegend von *Bergkirchen* eine Quelle freischarrte, als Widukind durstig und voller Zweifel gegenüber den alten Göttern durch Westfalen vor den Franken floh. Widukind nahm das als Zeichen des Christengottes und beschloß, sich taufen zu lassen. Als Todestag Widukinds gilt nach der Überlieferung der 6. Januar. Mit ihm verbindet sich in Enger ein jahrhundertealtes Brauchtum, das „Timpkenfest". Dabei erhalten die Kinder Timpken. Das sind rombenförmige Stuten, die kreuzweise zerschnitten und nach der spitzen Form Timpken = Zipfelchen genannt werden.
→ Bokeloh (Nordwestdeutschland) → Horn-Bad Meinberg (Westfalen) → Osnabrück (Nordwestdeutschland)

Gevelsberg (Ennepe-Ruhr-Kreis)

Alter Hohlweg, Kloster und Engelbert-Denkmal
Vor der Anhöhe des Strückerbergs liegt der „Alte Hohlweg", ein Rest des ursprünglichen Hohlweges, in dem am 7. November 1225 der Erzbischof von *Köln*, Graf Engelbert II. von Berg ermordet wurde. Der Graf war Herzog von Westfalen, Reichsverweser des in Sizilien residierenden Stauferkaisers Friedrich II., Vormund des Prinzen Heinrich und seit 1217 Erzbischof von Köln. Diese Machtfülle und Streitigkeiten mit seinem Neffen Graf Friedrich von Isenburg waren sicherlich auch Ursachen für die Mordtat, bei der der Erzbischof aus dem Hinterhalt überfallen und mit vierzig Hieben und Stichen getötet wurde. Bis heute ist ungeklärt, ob nur ein Überfall geplant war oder tatsächlich ein Mord. Schon bald wurde Engelbert als Heiliger und Märtyrer verehrt; offiziell wurde er aber nicht heiliggesprochen. An der Mordstelle wurde zunächst ein hölzernes, später ein steinernes Sühnekreuz errichtet. 1235 wurde ein Zisterzienserinnenkloster gegründet. Etwa 500 m unterhalb des Alten Hohlweges erinnert das Engelbert-Denkmal an das Geschehen. Es zeigt an je zwei Seiten ein Kreuz, an den beiden anderen Seiten je ein Schwert, Zeichen der kirchlichen und weltlichen Macht Engelberts.
Der gewaltsame Tod des Erzbischofs gab Anlaß zur Legendenbildung: Am Tatort im alten Hohlweg soll nachts eine hell brennende Kerze gestanden haben, die selbst von Regen und Wind nicht ausgelöscht wurde.

Während der Totenwache bei dem Ermordeten gesundete das eine schwache Bein des Grafen Heinrich von Berg, nachdem er den Leichnam berührt hatte. Im Kloster trugen sich Wunderheilungen zu: ein verwundeter Wanderer, der hier Herberge fand, wurde geheilt, als er aus einem Becher trank, der früher im Besitz des Erzbischofs war.

HEMER (Märkischer Kreis)

Felsenmeer
Dieses gewaltige Naturdenkmal im Süden von Hemer besteht aus drei Hauptteilen, dem „großen Felsenmeer", dem „kleinen Felsenmeer" und dem „Paradies". Die Sage erzählt: Dort, wo heute der Sundwiger Wald liegt, hatten sich in grauer Vorzeit die Zwerge häuslich eingerichtet. Im unterirdischen Reich suchten sie nach Gold, Silber und Kupfer, Edelsteinen und Eisen. Ihr berühmter König Alberich war Herr über all die Schätze der Berge. Nun witterten eines Tages die Riesen in der Nachbarschaft diese reiche Beute. Sie machten sich auf, die Felsenburg der Zwerge zu erobern und zu plündern. Das Zwergenvolk flüchtete rechtzeitig mit seinem Besitz in die hintersten Gänge. Die Riesen kamen in ihrer Zerstörungswut nur bis in die große Felsenhalle, wo sie wütend hocken blieben. In diesem Augenblick sprach der Zwergenkönig Alberich einen Zauberspruch, und schon stürzte die wuchtige Halle über den Köpfen der Riesen zusammen. Seitdem liegt dort eine Felswildnis, die erstarrten Wellen gleicht, das Felsenmeer. Den Grabstein eines der Riesen kann man heute noch sehen; es ist eine große Felsplatte im „Paradies". Das Bildnis darauf hat man später hineingemeißelt.

HORN-BAD MEINBERG (Kreis Lippe)

Externsteine
Die fünf gewaltigen Sandsteinfelsen wurden gegen Ende der Kreidezeit gefaltet und hochgestellt, später ausgewaschen und geborsten. Vielfältig sind die Behauptungen über eine germanische Vergangenheit der Externsteine. Seit 1093 waren die Felsen im Besitz des Abdinghofklosters zu *Paderborn*. Bischof Heinrich von Arnsberg ließ an den Felsen die heiligen Stätten Jerusalems nachbilden: die Kreuzabnahme mit einer Höhe von 3,25 m, ein einzigartiges Werk der deutschen Großplastik, befindet sich neben dem Eingang in die untere Kapelle. In der Spitze des turmartigen

Externsteine

Felsens liegt die obere Kapelle, die als Nachbildung der Jerusalemer Golgathakapelle anzusehen ist. Sie ist allerdings durch Abbrechen von Felsstücken stark zerstört. Am Stauteich befindet sich das „Heilige Grab". Das gräflich-lippische Wappen am vierten Felsen erinnert an den Ausbau der Externsteine im 17. Jh. zu einem Lust- und Jagdhaus durch den Grafen Hermann Adolf zur Lippe.

Die Sage verbindet die Externsteine mit dem Sachsenherzog Widukind: Während der 30 Jahre, in denen Kaiser Karl gewaltsam versuchte, die heidnischen Sachsen zum Christentum zu zwingen, leistete Widukind (Wittekind) besonders großen Widerstand. Als Widukinds Macht zu schwinden drohte, erschien ihm bei Nacht der Teufel und versprach ihm, einen so riesigen heidnischen Tempel zu bauen, daß alle Neubekehrten zu Widukind zurückfänden und Kaiser Karl den Bau nie würde zerstören können. Dafür sollten Widukind und sein Volk dem heidnischen Glauben treu bleiben. Der Sachsenherzog willigte ein, aber bevor der Teufel all die herbeigeschleppten mächtigen Steinblöcke zu einem Tempel zusammenstellen konnte, erkannte Widukind seinen Irrtum und ließ sich taufen. Vor Wut schleuderte der Teufel die Felsen wild durcheinander.

Eine weitere Sage erzählt von dem vierten Felsen, auf dessen Spitze ein mächtiger Steinblock lose aufliegt:

Ein lippischer Fürst hatte einst Sorge, daß der Stein eines Tages herabstürzen und Schaden anrichten könnte. Eine Schar von Männern sollte ihn hinabwerfen. Als sie aber ihre Arbeit mit starken Werkzeugen beginnen wollten, hörten sie ein furchtbares Krachen und Brausen. Die Männer stürzten wie tot zu Boden und konnten sich lange Zeit nicht mehr rühren. Eine drohende Stimme warnte sie davor weiterzuarbeiten. Das soll der Berggeist gewesen sein. Und darum liegt der Stein immer noch dort oben und soll sich bewegen, wenn es stürmt.

→ Bokeloh (Nordwestdeutschland) → Enger (Westfalen) → Osnabrück (Nordwestdeutschland)

HÖXTER (Kreis Höxter)

Kloster Corvey

Über das ehemalige Benediktinerkloster erzählt eine Legende folgendes: Die Mönche der Abtei Corvey hatten von Gott die sonderbare Gnade, daß, wenn einer von den Brüdern sterben sollte, er drei Tage zuvor eine Vorwarnung bekam: Eine Lilie, die im Chor an einem Kranz hing, kam auf wundersame Weise herab und erschien im Stuhl des Bruders, dessen Leben zu Ende gehen sollte. So merkte dieser, daß er in den nächsten drei Tagen Abschied nehmen mußte. Diese Ankündigung des eigenen Todes muß als besonderes Privileg verstanden werden, denn nichts fürchtete der gläubige mittelalterliche Mensch mehr als einen jähen, unvorbereiteten Tod. Dieses Wunder soll etliche hundert Jahre gewährt haben, bis ein junger Ordensbruder, als ihm auf diese Weise seine herannahende Sterbestunde angezeigt wurde, dieses Anzeichen mißachtete. Heimlich legte er die Lilie in den Stuhl eines alten Mönchs und glaubte nun, von der Bedrohung befreit zu sein. Als der alte Bruder die Lilie erblickte, war er darüber so erschrocken, daß er schwer erkrankte. Der junge Mönch aber erlitt am dritten Tag einen jähen Tod, während der Alte bald gesundete.

Auch eine wundersame Begebenheit in Zusammenhang mit dem Schutzpatron des Klosters, dem hl. Vitus, ist überliefert: Einst wollten die Corveyer Mönche den Tag des Heiligen wie jedes Jahr mit einem Festmahl begehen, hatten aber kein Fleisch, keinen Wein, keinen Fisch. Während sie noch überlegten, wie sie ihre Feier ausrichten sollten, schwammen im Klosterbrunnen auf einmal zwei große Karpfen, im Klosterhof erschienen zwei kräftige Hirsche, und der Keller-

Abtei Corvey. Holzschnitt, 1492

meister kam mit zwei großen Krügen, die er hinter dem Altar mit Quellwasser gefüllt hatte, die aber nun voller Wein waren. Voller Freude wollten sich die Mönche diese Geschenke schmecken lassen; ihr Abt aber gebot Demut und Dankbarkeit, ließ einen Hirsch in die Freiheit zurück, einen Karpfen in die Weser und schenkte den Wein nur aus einem Krug. In vielen darauffolgenden Jahren erneuerten sich die Geschenke des Schutzpatrons, und jedesmal übten die Mönche Genügsamkeit. Als der gute Abt starb und ein neuer das Kloster leitete, änderte dieser den alten Brauch. Weil er Essen und Trinken liebte, nahm er beide Hirsche, beide Karpfen, beide Krüge Wein. Von da ab jedoch blieb das Wunder aus, und im Kloster Corvey mußten die Mönche den Gürtel enger schnallen.
→ Heisterbach (Bergisches Land)

LEMGO (Kreis Lippe)

Heimatmuseum Hexenbürgermeisterhaus
Im 15. Jh. erhielt die Stadt an der Bega die eigene Blutgerichtsbarkeit, die sie im 17. Jh. zum lippischen Zentrum des Hexenwahns machte. Von 1580–1670 erwarb sich Lemgo durch die große Zahl der Hexenprozesse den Beinamen „das Hexennest". An die Zeit des Hexenwahnes erinnert heute noch das Hexenbürgermeisterhaus mit dem Folterkeller.
Zwischen 1665 und 1681 regierte hier der sog. Hexenbürgermeister, der mit seinen Getreuen unschuldige

Menschen verurteilte und sich persönlich bereicherte. Die letzte Hinrichtung wurde in Lemgo im Jahr 1681 vorgenommen, nachdem die Angeklagte Maria Rampendal der Folter widerstanden hatte. Vor ihr aber hatten 220 Menschen, zu 98 Prozent Frauen, den entsetzlichen Weg über Anklage, Folterungen und Verurteilung gehen müssen. So soll z. B. eine Frau heimtükkisch der Hexerei angeklagt worden sein, deren Mann und Kind innerhalb kurzer Zeit gestorben waren. Sie hatte die beiden herzlich gern gehabt und litt sehr unter dem Verlust. Eine frühere Nebenbuhlerin aber, die schon lange auf den Zeitpunkt ihrer Rache gewartet hatte, begann nun hinter vorgehaltener Hand das Gerücht auszustreuen, die Trauernde habe den bösen Blick: sie habe den Gatten und das Kind auf dem Gewissen. Das Gerücht nahm seinen Lauf, und bald wurde die Witwe öffentlich angeklagt. Dem Verhör folgte die Folterkammer. Daumenschrauben, spanische Stiefel und Folterbett sollten sie zu einem Geständnis zwingen. Als das nicht half, machte man mit ihr die „Wasserprobe", einen üblichen Test, mit dem man meinte, die Schuld bzw. Unschuld einer als Hexe denunzierten Frau, quasi per Gottesurteil, herausfinden zu können: man warf sie gefesselt vor hunderten von Zuschauern ins Wasser. Da sie nicht sofort untersank, war dies für die Ankläger das sichere Teufelszeichen. So wurde sie zum Tod auf dem Scheiterhaufen verurteilt. Kurz vor ihrem Flammentod schickte die Frau einen Fluch über Richter, Bürgermeister und Henker. Tatsächlich ging dieser Fluch in Erfüllung: Es dauerte nicht lange, da wurde der Bürgermeister selbst als Hexenmeister angeklagt, verurteilt und vor dem Lemgoer Rathaus durch den Scharfrichter enthauptet.

Niederrhein

GELDERN (Kreis Kleve)

Eine Sage erklärt den Namen der Stadt folgendermaßen: Zu Zeiten Siegfrieds, des jugendlichen Helden des Nibelungenliedes, welcher in *Xanten* aufgewachsen war und auf der *Gnitaheide* den Drachen besiegt haben soll, lebte auch bei Geldern ein solches Untier. Mit seinem heißen Atem verwüstete dieses feuerrote Ungeheuer das einst so fruchtbare Land und brachte Krankheit und Tod für Mensch und Tier. Schließlich kümmerte das Leid der Menschen die beiden Söhne des Herren von Pont, Wichard und Lupold, so sehr, daß sie beschlossen, ihr Leben zu wagen und gegen den fürchterlichen Drachen ins Feld zu ziehen. Nach hartem Kampf gelang es ihnen endlich, dem Untier den Todesstoß mitten ins Herz zu versetzen. Sterbend rief dieses als letzte Worte seiner Rache hinaus: „Gelre, Gelre!“, Vergeltung. Von diesem Sterberuf des Drachen soll Geldern seinen Namen erhalten haben.

KEVELAER (Kreis Kleve)

Wallfahrtskirchen
Im 17. Jh. wurde Kevelaer zu dem bedeutendsten Wallfahrtsort am Niederrhein. Über die Entstehung der Wallfahrt im Dreißigjährigen Krieg berichtet eine Legende: An der Stelle der heutigen Kerzenkapelle stand zu jener Zeit ein schlichtes Hagelkreuz in der Heide. Als der arme Kaufmann Hendrik Busmann aus *Geldern* hier niederkniete, hörte er eine Stimme, die ihm befahl, an dieser Stelle ein Heiligenhäuschen zu bauen. Da er niemanden entdeckte, hielt er die Anweisung für eine Täuschung. Wenig später hörte er aber an derselben Stelle die Stimme noch einmal, und diesmal nahm er sie ernst. Er trug seiner Frau auf, trotz ihrer Armut täglich etwas Geld zurückzulegen, um eines Tages in der Lage zu sein, das geforderte Heiligenhäuschen zu bauen. Als bald darauf die Stimme zum dritten Mal an jenem Holzkreuz zu ihm sprach, beschloß er, sofort mit dem Bau zu beginnen.
Währenddessen hatten zwei Soldaten, die Geld brauchten, seiner Frau zwei unscheinbare Bildchen zum Kauf angeboten, auf denen die Muttergottes von Luxemburg abgebildet war. Die Frau lehnte ab, weil sie für die Kapelle sparen sollte. Daraufhin schenkten die Soldaten die Bildchen ihrem Leutnant, der im Ge-

fängnis saß – sie sollten ihm Glück bringen. Kurz darauf hatte die Kaufmannsfrau nächtens eine Lichterscheinung von solcher Helligkeit, daß davon sogar die Nachbarn geweckt wurden. Nach Fertigstellung des Heiligenhäuschens im Jahre 1642 wurde auch der Leutnant aus dem Gefängnis entlassen und schenkte eines der Bilder für das Heiligtum. Beim Gebet vor dem Gnadenbild sollen viele Kranke von ihrem Leiden geheilt worden sein.

Sofort setzte ein starker Pilgerstrom zu dem Marienheiligtum ein. Schon 1643–45 wurde als erste Wallfahrtskirche die Kerzenkirche erbaut. Seit 1654 birgt ein kleiner Zentralbau auf der Mitte des Kapellenplatzes, die Gnadenkapelle, das Heiligenbild. Der kleine vergilbte Kupferstich befindet sich auf der Rückseite des Altars, wo er durch einen schmalen Gang erreichbar ist. Im 19. Jh. wurde ein weiterer großer Sakralbau nötig, die Marienbasilika; die Wallfahrtsstätte gilt zu dieser Zeit schon mit 40 000 Pilgern jährlich als die nach Lourdes meistbesuchte Marien-Gedenkstätte weltweit. Heute beträgt die Zahl der Pilger jedes Jahr eine halbe Million.

KLEVE (Kreis Kleve)

Schwanenburg

Auf einem steil nach Osten zur Rheinaue abfallenden Hügel, dem Hertenberg, erhebt sich die Schwanenburg. Die Anfänge gehen zurück ins 10. Jh.

In der Burg ist die Sage vom Schwanenritter beheimatet, die in unzähligen Versionen überliefert ist. Hier lebte im Jahr 711 Beatrix, die einzige Tochter Dietrichs von Kleve. Beatrix war von vielen Freiern bedrängt, denn als alleinige Erbin verfügte sie über umfangreichen Besitz rings um Kleve und in den Niederlanden. Als sie eines Tages von den Mauern der Burg zum Rhein schaute, sah sie einen Schwan flußabwärts treiben, der an einer goldenen Kette um den Hals ein kleines Boot hinter sich her zog. Darin stand ein hochgewachsener Ritter, ein goldenes Schwert in der Hand, ein Jagdhorn an der Seite und einen kostbaren Ring am Finger. Der Ritter, der den Namen Elias trug, berichtete Beatrix, was ihr zuvor bereits im Traum erschienen war: Er sei gekommen, um ihr Land vor Feinden zu schützen. Beatrix und Elias heirateten, aber sie mußte ihrem Gatten versprechen, ihn nie nach seiner Herkunft zu befragen. Beide lebten auf der Klever Burg; der Ritter befriedete das Land und war so geachtet, daß er in den Stand des Grafen von Kleve erhoben

Die Schwanenburg in Kleve, 1752

wurde. Eines Nachts jedoch konnte Beatrix das Geheimnis um die Herkunft ihres Mannes nicht länger aushalten und stellte die verbotene Frage: „Solltet Ihr euren Kindern nicht sagen wollen, wo Ihr herstammt?" Gleich am darauffolgenden Morgen kam der Schwan den Fluß herauf geschwommen – Elias bestieg das Boot, mit dem er einst gekommen war, und kehrte nie zurück. Vor Kummer und Gram starb Beatrix noch im selben Jahr. Ihre Söhne wurden Stammherren bekannter Geschlechter und trugen den geheimnisvollen Schwan im Wappen.
Neben dem Schwanenturm, auf dessen Turmspitze sich noch heute ein goldener Schwan als Wetterfahne dreht, erinnert auch das Wappen der Stadt Kleve an den mythischen Ahnen: Hier tritt der Schwanenritter als Schildträger auf, als Helmzier trägt er einen weißen Schwan.
Die Sage vom Schwanenritter hat ihre Ursprünge im Haus Boulogne und ist dann aus Brabant bekannt. Wolfram von Eschenbach fügte sie in seinen höfischen Roman „Parzival" und damit in den Zyklus vom heiligen Gral ein: Der Schwanenritter, der jetzt Lohengrin heißt, ist der Sohn des Parzival. Auf dem heiligen Gral erscheint eine Inschrift, die ihn zur Rettung der bedrohten Herzogin Elsa von Brabant ruft. Auch Lohengrin muß nach glücklicher Ehe Land, Frau und Kinder verlassen, nachdem das Tabu um die Frage nach seiner Herkunft gebrochen ist. Das Schwanenschiff bringt ihn zurück zur Gralsrunde. Damit hat im Roman Wolframs das Frageverbot einen Sinn erhalten – indem es nämlich der Wahrung des Gralsgeheimnisses dient.

Durch Richard Wagners Musikdrama „Lohengrin“ wurde der Stoff vom Schwanenritter volkstümlich.
→ Eisenach (Thüringen) → Neuschwanstein (Allgäu – Bayerisch-Schwaben)

REES (Kreis Kleve)

Haus Aspel
Die bekannte Sage von den „Zedern von Aspel“ erklärt die Herkunft dieser ungewöhnlichen Bäume aus dem Morgenland, welche einst eine Allee nach Rees säumten: Von einem Kreuzzug gegen die Türken am hl. Grab in Jerusalem war mit seinem Herrn auch ein treuer Knappe gesund zurückgekehrt, den man in der Heimat hinrichten wollte, weil er des Mordes an einem Priester angeklagt war. Ein anderer Knecht hatte einen Eid geschworen, daß er den Mord beobachtet hatte. Die Gräfin, die nicht an eine solche Tat ihres Knappen glauben wollte, warnte ihren Gatten, unschuldiges Blut zu vergießen, und so saß man ein zweites Mal zu Gericht. Der Angeklagte gab zu Protokoll, daß er an der Hand verletzt gewesen sei und diese am Fluß habe waschen wollen, als er die im Schilf verborgene Leiche entdeckte. Mit verstörtem Blick sei ihm der andere Knecht begegnet, der ihn wegen des Mordes anklage, den er selbst verübt habe, um ihn als Zeugen aus dem Weg zu räumen. Überdies habe sein Ankläger sich im Heiligen Land an einem unschuldigen Mädchen vergehen wollen, woran er ihn habe hindern können – und nun klage er, der unschuldig sei, ihn seinerseits des Mordes und auch des Meineides an. Da nun Anklage gegen Anklage stand und Richter und Graf ratlos dastanden, rief der treue Knappe Gott selbst zum Zeugen: Er steckte einen aus Zedernzweigen gewundenen Peitschenstock, den er aus dem Heiligen Land mitgebracht hatte, in die trockene Erde des Burghofes und betete vor aller Augen, Gott möge den dürren Stab als Zeichen seiner Unschuld ergrünen lassen. Sofort sprossen aus dem dürren Stock grüne Blätter und angesichts dieses göttlichen Zeichens sanken die Umstehenden ehrfürchtig nieder. Froh über die Unschuld seines Knappen umarmte ihn der Graf; der Schuldige aber wurde ergriffen und hingerichtet. Von diesem Zedernbaum, der lange Zeit im Burghof des ehem. Schlosses stand, sollen die Zedern an der Allee nach Rees entstammt sein.
→ Bamberg (Franken)

XANTEN (Kreis Wesel)

Dom St. Viktor

Die römische Gründung Xanten ist die Vaterstadt des jugendlichen Recken Siegfried aus dem Nibelungenlied. In einem Doppelgrab in der Krypta ruhen Schädel und Knochen zweier 35–40 jährigen Männer, deren Beisetzung in die 2. Hälfte des 4. Jh. datiert wird. Der Legende nach handelt es sich um die römischen Märtyrer Viktor und Gereon, welche auch auf zwei Steinreliefs an der Michaelskapelle, dem Zugang zum Dombezirk, zu sehen sind. Die ursprünglichen Reliefs an der Michaelskapelle zeigten Viktor und Gereon mit Helm und Schwert, einen Fuß und die Lanze auf ein Ungeheuer, einen Drachen, gesetzt. Bereits im 8. Jh. hatte man an der Stelle des heutigen Doms nach den Gebeinen der Märtyrer gesucht und dabei zahlreiche andere Gräber gefunden, so wurde der Ort „ad sanctos“ (zu den Heiligen) genannt, woraus „Santen“ oder „Sunten“, schließlich „Xanten“ wurde.

Die lokale Tradition verschmolz das Schickal von Viktor – der Legende nach römischer Hauptmann der Thebäischen Legion, der Anfang des 4. Jh. bei der römischen Zivilsiedlung Colonia Traiana, dem späteren

Der hl. Viktor. Reliquienbüste am Hochaltar. Von Heinrich Douvermann, 16. Jh.

Xanten, Dienst tat und wegen seines christlichen Glaubens mitsamt seinen 330 Soldaten hingerichtet wurde – mit Siegfried, dem sagenhaften Helden des Nibelungenliedes. Viktor bedeutet aus dem Lateinischen übersetzt Sieger oder Siegfried.

In der Erzählung des Nibelungenlieds erschlug Siegfried einen Drachen, badete in seinem Blut und wurde dadurch nahezu unverwundbar. Die Berichte über den Römer Viktor haben wohl dazu geführt, auch das Leben Siegfrieds in Xanten anzusiedeln. Auch Hagen von Tronje, durch dessen Hand Siegfried starb, soll aus Xanten stammen: Seit der „Äneis" des römischen Dichters Vergil, nach der Rom das zweite Troja sei, war es üblich, die eigene Bedeutung durch eine trojanische Abstammung zu begründen. Einer im Hochmittelalter sehr populären fränkischen Sage zufolge sei ein Teil der Trojaner nach der Zerstörung ihrer Stadt an die Donau ausgewandert, von wo aus eine Gruppe weiter wanderte und sich am Ufer des Rheins niederließ. Der hier gegründeten Stadt gaben sie den Namen Troja, nach ihrem König Francio nannten sie sich Franken. Dieses neue Troja, so will es die Überlieferung wissen, soll Xanten sein. Bei dem Namen der römischen Zivilsiedlung Colonia Traiana handelt es sich in Wirklichkeit um die Colonia Troiana, und bald erhält die Stadt den Doppelnamen Xanten-Troja. So sei Hagen von Tronje eigentlich Hagen von Troja, aus Xanten. Chroniken des 15. Jh. nennen einen „Hagen von Troyen, der zu Xanten wohnte, das auch Klein-Troia genannt wird"

→ Grasellenbach (Hessen) → Worms (Pfalz)

Rheinland

ANDERNACH (Kr. Mayen-Koblenz)

Bäckerjungen-Figuren am Rheintor
In der Mitte der rheinseitigen Stadtmauer liegt das Rheintor (ehem. Kornpforte), das älteste mittelalterliche Doppeltor am Rhein. An seiner Innenwand über dem Torbogen befinden sich zwei überlebensgroße männliche Tuffsteinfiguren – im Volksmund „Bäckerjungen" genannt.
Einer bekannten historischen Sage nach haben die beiden Bäckergesellen Fränzje und Döres die Stadt Andernach vor einem Überfall der rechtsrheinischen *Linzer* bewahrt. Frühmorgens, als die beiden Burschen Brot austrugen, hatten sie den Aufmarsch der Linzer bemerkt. Da Stadtwache und Bürgerwehr zu spät gekommen wären, warfen die beiden Gesellen tatkräftig die auf der Brüstung des Rheintores aufgestellten Bienenkörbe den Feinden entgegen, worauf die Bienen wild um sich stachen und die Eindringlinge in die Flucht schlugen. An die bekannten Helden der Stadt erinnert auch der „Bäckerjungenbrunnen" auf dem Marktplatz.

BINGEN (Kr. Mainz-Bingen)

Mäuseturm
Bei der Nahemündung in den Rhein, im früher von den Schiffern gefürchteten „Binger Loch", liegt auf einem 210 m langen und 12 m breiten Quarzitfelsen das Wahrzeichen der Stadt, der „Mäuseturm". In der 1. Hälfte des 14. Jh. diente er als Wartturm der am rechten Rheinufer liegenden kurmainzischen Zollburg *Ehrenfels*. 1855 wurde er als Signalturm für die Rheinschiffahrt eingerichtet und erhielt sein heutiges Aussehen in freundlichem Gelb mit Zinnenkranz und Ecktürmchen.
Eine schauerliche Wandersage rankt sich um den Mäuseturm: Der Mainzer Erzbischof Hatto II. hatte sein Land mit strenger Hand regiert. Und als eine Hungersnot ausbrach, weigerte er sich, seine gefüllten Kornspeicher zu öffnen. Nachdem er das Jammern und Klagen seiner Untergebenen nicht mehr hören konnte, lockte er die Hungrigen in eine Scheune unter dem Vorwand, daß sie dort Brot erhalten sollten. Um sich der Bittsteller zu entledigen, ließ Hatto die Tür vernageln und die Scheune anzünden. Das jämmerliche Geschrei der eingesperrten Menschen konnte

Der Mäuseturm bei Bingen mit Bischof Hatto, während die Mäuse den Turm erklettern. 1550

den grausamen Bischof nicht erschüttern. Statt dessen spottete er: „Hört ihr, wie meine Kornmäuse pfeifen? Nun wird der Ärger wohl ein Ende haben, sollen mich die Mäuse fressen, wenn's nicht wahr ist!"
Zur gleichen Zeit soll eine große Mäuseplage das Land überfallen haben. Hatto floh auf den Zollturm im Rhein, um hier vor ihnen sicher zu sein. Doch die Mäusescharen verfolgten ihn auf seinem Boot bis in den Turm und fraßen ihn bei lebendigem Leibe auf.

BINGERBRÜCK (Stadt Bingen, Kreis Mainz-Bingen)

Rupertsberg
1150 gründete Hildegard von Bingen ein Benediktinerinnenkloster auf dem Rupertsberg, das im 30jährigen Krieg niedergebrannt wurde. Die Legende weiß, daß ihr der genaue Ort zum Bau des Klosters, der dem hl. Rupert geweihte Hügel unweit der Nahemündung, vom Heiligen Geist gezeigt wurde. Hildegard von Bingen, eine der bedeutendsten deutschen Mystikerinnen des Mittelalters, wurde 1098 als zehntes Kind

einer adeligen Familie in *Bermersheim* bei *Alzey* geboren. Mit 16 Jahren legte sie in der Nonnenklause auf dem *Disibodenberg* (am Zusammenfluß von Nahe und Glan in *Odernheim*) die Gelübde ab.
Ihre erste Vision im Jahre 1141 schildert Hildegard als ein „feuriges Licht mit Blitzesleuchten", das vom Himmel herab ihr Gehirn durchströmte und Herz und Brust durchglühte „gleich einer Flamme, die jedoch nicht brannte, sondern wärmte, wie die Sonne den Gegenstand erwärmt, auf den sie ihre Strahlen legt". Die Verehrung und Anerkennung, die ihr nach der Veröffentlichung ihrer Visionen 1151 zuteil wurde, ist für eine Frau in ihrer Zeit außergewöhnlich: sie verließ die Klausur und predigte auf dem Marktplatz in *Trier*, beriet Kaiser Friedrich Barbarossa und pflegte eine lebhafte Korrespondenz mit den wichtigsten Kirchenmännern ihrer Zeit. 1179, im Jahre ihres Todes, sprach das Mainzer Domkapitel das Interdikt über Hildegard aus, weil sie auf ihrem Klosterfriedhof einen Adeligen hatte begraben lassen, der exkommuniziert war, sich aber vor dem Tod mit Gott ausgesöhnt hatte. Sie fügte sich nicht, sondern legte Widerspruch ein – und bewirkte, das die Kirchenstrafe noch vor ihrem Tod aufgehoben wurde.
1165 hatte Hildegard das Kloster *Eibingen* auf der rechten Rheinseite oberhalb von *Rüdesheim* erworben, wohin die Nonnen vom Rupertsberg 1632 mit ihren Requien flüchteten. In der heutigen Pfarr- und Wallfahrtskirche werden in einem kostbaren Schrein Herz, Zunge, Schädel, Haar und Gebeine Hildegards aufbewahrt.
In der Rochuskapelle auf dem bewaldeten Rochusberg südöstlich von Bingen zeigen geschnitzte Reliefs am Hildegardisaltar verschiedene Begebenheiten aus ihrem Leben. Das letzte Bild stellt auf volkstümlicherzählende Weise Hildegards Tod im Kloster Rupertsberg dar: von zahlreichen Mitschwestern und einem Priester umgeben, der die letzte Ölung erteilt, liegt Hildegard auf ihrem Totenbett. Am Himmel, der durch einen Rundbogen im Hintergrund sichtbar wird, erscheint ein Kreuz.
An der Binger Pfarrkirche St. Rupert und Hildegard erinnert eine Gedenktafel an die große Mysterikerin.

Bonn

Gasthaus „Zum Gequetschten"

Der in der Sternstraße gelegene Restaurationsbetrieb gehört zu den ältesten Bonner Gaststätten. Sein Name

hatte sich im Laufe der Zeit einige Male geändert. Hieß das Gebäude nach seinem Aushängeschild ursprünglich „Zum Elefanten“, so später „Schwarzer Rabe“ bzw. „Zur Schiefen Ecke“. 1850 wurde es erneut umbenannt in „Zum Gequetschten“.
Anlaß dieser merkwürdigen Verwandlung war ein realer Vorfall: Die Gastwirtschaft wurde vor allem von Landleuten besucht, die öfter Bittprozessionen in die Stadt unternahmen und anschließend im Gasthaus einkehrten. Da man das mitgetragene Kruzifix nicht mit an den Biertisch nehmen wollte, wurde es hinter der Eingangstür abgestellt. Durch Studenten, die wenig später hereinkamen und ahnungslos die Tür etwas heftig aufstießen, kam das dahinterstehende Kreuzbild in Bedrängnis und wurde so beschädigt, daß ein Arm abfiel. Als die aufbrechenden Wallfahrer es in diesem Zustand fanden, sagten sie: „Och Jott, se han de ganze Heiland gequetscht!“ Dies sprach sich alsbald herum und bald hieß die Wirtschaft „De gequetschte Heiland“ oder einfacher „Em Gequetschtee“, woraus dann „Zum Gequetschten“ wurde.

KAMP-BORNHOFEN (Rhein-Lahn-Kreis)

Die „Feindlichen Brüder“

An keinem Ort entlang des Rheins stehen zwei Burgen so nahe beieinander wie *Sterrenberg* und *Liebenstein* südlich von *Koblenz*. Die ältere Burg Sterrenberg wurde als Reichsburg im 11. Jh. erbaut und diente dazu, den Rheinzoll einzutreiben. Eine Tochter der Herren von Sterrenberg wurde mit dem unehelichen Sohn Königs Rudolf von Habsburg vermählt. Der König ließ für das junge Paar – nur 150 m von der Burg Sterrenberg entfernt – die Burg Liebenstein errichten.

Sterrenberg und Liebenstein

Gleichzeitig ließ der Burggraf die 2,5 m dicke äußere Schildmauer bauen als Absicherung gegen die Burg Liebenstein, was ihr den Namen „Streitmauer“ einbrachte. Im 14. Jh. verkauften die Sterrenbergs ihre Burg an den Trierer Erzbischof. Die Liebensteiner bekamen somit einen fremden Konkurrenten bei den Zolleinnahmen. Dadurch wurden die Burgen zu den „Feindlichen Brüdern“, bis sie im 16. Jh. verfielen. Warum die beiden Burgen „Feindlichen Brüder“ heißen, erzählt eine Sage: Auf den benachbarten Burgen Sterrenberg und Liebenstein wohnte ein reicher Ritter mit zwei Söhnen und einer blinden Tochter, die, solange der Burgherr lebte, in geschwisterlicher Liebe zueinanderhielten. Als aber der Vater gestorben war und das Erbe geteilt wurde, betrogen die beiden Brüder ihre blinde Schwester. Sie öffneten Kisten und Truhen und maßen die Goldstücke mit einem Eimer. Jedesmal, wenn die Schwester an die Reihe kam, stülpten die Brüder den Eimer um und füllten nur den Bodenrand mit Goldstücken, worauf die Blinde mit der Hand darüber hinwegstrich und glaubte, der Eimer sei bis zum Rand gefüllt. Doch der Betrug brachte den Brüdern kein Glück. Während die Schwester mit dem wenigen, was sie bekam, sinnvoll umging und bald die Klöster *Bornhofen, Kiedrich* und *Nothgottes* stiften konnte, waren ihre skrupellosen Brüder vom Unglück verfolgt: die Felder wurden durch Hagel verwüstet, Viehherden starben, und schließlich gerieten sie selbst noch in Streit. Sie errichteten zwischen ihren Burgen eine hohe Mauer. Als ihr Erbe verpraßt war, versöhnten sie sich wieder. Weil die Mauer aber einen persönlichen Kontakt verhinderte, mußten alle Informationen mit Pfeil und Bogen von einer zur anderen Burg geschossen werden. Und so ergab es sich, daß beide Brüder eines Tages gleichzeitig am offenen Fenster standen und sich ungewollt, gegenseitig durch einen Pfeilschuß töteten.

Köln

Heinzelmännchenbrunnen

Nicht weit vom Dom steht in der Straße am Hof – direkt vor dem Brauhaus Früh – eines der beliebtesten Brunnendenkmale von Köln: der Heinzelmännchenbrunnen zu Ehren des schlesischen Dichters August Kopisch. In seinem Gedicht „Die Heinzelmännchen zu Cölln“ geht es um den uralten und vielfach ausgeformten Wunsch nach geheimnisvollen Helfern und nach der guten, alten Zeit: „Wie war zu Köln es doch

vordem / mit Heinzelmännchen so bequem." Diese nämlich erschienen des Nachts und erledigten fleißig die Arbeit des Zimmermanns, Bäckers, Fleischers, Küfers und Schneiders, bis sie unglücklicherweise vergrämt wurden: Denn „neugierig war des Schneiders Weib" und streute Erbsen auf die Treppe. Nachdem die hilfreichen Zwerge den Rock des Bürgermeisters heimlich und pünktlich fertiggenäht hatten, stürzten sie kopfüber die Stufen hinunter und verschwanden unter schmerzerfüllten Fluchen auf Nimmerwiedersehen: „Man kann nicht mehr wie sonsten ruhn, / man muß nun alles selber tun."
Der Brunnen illustriert das Geschehen: In Reliefs sind die einzelnen Handwerksberufe samt ihren Wappen abgebildet. Oben in der Mitte des Brunnens steht, mit der Laterne in der Hand, die neugierige Schneidersfrau; rechts und links von ihr purzeln die Heinzelmännchen die Treppe hinunter.

Dreikönigsschrein im Dom und Stadtwappen
Hinter dem Hochaltar des Kölner Doms steht der prachtvolle Gold-Emailschrein der Heiligen Drei Könige. Die darin befindlichen Reliquien, die Erzbischof Rainald von Dassel, Reichskanzler und wichtigster Berater von Kaiser Friedrich Barbarossa, nach der Belagerung Mailands 1164 nach Köln brachte, sollen die Gebeine der drei Weisen aus dem Morgenland sein, die dem Stern von Bethlehem folgten, um dem neugeborenen Jesuskind ihre Gaben (Weihrauch, Gold und Myrrhe) zu bringen.

Dreikönigsschrein, Vorderseite

Wie die Reliquien nach Köln kamen, berichtet eine Legende. Als Friedrich Barbarossa die aufständische Stadt Mailand belagerte und sich abzeichnete, daß er sie einnehmen würde, bat die Äbtissin eines Nonnenklosters den Erzbischof Rainald von Dassel um die Rettung ihres vom Kaiser mit dem Tode bedrohten Bruders, des Bürgermeisters von Mailand. Der Erzbischof versprach es, verlangte aber im Gegenzug die Reliquien der Heiligen Drei Könige, die im Besitz des Nonnenklosters waren. Nach der Kapitulation der Stadt erbat Rainald vom Kaiser, daß die Äbtissin das behalten dürfe, was sie auf ihren Schultern aus der Stadt tragen könnte. So trug die Äbtissin, als sie die Stadt verließ, auf ihren Schultern ihren Bruder, den Bürgermeister. Sein Leben war somit gerettet. Rainald von Dassel bekam die Reliquien und sandte sie heimlich nach Köln. Auf der Rückseite des Dreikönigsschreins ist in einem kleinen dreieckigem Feld der Erzbischof Rainald von Dassel dargestellt, durch dessen List Köln in den Besitz der Reliquien kam.
In der Folge kamen große Pilgerscharen der Reliquien wegen nach Köln, was den Teufel sehr störte. Deshalb warf er einen großen Stein auf das Dach des Domes, der zwar Dachstuhl und Gewölbe durchschlug, aber den Dreikönigsschrein nicht traf, da dieser im selben Augenblick zur Seite wich.

Auf die Hl. Drei Könige, die wichtigsten Heiligen der Stadt Köln, beziehen sich auch die Patrozinien der Dreikönigskapelle und des zentralen Dreikönigsaltars im Dom. Auch in das Stadtwappen wurden die heiligen Drei Könige aufgenommen.

Richmodis-Haus

Am Neumarkt erinnern die Richmodstraße und der Turm mit den beiden aus einem der oberen Turmfenster herausschauenden Pferdeköpfen an die im 14./15. Jh. aufgekommene und in der Folge ausgeschmückte Sage der Richmodis von Anducht, die sich nebenan im Haus zum Papagei zugetragen haben soll. Hier lebte

Die scheintote Frau Richmodis steigt aus dem Grab. Kupferstich, 17. Jh.

im 14. Jh. der Legende zufolge die Patrizierfamilie von Anducht. Die plötzlich vermutlich an der Pest verstorbene Frau Richmodis von Anducht trug bei ihrem Begräbnis einen wertvollen Ring am Finger, der die Habgier der beiden Totengräber weckte. Als sie bei Nacht das frische Grab öffneten, um in den Besitz des Ringes zu gelangen, erwachte die Tote und richtete sich auf. Die Diebe flohen aus Angst. Richmodis gelang es, aus der Gruft zu steigen und zu ihrem Haus zu laufen, wo sie in ihrem Totenhemd an die Tür klopfte und Einlaß begehrte. Die Mägde erschraken, weil sie dachten, ein Gespenst stehe vor ihrer Tür. Auch der Ehemann Mengis von Anducht glaubte zunächst nicht, daß seine Frau noch am Leben sein könnte. Er rief: „Eher rennen meine Rosse hinauf auf den Söller, als daß mein Eheweib noch lebt." Im nächsten Augenblick polterten die Pferde mit lautem Getrappel die Treppen hinauf und steckten gleich darauf ihre Köpfe aus den Dachfenstern. Solchermaßen überzeugt, öffnete der Hausherr seiner Frau die Tür und schloß sie erfreut in die Arme. Richmodis wurde der Sage nach bald wieder gesund und gebar noch drei Kinder. Nachdem sie wirklich gestorben war, wurde sie in St. Aposteln neben der vorderen Kirchentür beigesetzt, wo noch lange eine Inschrifttafel an sie erinnerte. 1582 wies der Bremer Arzt Johann Ewich in seiner Pestilenzordnung ausdrücklich auf die Geschichte der Richmodis von Anducht hin – als Warnung vor einer allzu schnellen Bestattung von Pestleichen.

Das Haus zum Papagei hat die Zeit nicht überstanden. Länger existierte das angrenzende Haus, das der Familie des Nicasius Hackeney, eines Vertrauten Kaiser Maximilians, gehörte. Wie bei dem geschichtsträchtigen Hackeneyschen Hof schauten auch aus einem Fenster des 1835 an seiner Stelle errichteten klassizistischen Stadthauses, dem Richmodis-Haus, zwei

Pferdeköpfe heraus. Das Stadthaus mußte 1928 einem Geschäftshaus weichen und so ist heute der Richmodis-Turm mit den aus dem Fenster schauenden Rössern alles, was davon übrig blieb. Da zum Wappen der Familie Hackeney ein Pferdekopf gehörte, könnte man die beiden Pferdeköpfe am Turmfenster aus dem Wappen herleiten – die Sage bezieht sie natürlich auf die Rösser der Richmodislegende.

Kirche St. Ursula
Zwischen Hauptbahnhof und Eigelstein erhebt sich der mächtige Westturm von St. Ursula mit seiner goldenen Krone, daneben der frühgotische Hochchor. Laut der sog. Clematius-Inschrift aus frühchristlicher Zeit wurde diese Kirche über den Gräbern jungfräulicher Märtyrerinnen errichtet. Hier soll der Legende nach die hl. Ursula, die Schutzpatronin von Köln ihr Martyrium erlitten haben.
Die Ursula-Legende entstand – in mehreren, leicht variierenden Fassungen – bereits im frühen Mittelalter. Die gängige Version erzählt von der frommen bretonischen Jungfrau Ursula, deren Vater sie mit dem heidnischen englischen Fürstensohn Aetherius verlobte. Ursula erbat sich vor der Hochzeit eine Frist von drei Jahren, in denen sich Aetherius taufen lassen sollte. Sie selbst wollte in dieser Zeit in Begleitung von zehn edlen Jungfrauen (aus denen durch einen Lesefehler zehntausend wurden) und einigen weltlichen und geistlichen Beschützern eine Pilgerfahrt nach Rom unternehmen. Ein schwerer Sturm verschlug Ursula und ihre Gefährten nach Köln. Dort erfuhr sie im Traum von einem Engel, daß sie auf dem Rückweg

Ursula-Legende. Holzschnitt, 1499

von Rom nach Köln zurückkehren werde, um hier das Martyrium zu erleiden. In Rom, wo sich auch der inzwischen getaufte Aetherius eingefunden hatte, wurde Ursula vom Papst empfangen. Zusammen mit vielen Bischöfen machte sich der Heilige Vater dann mit auf den Rückweg nach Köln, wo die gesamte Gemeinschaft der Rompilger von den Hunnen, die damals die Stadt besetzt hielten, auf das Grausamste dahingemetzelt wurde. Einzig Ursula blieb zunächst verschont, weil der Hunnenfürst ein Auge auf sie geworfen hatte. Als sie sich ihm verweigerte, erschoß er sie mit einem Pfeil.

Im Kölner Stadtwappen finden sich seit dem 16. Jh. – neben den Kronen der Heiligen Drei Könige – elf schwarze Tropfen, die für die Hl. Ursula und ihre Begleiterinnen stehen. Tatsächlich handelt es sich um eine Reminiszenz an Ursulas Herkunft aus der Bretagne, deren Wappen einen Hermelinpelz zeigt.

KÖNIGSWINTER (Rhein-Sieg-Kreis)

Siebengebirge

Südöstlich von *Bonn* liegt auf dem rechten Rheinufer zwischen der Kölner Bucht und dem Westerwald ein tief zertalter Gebirgszug vulkanischen Ursprungs, dessen Kuppen und Berge mehr als dreißig sind. Zu den eigentlichen sieben Bergen des Siebengebirges zählen: der *Ölberg* (461m), die *Löwenburg* (455m), der *Lohrberg* (435 m), der *Nonnenstromberg* (336 m), der *Petersberg* (331m), die *Wolkenburg* (324 m) und der *Drachenfels* (321m). Der Name Siebengebirge leitet sich vermutlich von „Siefen“ oder „Siepen“ ab, dem regional gebräuchlichen Ausdruck für ein tief eingeschnittenes, von kleinen Wasserläufen durchzogenes Tal. Demgegenüber erscheint die Herleitung vom Zahlwort sieben (im Sinn von vielen Bergen) zweifelhaft.

Viel schöner jedoch ist die sagenhafte Überlieferung von der Entstehung des Siebengebirges: In alten Zeiten soll das Rheintal durch einen mächtigen Höhenzug gesperrt gewesen sein, der vom heutigen Drachenfels bis zum gegenüberliegenden *Rolandsbogen* reichte und den Rhein zu einem mächtigen See staute, so daß auch weite Teile des Hinterlands überschwemmt wurden – eine Erinnerung an das vor zwei bis drei Milliarden Jahren hier existierende riesige Meer. Die hier lebenden Menschen wollten das Wasser gern ableiten, um fruchtbares Land zu gewinnen. Da sie aber einer solchen Arbeit nicht gewachsen waren, riefen sie sie-

ben Riesen zu Hilfe, die mit ihren großen Spaten in wenigen Tagen das Gebirge durchstachen: Der See floß ab, und eine fruchtbare Ebene hob sich ans Licht. Reich belohnt zogen die Riesen wieder heim – zuvor aber klopften sie noch ihre Spaten ab, und aus den herabfallenden Erdschollen entstanden die sieben Berge, die noch jetzt am Rhein zu sehen sind. An der Stelle, wo die Riesen ihre Notdurft verrichtet hatten, entstand ebenfalls ein Berg – der *Himmerich*, im Volksmund „Riesenschiß" genannt.
Das Siebengebirge ist Schauplatz zahlreicher Sagen, Legenden und auch Märchen, die zwar, genau genommen, nichts mit der Gegend zu tun haben, aber gern hier angesiedelt werden: so z. B. das Grimmsche Märchen von Schneewittchen. Vor allem Zwerge, hier auch Querge genannt (Wichte, Unterirdische, Erd- oder Heinzelmännchen), spielen in den Sagen des Siebengebirges eine große Rolle. Im allgemeinen sind sie gutmütig und hilfreich – doch darf man sie nicht beleidigen, ihnen böse Streiche spielen oder die von ihnen gestellten Bedingungen brechen. Einen armen Musikanten, der beim nächtlichen Geburtstagsfest des Zwergenkönigs zum Tanz aufspielte, befreiten sie von seinem mächtigen Buckel und beschenkten ihn mit goldenen Äpfeln, die jedoch verschwanden, als der Musikant das ihm auferlegte Stillschweigen über die Herkunft seines plötzlichen Reichtums brach.
Außer Zwergen beherbergt das Siebengebirge auch noch viele andere dämonische Wesen und vor allem ruhelose Tote wie Wiedergänger und Arme Seelen.
Eine der bekanntesten Spukgestalten ist der Wilde Jäger, hier auch Blecherner Jäger genannt. Beschrieben wird er als riesenhafter Mann in dunklem wehendem Mantel und breitrandigem Schlapphut, manchmal auch in einer Rüstung aus Gold oder Blech und mit eisernem Helm. Gelegentlich soll er zum Rhein hinuntergehen, von wo er in glühender Gestalt über den Strom zur gegenüberliegenden Godesburg schwebt. In stürmischen Frühjahrs- oder Herbstnächten reitet er auf einem gewaltigen Schimmel durch die Luft, begleitet von einer bellenden Hundemeute, unter „Hoho"-Rufen, Hörnerschall und großem Lärm. Sein wildes Toben soll die Ursache sein, daß Bäume und Sträucher an seinem Weg ein so zerzaustes und verdrehtes Aussehen haben. Der Wilde Jäger des Siebengebirges hat sein Grab in einem im Volksmund „Die goldene Kiste" genannten Tal zwischen *Asberg* und *Protokonsberg,* wohin er in regelmäßigen Abständen zurückkehrt, nur um bald darauf erneut aufzubrechen.

Nach einer Sage soll er ein Wucherer aus *Endenich* gewesen sein, der nach seinem Tod zunächst in der Nähe seines ehemaligen Wohnorts spukte und schließlich von einem Geisterbanner ins Siebengebirge verwiesen wurde.

Mit der Zeit soll der Geisterspuk im Siebengebirge so überhand genommen haben, daß die dort lebenden Menschen auf Abhilfe sannen. Schließlich fand man einen frommen, unerschrockenen Mönch, der es übernahm, die Gespenster zu vertreiben. Zu diesem Zweck engagierte er einen Rheinschiffer, der ein großes Boot besaß. Er selbst wanderte um Mitternacht ins Gebirge und trieb durch mächtige Bannsprüche alle Geister zusammen und in das Schiff, das ihn in Königswinter erwartete. Von den Geistern selbst war nichts zu sehen: Sie machten sich nur akustisch durch Flüstern und Wimmern bemerkbar. Das Schiff sank unter der großen Last tief ins Wasser. In wochenlanger Fahrt wurden dann die Gespenster rheinabwärts zum Meer gebracht und in diesem für immer gebannt.

Drachenfels

Der 321 m hohe Drachenfels ist der kleinste, aber auch der berühmteste Berg des Siebengebirges. Die auf einem steilen Felsen über dem Rhein liegende Burg, von der nur wenige Reste, darunter der mächtige Bergfried, erhalten sind, entstand im 12. Jh. Es war vermutlich der Trachyt (das Silikatgestein, aus dem der Drachenfels besteht), der Berg und Burg den Namen gab. Volkstümliche Etymologie und vor allem die gelehrte Rheinromantik des 19. Jh. machten aus dem Trachyteinen Drachenfels und verknüpften ihn mit einer Drachensage.

Nach dieser Sage hat auf dem Drachenfels ein Untier gehaust, das die im Siebengebirge ansässigen Heiden

Drachenfels. Kupferstich von Matthias Merian. 17. Jh.

als Gott verehrten und dem sie Menschenopfer brachten. Eines Tages wollten sie dem Drachen ein Christenmädchen opfern. Als aber das Ungeheuer sich anschickte, das Mädchen zu zerreißen, richtete dieses die Augen zum Himmel, betete und schlug ein Kreuzzeichen. Da geschah ein Wunder: Der Drache bäumte sich auf, schrie und zischte, wich zurück, stürzte die Felsen hinunter und blieb am Fuße des Berges zerschmettert liegen. Als die Heiden des Siebengebirges dieses Ereignis vernommen hatten, bekehrten sie sich zum Christentum.

MAINZ (Landeshauptstadt)

Dom – Frauenlob
Im Ostflügel des zweigeschossigen Kreuzganges im Erdgeschoß befindet sich das Grabdenkmal Heinrichs von Meißen, genannt „Frauenlob". Der Dichter, Minnesänger und einer der zwölf „Meister des Meistersanges" reiste zunächst als fahrender Sänger von Hof zu Hof und kam nach Mainz, wo er eine Singschule gründete. In seinen Minneliedern, Leichen (mittelhochdeutsche Liedform) und seiner Sprechdichtung soll er immer wieder die Erhabenheit, Tugend und Schönheit der Frau besungen haben. Dies war wohl auch der Grund für die besondere Ehre, daß Frauenlob von den Mainzer Frauen im Domkreuzgang bestattet wurde und sie ihm ein Grabmal stifteten, das im oberen Teil der Grabplatte ein Brustbild Heinrichs zeigt. Das Relief im unteren Teil stellt weinende Frauen in wallenden Trauergewändern dar, die den Sarg des Minnesängers zu Grabe tragen. Es heißt, das weibliche Geschlecht hätte soviel köstlichen Rheinwein, der ihn oft zu herrlichen Liedern angeregt hatte, auf seiner Ruhestätte ausgegossen, daß er im Kreuzgang umherfloß.

Der Fiedler von Mainz
Zu den besonders beliebten Andachtsorten im Dom gehört die Marienkapelle direkt neben dem Marktportal. Die aus Lindenholz geschnitzte, gekrönte Muttergottes mit Kind wird im Volksmund „die schöne Mainzerin" genannt.
Zu diesem Muttergottesbild floh an einem kalten Wintertag ein vor Kälte und Hunger zitternder Spielmann und klagte Maria sein Leid. Als er sein Gebet beendet hatte und die Kapelle verlassen wollte, fiel plötzlich einer der beiden goldenen Pantoffeln, welche von einem frommen Verehrer am Fuß der Muttergottes niedergelegt worden waren, vor ihn hin. Mit diesem

Schatz eilte er aus der Kirche und bot den Schuh einem Goldschmied zum Verkauf an, um mit dem Erlös seinen Hunger zu stillen. Der argwöhnische Goldschmied aber erkannte den Pantoffel, ergriff den armen Fiedler und zerrte ihn vor den Richter, der ihn wegen Diebstahls zum Tode verurteilte. Als der arme Fiedler zum Schafott geführt wurde, gewährte ihm der Henker noch eine letzte Bitte: er durfte im Dom noch ein Gebet verrichten. Vor der Muttergottes stimmte der Spielmann mit seiner Geige ein Lied an, welches auf die Anwesenden einen tiefen Eindruck machte. Fast gleichzeitig löste sich der andere Schuh vor dem Gnadenbild und fiel dem Fiedler genau vor die Füße. Da zweifelte niemand mehr an der Unschuld des Verurteilten. Die Geistlichkeit der Domkirche löste beide Pantoffeln gegen eine hohe Summe ein und bescherte damit dem Fiedler eine sorglose Zukunft.

Pfarrkirche St. Stephan
Auf dem Stephansberg erhebt sich über der Stadt die mächtige Stephanskirche, ein kreuzförmiger doppelchöriger Bau mit hohem Kuppelturm. Sie ist neben dem Dom das zweite Wahrzeichen von Mainz. Die Glasfenster von Marc Chagall zeigen auf leuchtend blauem Grund alttestamentarische Begebenheiten, die in Beziehung zur christlichen Heilserwartung stehen. Eine weitaus ältere Kostbarkeit ist der Kreuzgang. Im 5. und 6. Joch des Nordflügels sind in den Schlußsteinen historische Motive dargestellt. Wappen und Siegel erinnern an Willigis, den Gründer der Stephanskirche und des Domes. Der Hirtenstab ist Zeichen des bischöflichen Dienstes, das Reichskreuz steht für das politische Amt als Erzkanzler des Reiches der Ottonen. Das Radschild, ein einzelnes silbernes Rad mit fünf bis acht Speichen auf rotem Grund, war seit dem 13. Jh. das Wappen des Erzstiftes und Kurstaates. Für die Stadt verdoppelte man das Rad und fügte ein Kreuz als Verbindung zwischen die beiden zuerst senkrecht stehenden Räder (14. Jh.). Heute zeigt das Mainzer Stadtwappen zwei je sechsspei-

chige, durch ein Kreuz verbundene, schräg von oben links nach unten rechts gestellte silberne Räder auf rotem Schild.
Einer volkstümlichen Legende zufolge soll Erzbischof Willigis, angeblich der Sohn eines Wagners, das Rad zum Trotz gegen die Adeligen angenommen haben, nachdem sie mit Kreide weiße Räder an die Wände und Türen seiner Gemächer gemalt hatten mit dem Reim: „Willigis, Willigis, denk', woher Du kommen bis'!"

ST. GOARSHAUSEN (Rhein-Lahn-Kreis)

Loreley
Wahrzeichen der Rheinromantik ist der schroff abfallende Schieferfelsen (113 m breit, 132 m hoch), der das Bild der Flußlandschaft beherrscht: die Loreley. Nahe dem Berghotel sind die Reste eines Walles zu erkennen, der zu einer keltischen Fliehburg gehörte. Unterhalb des Felsens zwängt sich der Rhein durch die – auch wegen seines Echos berühmte – engste und tiefste Stelle seines Flußbetts. Felsklippen und Strudel machten die Schiffahrt noch bis ins 19. Jh. hinein zu einem gewagten Abenteuer.

Der Loreley-Felsen, 19. Jh.

Ursprünglich hieß der Schieferfels „Lurleberg", wobei die Silbe „Lurle" soviel wie Zwerge bedeutet. Von den Zwergen der Loreley, den „Hanselmännern" berichtet bereits die Kolmarer Liederhandschrift. Danach soll Alberich der mächtige Hüter des sagenhaften Nibelungenschatzes gewesen sein, der im „Hanselmannloch" versteckt war, tief unten im Schiefergestein, wo heute der Eisenbahn-Tunnel verläuft. Der

Die Loreley: eine üppige Jungfrau mit goldenem Haar

im nahe gelegenen *Koblenz* aufgewachsene Dichter Clemens Brentano ersann 1801 die Sagengestalt „Lore-Lay“, einer auf den Rheinfelsen verbannten Jungfrau, deren Schönheit eine magische und tragische Anziehungskraft auf das männliche Geschlecht ausübt. Basierend auf Brentanos Roman entwickelte sich eine Vielfalt von Sagen, deren berühmteste von der Zauberin „Loreley“ berichtet, sie habe durch ihre außerirdische Schönheit und ihren zauberhaften Gesang die Schiffer auf dem Rhein abgelenkt und sie dadurch in die Tiefe der Fluten gerissen. Der Loreley-Felsen, Handlungsort der tragischen Verführungssage, wurde durch Heinrich Heines Gedicht und Friedrich Silchers Vertonung weltberühmt. Auf dem Felsen befindet sich eine steinerne Skulptur der Loreley, dargestellt als Sirene. Unterhalb des Felsens sitzt auf der Spitze der Mole des Winterhafens eine 3 m hohe Bronzestatue der Loreley, nur mit ihrem langen Haar bekleidet.

„Katz“ und „Maus“

Die ehemalige Wehranlage „Katz“ (*Neu-Katzenelnbogen*) überragt auf einem Schieferfelsen die Stadt. Sie wurde um 1371 von den Grafen von Katzenelnbogen als Zollburg erbaut. Im Jahr 1806 wurde sie durch die napoleonischen Truppen gesprengt und Ende des 19. Jh. nach alten Plänen wieder aufgebaut. Auf der zum Rhein hin gelegenen Spitze des Felsensporns liegt der dreistöckige Palas, der ebenso wie die abschließende Ringmauer mit zwei Ecktürmen verstärkt ist. Der Bergfried blieb Ruine.

In Sichtweite der Burg Katz erhebt sich über dem Weinörtchen *Wellmich* die Burg „Maus" (Thurnberg oder Deuernburg). Ihren Spitznamen erhielt die Burg vom Volksmund in Anspielung an den benachbarten mächtigen Bau der Katzenelnbogener. Sie wurde 1356 als Trutz- und Zollburg „Peterseck" zur Sicherung der rechtsrheinischen Besitzungen gegenüber der katzenelnbogischen Burg Rheinfels vom Trierer Erzbischof Boemund begonnen. Die „Maus" ist durch eine Schildmauer geschützt, in die der Bergfried eingebaut ist. Nach dem Aussterben der Grafen von Katzenelnbogen 1479 gelangte die „Maus" in einen lange andauernden Familienstreit.
Eine historische Sage berichtet vom letzten Grafen der Katzenelnbogen, der mit einer herrischen und launenhaften Dame vermählt war, die ihm das häusliche Glück verbitterte und auch ihren Sohn und ihre Tochter mißhandelte. Der Graf trennte sich von ihr und verheiratete seinen Sohn mit einer Tochter des Hauses Nassau-Dillenberg. Die Tochter heiratete in das Haus der Landgrafen von Hessen. Der junge Graf wurde jedoch bald darauf erstochen. Der greise Vater, der mit dem Tod seines Sohnes sein Geschlecht aussterben sah, heiratete daraufhin die junge Witwe des Herzogs von Braunschweig. Die Verwandten, die schon die Besitzungen der Katzenelnbogen als ihr Eigentum betrachteten, verschworen sich gegen diese Verbindung und bestachen den Kaplan des Grafen, um die junge Frau mit geweihtem Wein, dem Arsen zugesetzt war, zu vergiften. Von dem trüben Aussehen des Weines angeekelt, trank sie nur wenig und konnte gerettet werden. Da die Hoffnung auf Nachkommen sich nicht erfüllte, fielen die reichen Besitzungen letztendlich dann doch an die Landgrafen von Hessen.

Bergisches Land

ESSEN

Ehem. Benediktinerkloster Werden

Das Benediktinerkloster Werden wurde um 794 durch den Friesen Liudger als Stützpunkt für seine Missionsarbeit gegründet und war ein wichtiges geistig-kulturelles Zentrum: um 830 ist hier in altsächsischer Sprache der „Heliand", eine poetische Darstellung des Lebens Jesu, entstanden.

Liudger, ein Schüler und Freund des gelehrten Alkuin von York, kam als Missionar nach Friesland, wurde von den aufständischen Sachsen vertrieben und kehrte nach einem Aufenthalt in Montecassino wieder nach Deutschland zurück. Karl der Große betraute ihn mit der Verwaltung des Bistums Münster; im Jahr 804 erhielt er die Bischofsweihe. Er starb am 26. März 809 in *Billerbeck* und wurde seinem Wunsch gemäß in seiner Lieblingsgründung Werden, deren erster Abt er gewesen ist, begraben.

Die Legende erzählt, man habe den Leichnam zunächst in *Münster* beigesetzt. Doch jeden Morgen fand man den Sarg oben auf dem Grab und aus dem Innern rief eine Stimme: Hier will ich nicht begraben sein! Da erinnerte man sich an eine Bestimmung, die der Heilige zu Lebzeiten über den Ort seiner Beisetzung getroffen hatte: man lud den Sarg auf einen Wagen, spannte zwei Ochsen vor und ließ sie ruhig ziehen. In Werden blieb das Gespann von selbst stehen, und hier wurde der Tote der Erde übergeben.

An den Heiligen, dessen Grab auch heute noch Ziel von Pilgern ist, erinnern u. a. der barocke Hochaltar mit einer bildlichen Darstellung der Gründungslegende von Werden, eine Statue des Hl. Liudger, ein kostbarer Reliquienschrein sowie der sog. Reiskelch im Kirchenschatz.

→ Billerbeck (Westfalen)

HEISTERBACH (Gem. Königswinter, Rhein-Sieg-Kreis)

Klosterruine

Das ehemalige Zisterzienserkloster wurde im Jahre 1189 als Filiale des Klosters *Himmerod*/Eifel auf dem Petersberg gegründet. Die Mönche zogen aber schon bald von dort in das abgelegene Heisterbachtal. Die Geschichte des Klosters – in seiner Blütezeit eines der berühmtesten im Rheinland, einer seiner Bewohner

Klosterruine Heisterbach

war der bedeutende Chronist Cäsarius von Heisterbach – hat zur Legendenbildung angeregt: Als die Mönche vom Petersberg ins nahe Tal übersiedelten, soll ihnen der neue Platz auf wundersame Weise angezeigt worden sein. Nach der einen Version geschah dies durch einen Traum, in dem die Muttergottes dem damaligen Abt den Ort des Klosterneubaus durch ein Rosenwunder mitten im Winter bezeichnete. Nach der anderen Version wurde der neue Bauplatz durch einen Esel angezeigt, den die Mönche mit ihren Reliquienschätzen beluden und frei laufen ließen. An der Stelle, an der das Tier stehenblieb und seinen Durst an einem im Schatten von Heistern (Buchen) liegenden Bach löschte, wurde das Kloster errichtet, welches auch dem Ort den Namen gab: Heister-bach.
In der Klosterruine von Heisterbach geht, insbesondere kurz nach Gewittern, der Geist eines Abtes um, der sein eigenes Grab sucht. Dieses wird er aber erst dann finden, wenn auch der letzte Stein der Klosterruine verfallen ist oder einer anderen Version zufolge, wenn in Heisterbach wieder Zisterziensermönche leben. Der Geist wurde auch schon betend vor dem Altar gesehen.
Die berühmteste Heisterbacher Legende ist die Geschichte vom ungläubigen Mönch, der die Stelle der Heiligen Schrift anzweifelte, wonach dem Herrgott tausend Jahre wie ein Tag seien. Darüber grübelnd ging er in der Morgenfrühe in den Wald, wo er einschlief. Nach einer anderen Version ließ er sich durch den Gesang eines Vogels in den Wald locken. Als es zur Vesper läutete und er ins Kloster zurückkehrte, er-

kannte er keinen seiner Mitbrüder mehr, und auch er war ihnen und dem Abt völlig fremd. Schließlich schlug man in alten Chroniken nach und es stellte sich heraus, daß inzwischen dreihundert Jahre vergangen waren. Die Erzählung ist eine seit dem hohen Mittelalter in vielen Varianten überlieferte Legende, die auch von anderen Klöstern erzählt wird.
→ Bad Grund (Der Harz)

ODENTHAL (Rheinisch-Bergischer Kreis)

Kloster Altenberg
Ein reicher Kranz von Legenden rankt sich um das ehemalige Zisterzienserkloster: Der berühmte Chronist und Zisterziensermönch Cäsarius von Heisterbach berichtet, es seien einst viele Gebeine von Gefährtinnen der Hl. Ursula hierher gebracht worden, welche die Mönche sofort wuschen und dann im Kapitelsaal auf reinen Tüchern zum Trocknen auslegten. Plötzlich bemerkten die Anwesenden einen fürchterlichen Geruch, der von den Knochen herzurühren schien. Abt Goswin vermutete sogleich ein Blendwerk des Teufels, der auf diese Weise die Ehrfurcht der Mönche vor den Märtyrerreliquien zerstören wollte. Er nahm also einige Priester mit, zog ein Meßgewand an und beschwor, auf der Schwelle des Kapitelsaals stehend, den unreinen Geist im Namen Gottes, sich zu offenbaren. Der Exorzismus hatte Erfolg: Ein großer Pferdeknochen flog vor aller Augen mitten aus den Gebeinen heraus und fiel wie vom Sturmwind getrieben außerhalb des Kapitelsaales auf einem Misthaufen nieder. Mit ihm verschwand gleichzeitig auch der Gestank, und es machte sich der feinste Wohlgeruch breit. Da pries die ganze Klostergemeinschaft Gott, der das Werk des Teufels zunichte gemacht hatte.
Eine andere Sage berichtet davon, daß der Satan einmal im Dom selbst gespukt habe und kein Mittel gefunden wurde, um ihn zu vertreiben. Schließlich kam ein Mönch auf folgende List: Weil das Gotteshaus des Nachts verschlossen war, konnte der Böse lediglich durch die Schlüssellöcher hinein- oder herauskommen. Der Mönch verklebte diese, bis auf eines, mit geweihtem Wachs. Vor das letzte Schlüsselloch band er eine Flasche. Sobald sich die Flasche bewegte, fiel ein ebenfalls geweihter Tropfen Wachs auf deren Öffnung, und die Flasche war verschlossen. Tatsächlich gelang es durch diese List, den Bösen zu fangen. Alles Drohen, Bitten und Flehen nützte dem Teufel, der in

Abteikirche. Radierung von Eduard Gerhard, 1834

der Flasche nur als schwarze Masse zu sehen war, nichts. Er wurde in seinem Gefängnis hoch oben im Kirchenschiff aufgehängt. Dort verblieb er viele Jahre, bis bei Umbauarbeiten die Flasche zerbrach und der Böse in Gestalt einer Fledermaus entfloh. In der Kirche wurde er nie wieder gesehen. Dafür aber ging er fortan im Kreuzgang um.
→ Köln (Rheinland)

OVERATH (Rheinisch-Bergischer Kreis)

Lüderich
Unweit der Ortschaft *Steinenbrück* erhebt sich der Bergrücken des Lüderich, der bereits in keltischer Zeit besiedelt war. Als „Heidenkeller" wird ein Höhleneingang bezeichnet, der wahrscheinlich in der Vorzeit der Eingang zu einem Stollen war. Die Annahme, daß der Lüderich in heidnischer Zeit auch kultischen Zwecken gedient haben muß, stützt eine Sage, in der sich die Auseinandersetzung der alten mit der neuen Religion und ein großes Grubenunglück widerspiegeln: Es heißt, der Lüderich sei in heidnischer Zeit erheblich höher gewesen. Die Heiden opferten hier ihren Göttern, als das umliegende Land schon christianisiert war. Sie besaßen große Schlösser und waren reich, denn Zwerge und Riesen gruben für sie im Lüderich nach Edelmetallen. Ständig verhöhnten sie die Christen und lagen mit ihnen in Fehde. So buken sie beispielsweise große Brote, stellten diese wie ein Kegelspiel auf und kugelten sie dann mit den Schädeln geopferter Pferde den Berghang herunter. Das ärgerte die Christen. Sie sammelten die Schädel auf, bestiegen einen dem Lüderich gegenüberliegenden Berg und ließen die Schädel nun ihrerseits zu Tale rollen. Dabei

riefen sie: Lauf, Heide, lauf Deinen Göttern nach! Das wiederum erboste die Heiden und sie warfen neue Brotkegel ins Tal und schrien dabei: Lauf, Christengott, lauf und fall dich tot! Eines Tages erschien ein gewaltiger Hirsch mit einem riesigen Geweih vor dem Lüderich. Als ihn die Heiden jagen wollten, lief er in den Bergwerksstollen, in dem die Zwerge und Riesen arbeiteten. Die Heiden rannten ihm neugierig hinterher. Zur gleichen Zeit hörte ein Hirte, der auf dem Lüderich seine Schafe hütete, die Stimme einer Lerche, die ihn eindringlich mahnte, mit seiner Herde abends den Berg zu verlassen, da dieser zur Strafe für den von den Heiden begangenen Frevel bald einstürzen werde. Voller Angst gehorchte der Mann dieser Anweisung. Als er am Eingang des Stollens vorbeikam, schlugen Flammen heraus, der Berg erzitterte und brach in sich zusammen. Aus dem Stolleneingang floß das Blut der verunglückten Heiden hinab in die Sülz – keiner der Heiden überlebte. An dem Ort, wo die Hinterbliebenen geweint hatten, trat später eine Quelle zutage. Sie heißt im Volksmund die Tränenquelle. Das Blut der Heiden aber, das immer noch aus dem Stollen rinnt, soll dem Blutbach seinen Namen gegeben haben.

SIEGBURG (Rhein-Sieg-Kreis)

Abtei auf dem Michaelsberg

Erzbischof Anno II. von Köln gründete im Jahre 1064 an der Stelle einer von ihm eroberten Burg auf einem Hügel über der Sieg die Benediktinerabtei St. Michael. Anno von Steußlingen war schon zu Lebzeiten eine umstrittene Persönlichkeit. Er war Erzbischof von *Köln* und nach dem Tod Kaiser Heinrichs III. Reichsverweser. Anno starb 1075 in Köln und wurde in Siegburg begraben. Beim Übersetzen des Trauerzuges über den Rhein soll das Schiff wie durch Wunderkraft bewegt worden sein. An seinem Grab sollen sich zahlreiche Wunder ereignet haben: Die Berührung seiner Gebeine rief fünf vom Blitz Erschlagene ins Leben zurück. Angehörigen des Klosters soll er in mancherlei Nöten wunderbare Hilfe gewährt haben: Als einem sein Pferd gestohlen worden war, bannte Anno das Tier an Ort und Stelle derart fest, daß der Bestohlene es mit Leichtigkeit wieder an sich bringen konnte, während der Dieb die Flucht ergriff. Der Kirchenschatz der Abtei wird in der katholischen Pfarrkirche St. Servatius aufbewahrt. Er enthält auch den sog. Annostab. Einem Bericht zufolge wollte Annos Nachfolger Hildolf den Bischofsstab für sich benutzen und

Der hl. Anno gründet die Abtei Siegburg

verkürzte ihn zu diesem Zweck, worauf der Tote, empört über diesen Eingriff in sein Eigentum, Zeichen des Unmuts gezeigt haben soll.

Wie viele Burgen und Schlösser haben auch manche Klöster ihren Hausgeist, der mit den Menschen gemeinsam lebt, in der Wirtschaft hilft und auf Ordnung, Ruhe, Fleiß und Sittsamkeit achtet. Der Hausgeist der Abtei auf dem Michaelsberg war ein alter Zwerg namens Heinz Hütlein. Er machte sich vor allem in der Küche nützlich, verstand sich aber auch auf die lateinische Sprache und wurde bald der wichtigste Ratgeber des Abtes, der ihm statt seiner bisherigen bäuerlichen Tracht eine Mönchskutte anfertigen ließ. Wie andere Zwerge war auch Heinz Hütlein empfindlich und nahm Beleidigungen sehr übel. Als er sich mit einem später aufgenommenen Küchenjungen, dem Neffen des Kochs, zerstritten hatte, erwürgte er diesen im Schlaf und warf ihn in den Feuerkasten, wo man ihn am nächsten Morgen halbgebraten fand. Infolge dieser Untat kam es zwischen dem Koch und dem Abt des Klosters, der für den Hausgeist Partei ergriff, zu einem schweren Konflikt und ebenso zwischen dem Koch und dem Zwerg, die sich mit allen möglichen Mitteln zu bekämpfen begannen. Schließlich stieß der Zwerg seinen Gegner von der Klostermauer herunter, so daß er den Tod fand. Danach verließ Heinz Hütlein das Kloster, doch soll er seine kleine Mönchskutte und andere Geschenke des Abtes zurückgelassen haben.

Zu den merkwürdigsten Personen, die im 18. Jh. dem Kloster dienten, gehörte der Spielbähn oder Spielbernd. Mit bürgerlichem Namen hieß er Johann Bernhold Rembold und war der Sohn eines Leinenwebers. Spielbähn hatte das „zweite Gesicht"; er konnte in die

Zukunft sehen und stellte diese Gabe oft unter Beweis: Manchen warnte er vor kommendem Unheil und sagte auch den Brand der Michaelsabtei voraus.
→ Kyffhäuser (Thüringen)

Solingen

Schloß Burg an der Wupper

Burg an der Wupper wurde im Jahre 1133 als neuer Wohnsitz der Grafen von Berg errichtet. Im Untergeschoß des Bergfrieds befindet sich das Burgverlies, dessen wohl prominentester Gefangener Herzog Wilhelm II. von Jülich-Berg war. Sein Sohn, der spätere Adolf VII. hatte ihn 1403 in Monheim festgenommen und fast ein Jahr auf der Burg arrestiert, weil er selbst die Herrschaft übernehmen wollte. Wie die Sage erzählt, starb Wilhelm II. in seinem Gefängnis – zuvor aber verfluchte er seinen Sohn, der fortan keine Ruhe mehr fand. Der Geist des toten Herzogs Wilhelm soll im Bergfried umgehen.
Aus dem Jahr 1232 ist ein Vorfall überliefert, der interessante Einblicke in mittelalterliches Rechtsdenken ermöglicht: Graf Heinrich von Berg hatte als zuständiger Gerichtsherr den Schöffen Gerhard von Steinbach

in Acht und Bann getan, weil er beschuldigt worden war, einen Standesgenossen meuchlings ermordet zu haben. Gerhard von Steinbach, der vergeblich seine Unschuld beteuerte, rief daraufhin Gott selbst zum Zeugen an und unterzog sich einem Gottesurteil, einem damals durchaus üblichen Mittel der Rechtsfindung: Er stieg in voller Rüstung auf sein Pferd und sprengte den steilen Schloßberg hinab ins Tal der Wupper. Wohlbehalten kamen Roß und Reiter am Fuß des Berges an. Gerhard von Steinbach aber hob die Faust gegen den Berg und rief: Nimmermehr soll ein Halm dem Hang entsprießen, damit so bezeugt wird, wie Gott die Unschuld beschirmt! worauf er auf seine Burg zurückritt. Tatsächlich ist ein Streifen am Südhang des Burgberges noch heute kahl und zeigt keinen Halm, obwohl um ihn herum alles grünt und blüht; mit einiger Phantasie erkennt man sogar noch die Hufabdrücke des Pferdes, das den schuldlosen Ritter trug.

Eifel – Mosel

Aachen

Quellen

Die Geschichtsschreibung siedelt die Gründung Aachens als römisches Militärbad, nach dem keltischen Quellgott Grannus *„Aquae Granni"* benannt, zwischen 89 und 120 an. Lange Zeit verfallen, wurde der Ort 765 vom Frankenkönig Pippin dem Kurzen als Bad wieder entdeckt. „Ahha" sollen die Franken ausgerufen haben, als sie auf ihrer Völkerwanderung hierher kamen und die heißen Quellen entdeckten. Das bedeutet „Wasser"; mit der Zeit wurde dann daraus Aachen.

Der Dom ging aus der Pfalzkapelle Karls des Großen hervor

Untrennbar mit Aachen verbunden ist Pippins Sohn, Karl der Große, der die Stadt zum politischen Zentrum seines Reiches wählte und 790 mit dem Bau der bedeutendsten europäischen Pfalzanlage dieser Zeit begann, die die Kirche mit der berühmten Pfalzkapelle und die Palastaula einschloß. Im Jahr 800 wurde er in Rom vom Papst zum römischen Kaiser gekrönt.
Mit dieser historischen Persönlichkeit sind viele Sagen verbunden, darunter eine, die ihm die Gründung der Stadt zuschreibt: Danach soll der Frankenkönig auf einer Jagd einem Hirsch gefolgt sein und sich im Wald verirrt haben. Dort stieß er auf eine düstere Schloßruine, die sich aus einem spiegelglatten See erhob. Als er auf seinem Roß näher an das verfallene Bauwerk heran reiten wollte, versank das Tier mit den

Vorderhufen im Sumpf und Dampf brach aus der Erde hervor. Der König erkannte, daß Gott ihn zu einer heißen Quelle geführt hatte und entschied, das Schloß wieder aufzubauen und in ihrer Nähe zu Ehren der Muttergottes eine Kirche zu errichten. Zu den Hütten der Baumeister gesellten sich nach und nach Bürgerhäuser, und weitere Quellen wurden entdeckt, die der König fassen und in Badehäuser leiten ließ, in denen er selbst ausgiebig badete.

Pfalzkapelle

Zum Bau der Pfalzkapelle wurde das Baumaterial zum Teil mühselig aus Italien herangeschafft, um eine Hinwendung zur antiken Welt zum Ausdruck zu bringen. Bis 1531 ließen sich an diesem Ort die deutschen Könige krönen, unter ihnen Friedrich Barbarossa (Rotbart), auf dessen Initiative hin Karl der Große 1165 heiliggesprochen wurde. Zur Würdigung ließ Friedrich den Karlsschrein anfertigen, in dem fortan die Gebeine des großen Kaisers aufbewahrt wurden. Bevor die sterblichen Überreste Karls dieses würdige Grab fanden, wurden sie, so die Überlieferung, einbalsamiert und mitsamt Reichsinsignien auf einem Marmorthron sitzend in einer Gruft beigesetzt. Als man Jahrhunderte später unter Otto III. die zugemauerte Gruft öffnete, blickte der Kaiser die Eindringlinge mit grimmigem Gesicht an. Obschon der Raum sogleich wieder verschlossen wurde, erschien Otto noch in derselben Nacht im Traume Karl der Große und sprach einen Fluch gegen denjenigen aus, der seine Totenruhe gestört hatte. Tatsächlich starb Otto zwei Jahre später.
→ Kyffhäuser (Thüringen)

„Pinienzapfen" und „Wölfin" im Domhof

Im Domhof stehen zwei römische Bronzen, die unter Karl dem Großen hierher gelangten: der ‚Pinienzapfen' und die ‚Wölfin' (eigentlich handelt es sich allerdings um eine Bärin). Ursprünglich dienten sie als Wasserspeier eines Reinigungsbrunnens, der in der Mitte des Atriums stand.
Die Sage berichtet, daß auch beim Bau des Aachener Münsters der Teufel ausgeholfen habe, als der Stadt das Geld ausging. Als Gegenleistung verlangte er die Seele des ersten, der bei der Einweihung den Bau betreten würde. Die Aachener waren so klug, an jenem Tag einen Wolf als ersten durch das Tor zu hetzen. Als der Teufel den Betrug bemerkte, warf er die geschmiedeten Torflügel so gewaltsam zu, daß einer einen Riß bekam, der noch heute zu sehen sein soll. Den Wolf

und seine Seele in Form eines Pinienzapfens ließen die Aachener in Bronze gießen und in der Vorhalle des Münsters aufstellen.
→ Trier (Eifel – Mosel)

Aachener Printen
Eine Sage schreibt dem Kaiser die Entstehung der Aachener Printen zu, die als Lieblingsgebäck Karls des Großen genannt werden. Als nach dem Brand die finanziellen Mittel für den Wiederaufbau der Stadt fehlten, erinnerte man sich im Rat daran, das inzwischen verlorengegangene Rezept der Printen dem toten Kaiser mit ins Grab gegeben zu haben. Als ein Bäckerlehrling um Mitternacht in die von einem magischen Licht erfüllte Kaisergruft stieg, schlug der Kaiser die Augen auf und versprach, seiner Stadt aus der Notlage zu helfen. Dabei überreichte er dem Jungen ein Pergament mit dem gesuchten Rezept, das der Sage nach in den darauffolgenden Jahren den neuen Reichtum der Stadt begründete.

DAUN (Kreis Daun)

Totenmaar
Der Begriff „Maar“, der sich vom lateinischen ‚mare‘ (= Meer) ableitet, ist für die Eifelgeologie so typisch wie kaum ein anderer. Er beschreibt die Kraterseen, die in der Zeit großer Vulkantätigkeit bis vor zehntausend Jahren bei explosionsartigen Ausbrüchen entstanden.

Am Weinfelder Maar. Gemälde von Fritz von Wille, um 1900

Unter den drei Dauner Maaren, dem *Gemündener, Schalkenmehrener* und *Weinfelder* Maar ist letzteres, auch Totenmaar genannt, das geheimnisvollste. Selbst an freundlichen Tagen wird es von einer schwermütigen Stimmung überlagert. Seine Hänge sind von Ginsterbüschen bewachsen, das Wasser erscheint aufgrund des schwarzen Lavasandes am Kraterboden traurig düster, was auch heute noch die Phantasie des Menschen anregt. Man erzählt sich, der Römer Pontius Pilatus habe darin Selbstmord begangen, wovon auch der ‚Pilatusfelsen' an der westlichen Bergseite Kunde gibt. Andere Berichte wollen von einem im See versunkenen Dorf oder einem versunkenen Schloß wissen. Darin, so heißt es, hätten ein Graf und seine hartherzige Frau gelebt, die Freude daran fand, ihre Dienerschaft und das untertänige Volk zu demütigen. Als der Graf eines Tages mit seinen Knechten zur Jagd ausritt, vergaß er seine Handschuhe und schickte seinen Knappen, sie zu holen. Der aber fand an der Stelle, wo das Schloß gestanden hatte, nur noch einen See. Ein ganzes Dorf ist hier tatsächlich „untergegangen", wenn auch eher im übertragenen Sinne. Die Rede ist von Weinfeld, das zur Zeit der großen Pest im 16. Jh. entvölkert und aufgegeben, später wohl als Steinbruch gebraucht wurde. Heute steht nur noch die kleine weiße Kirche die auf den Ruinen einer römischen Siedlung errichtet wurde, umgeben vom Friedhof des Dorfes *Schalkenmehren*.

→ Dillingen (Saarland)

ELTZ (Kreis Mayen-Koblenz)

Burg Eltz

Der Kern der Burg Eltz wurde vom 12.–16. Jh. ausgeführt. Insgesamt kann man von sieben turmartigen Bauten sprechen, die das geschlossene Bild des Ensembles bestimmen und sich um einen Innenhof drängen. Am nördlichen Talhang gegenüber dem Eingangstor fällt die schwarze Ruine einer kleineren Burg ins Auge. Es ist die Trutzeltz, eine Belagerungsburg, die der Trierer Bischof Balduin zu Beginn der sechs Jahre währenden ‚Eltzer Fehde' 1331 bauen ließ, um die mächtigen Eltzer in ihre Schranken zu weisen.

In der Waffensammlung findet sich auch ein durchbohrter Damenharnisch, von dem man sich folgende Geschichte erzählt: Agnes, die Tochter eines Grafen von Eltz, war schon im Kindesalter dem Junker von Braunsberg als Frau versprochen worden; doch als die Zeit der Verlobung nahte, stellte sich heraus, daß die-

Burg Eltz

ser ein hartherziger und rauher Mann war. Als Agnes ihn während der Feier nicht küssen wollte, beschimpfte er sie und warf ihr den Fehdehandschuh ins Gesicht. Der Junker verließ die Burg und kündigte den Eltzern die Fehde an. Nachdem ein Jahr verstrichen war, ließ er die Burgbesatzung mit einer List aus der sicheren Burg locken und drang nachts in dieselbe ein, wo er auf den Widerstand einiger Knechte und der gerüsteten und geharnischten Agnes traf. Durch den Mut der Edeldame angespornt, kämpften die Eltzer verbissen, und als Agnes unter einem Pfeil des Junkers zusammenbrach, töteten sie den Eindringling und die meisten seiner Gefolgsleute. Die Fehde war beendet, doch der Geist der armen Agnes irrt bis heute rastlos durch die Burg.

NEROTH (Kreis Daun)

Burg Freudenkoppe auf dem Nerother Kopf
Von der um 1340 errichteten Burg Freudenkoppe sind nur noch Reste vorhanden: eine mächtige Burghaus-Ruine aus dem 15. Jh., einige Mauern und Gräben und der quadratische schwarze Bergfried auf dem höchsten Punkt der Erhebung.

Unterhalb der Ruinen ist eine hallenartige Höhle zu sehen, die von Menschenhand tief in den schwarzen Schlackenkegel getrieben wurde. Hier wurden einst Mühlsteine gebrochen. Es verwundert nicht, daß dieser unheimliche Ort zur Sagenbildung anregte. So erzählt man sich von einem Nerother Soldaten, dem in der Gefangenschaft fernab der Heimat die Flucht in einen großen Wald gelang, wo er sich in der Hütte eines seltsamen alten Mannes nach dem Heimweg erkundigte.

Der Alte versprach zu helfen, stellte dem Soldaten zuvor jedoch eine Aufgabe: Auf Ziegenböcken fliegend wurde der Soldat in rasanter Luftfahrt zu einem Teich oder Brunnen auf dem Nerother Kopf gebracht, unter dessen Grund sich jenseits einer Tür ein versunkenes Gemach befand. Hier bewachte ein zottiger Hund mit glühenden Augen einen gewaltigen Schatz, aus dem der Soldat – wollte er noch vor dem Frühstück in der Heimat sein – einen goldenen Becher rauben müsse und soviel er in einer Stunde Zeit zusammenklauben könne. Er wurde an einem Faden in den Teich hinabgelassen, verjagte die Bestie mit einem Zauberring, den ihm der Alte gegeben hatte, und raffte die Kostbarkeiten an sich. Da er darüber jedoch beinahe die Zeit vergaß, schlug ihm die zufallende Tür eine Ferse ab. Die Aufgabe aber war gelöst, der Soldat übergab den Goldbecher dem Alten und kam noch vor dem Frühstück als reicher Mann bei seiner Mutter an.

NIDEGGEN (Kreis Düren)

Burg Nideggen

Hoch über dem Rurtal, in dessen dichter Bewaldung gewaltige rote Felsentürme der Buntsandsteinschichten imposant emporragen, erhebt sich Burg Nideggen. Die Errichtung der Burg, mit der 1170 Graf Wilhelm von Jülich begann, wird in einer Sage gewaltigen Riesen zugesprochen. Unter einem Nachfahren des Erbauers, Wilhelm IV. von Jülich, war die Burg Schauplatz des Streites zwischen den Erzbischöfen von Köln und dem Kaiser; bis zu ihrem Fall durch die Belagerung der spanischen Truppen Kaiser Karls V. galt Burg Nideggen als uneinnehmbare Festung.
Im mächtigen Bergfried auf rechteckigem Grundriß, dem „Jenseitsturm“, der die ansonsten durch steile Abhänge geschützte Burg zur Stadtseite abschirmt, befindet sich ein Burgenmuseum mit Modellen verschiedener Burgen aus der Eifel. Durch die Ausstellungsräume gelangt man in die tief im Felsenkeller gelegene Kapelle und von dort durch einen Mauerdurchbruch zum berüchtigten Burgverlies. In diesem Kerker wurden als prominenteste Gefangene zwei Kölner Erzbischöfe gefangen gehalten: Im Jahr 1242 mußte Erzbischof Konrad von Hochstaden – der Gründer des Kölner Doms, der gegen den Kaiser zu Felde gezogen und von dessen Vasallen Wilhelm IV. von Jülich gefangen genommen worden war – hier neun Monate verbringen; während seiner Gefangenschaft soll das große Loch in der Mauer ausgebrochen worden sein.

Burg Nideggen

damit er der Messe beiwohnen konnte. Seinem Schicksal folgte von 1267–1271 auch sein Nachfolger, Erzbischof Engelbert II. von Falkenburg, unter dem sich die kriegerischen Auseinandersetzungen verschärften. Eine Sage berichtet, daß der Erzbischof, in schwere Ketten geschmiedet, täglich den Beschimpfungen und Verhöhnungen des Grafen Wilhelm ausgesetzt war, den man in einer riesigen eisernen Voliere an der Außenwand der Burg zum Kerkerfenster hinabließ. Als Engelbert schließlich gegen ein hohes Lösegeld freigekauft worden war, verfluchte er den Grafen. Zur Strafe konnte dieser nach seinem Tod keine Ruhe mehr finden und mußte als Geist nun selbst schwere Eisenketten an den Füßen hinter sich herziehen.

Pfarrkirche St. Johann Baptist

An der Westmauer der ehem. Burgkirche befindet sich das stark beschädigte Grab des Grafen Wilhelm IV. von Jülich und seiner Frau Ricarda. Die zerstörte Grabplatte – beiden Figuren sind Leiber und Gesichter zertreten, die Füße fehlen – scheint das gewalttätige Leben des Grafen widerzuspiegeln, der von Nideggen aus erfolgreiche Eroberungszüge unternahm. Es verwundert nicht, daß dieser Ritter auch Eingang in die Sage gefunden hat: In Sturmnächten soll der „starke Helmes“ (Wilhelm) durchs Rurtal irren und in den Ruinen der Burg, an Felsen und an Häusern wüten. Die Knochen in seinem Grab in der Burgkirche, so heißt es, zeugten noch heute von der unglaublichen Kraft dieses Recken. Berichte über Burgherren, die nach ihrem Tod mit einem Geisterheer als „Wildes

Heer“ (oder „Wilder Jäger“) lärmend durch stürmische Nächte ziehen, finden sich in verschiedenen Regionen.
→ Fränkisch-Crumbach (Hessen) → St. Andreasberg (Der Harz)

Thür-Fraukirch (Kreis Mayen-Koblenz)

Kirche St. Maria
Bei der kleinen Gebäudegruppe von Fraukirch handelt es vornehmlich um ein heute als Bauernhof genutztes ehemaliges Priorat des Klosters *Maria Laach* und die Kirche St. Maria. Nach einer Sage wurde im Feld an dieser Stelle die heilige Genoveva von ihrem Gemahl, dem Pfalzgrafen Siegfried wiedergefunden.
Der gesamte Innenraum der Kirche wird von einem Hochaltar mit dem plastischen, farbigen Relief der Genovevalegende beherrscht: Als der Pfalzgraf Siegfried zu einem Heerzug aufbrach, bestellte er den getreuen Ritter Golo als Wächter über seine geliebte Gattin Genoveva. Seine Wahl erwies sich jedoch als unglücklich: Golo verliebte sich in die Edeldame – wurde von ihr aber zurückgewiesen. Als Genoveva kurz vor der Heimkehr des Grafen einen Sohn gebar, welcher in der Abschiedsnacht gezeugt wurde, rächte sich Golo für die Zurückweisung: Er ritt seinem Herrn entgegen und meldete ihm, der Sproß entstamme einer Liebschaft Genovevas mit einem Koch. Daraufhin beauftragte Siegfried Golo, das untreue Weib und ihr Kind zu töten, aber dessen Diener brachten den feigen Mord nicht übers Herz und setzten Genoveva in der Wildnis aus. Dort erschien ihr die Jungfrau Maria und sandte eine Hirschkuh, welche das Kind – Genoveva hatte ihm den Namen Schmerzensreich gegeben – nährte. Sechs Jahre und drei Monate später wurde dasselbe Tier von Graf Siegfried gejagt, der so zu seiner auf wunderbare Weise geretteten Gemahlin geführt wurde und von ihr die Wahrheit erfuhr. Daraufhin ließ der Graf Golo festnehmen und der untreue Ritter wurde – wie in sehr lebendigen Details auf dem Altarbild festgehalten – gevierteilt. Nachdem Genoveva am Ort der himmlischen Erscheinung eine Kapelle – die Frauenkirche – gestiftet hatte, starb sie bald.
Von der Vierteilung Golos kündet auch das sog. Golokreuz an der Straße von Thür nach *Kruft*, welches genau dort errichtet worden sein soll, wo man Golo hinrichtete. Auch die Genoveva-Burg in *Mayen* wurde nach der legendären Pfalzgräfin benannt.

Trier

Porta Nigra
Das eindrucksvolle schwarze Tor ist das Wahrzeichen Triers. Als eines von vier wuchtigen Stadttoren wurde der heute von Moosen und der Luftverschmutzung schwarz gefärbte Bau im 2. Jh. errichtet. Im Jahr 1034 hat man einschneidende architektonische Veränderungen vorgenommen. Zu Ehren eines griechischen Einsiedlers, der sich im Ostturm hatte einmauern lassen und nach sechs Jahren, während derer er nur durch ein Fenster Kontakt zur Außenwelt gehabt hatte, dort gestorben war, ließ der Trierer Erzbischof Poppo das Stadttor zur zweigeschossigen Doppelkirche umfunktionieren. Von 1747–50 wurde der Innenraum teilweise mit barocken Stukkaturen versehen. 1803 entfernten französische Revolutionstruppen einen Teil der nichtrömischen An- und Ausbauten wieder, bestehen blieb allerdings der unter Poppo hinzugefügte Ostchor.

Porta Nigra

Der Volksmund weiß über den Umbau der Porta Nigra zu berichten, der Teufel selbst habe sich in einer Verkleidung als Baumeister angeboten, als sich niemand zur Finanzierung und Durchführung des Umbaus fand. Der Preis, den er vom Rat der Stadt für die Fertigstellung seiner Arbeit bis Christnacht forderte, war die Seele des ersten, der in der Kirche betete. Als aber in der Heiligen Nacht der Bau beinahe fertig war und nur noch die Tore der Kirche fehlten, flog der Teufel über die Alpen nach Rom und lud sich dort auf dem Kapitol zwei schwere bronzene Torflügel auf die Schultern. Als er auf dem Rückweg am Gipfel des Montblanc halt machte, erschien am Himmel die

Jungfrau Maria von Engeln umgeben in einem hellen Lichtstrahl, der den Teufel so furchtbar blendete, daß er den Vertrag mit den Trierern vergaß und erst nach Mitternacht, als die Muttergottes verschwunden war, seinen Weg fortsetzen konnte. Voller Wut, weil die Porta Nigra-Kirche bereits vom Bischof geweiht war und er seinen Teil des Paktes nicht erfüllt hatte, warf der Höllische die Torflügel auf das Dach der Kirche, so daß es zerbarst. Doch außer daß in der Kirche die Kerzen erloschen, geschah nichts.
→ Aachen (Eifel-Mosel)

Dom St. Peter
An der Außenfassade des Domes St. Peter befindet sich der sog. „Domstein“, ein Relikt der antiken Doppelkirchenanlage, an deren Platz sich die heutige Kirche befindet. Daß der von den Berührungen vieler Menschengenerationen polierte Stein geborsten ist, erklärt man folgendermaßen: Wie bei der Entstehung der Porta Nigra-Kirche soll auch beim Dombau der Teufel mitgeholfen haben. Als die Mittel für das Bauwerk nicht reichten, bot der Höllenfürst seine Dienste an. Der Rat Triers gab vor, es sei eine Spiel- und Trinkhalle geplant, die noch die prächtigsten Kirchen der Stadt an Schönheit und Größe übertreffen solle, um alle Gläubigen vom Gottesdienst abzuhalten und hierher zu locken. Der Teufel fand Gefallen an diesem Plan und begann Baumaterial heranzuschaffen. Altarblöcke wurden ihm als Spieltische vorgeführt, die großen Fenster sollten angeblich die Gäste neugierig machen. Als die Kirche beinahe fertig war, erbat sich der Baumeister nur noch eine Säule, die der Versucher

Trier, Dom St. Peter

vom Odenwald herbeischaffen sollte. Doch während dieser unterwegs war, wurden die Kirchenglocken geläutet, die die Menschen zur heiligen Messe herbeiriefen, und kaum kehrte der Teufel mit schwerer Last zurück, schallte ihm das Gotteslob aus den Kehlen der Versammelten entgegen. Da ahnte er, wie übel man ihm mitgespielt hatte. Er warf die Säule, um den Dom zu zerstören, doch er traf nicht – und so findet sich der geborstene, in die Erde eingesunkene Stein noch heute am Dom wieder.

Heiltumskammer

In der Heiltumskammer wird neben römischen Schätzen und einem vergoldeten Tragaltar mit der Sandale des heiligen Andreas auch ein Nagel vom Kreuze Christi sowie dessen Tunica gehütet, der sog. ‚Heilige Rock'.

Die Kaisermutter Helena, eine überzeugte Christin, brachte ihren Sohn, Kaiser Konstantin, dazu, 313 das Christentum zu bestätigen und damit dessen Entwicklung zur Staatsreligion den Weg zu bereiten. In der Vita der hl. Helena heißt es, die Kaisermutter habe sich im hohen Alter von 79 Jahren auf den Weg nach Jerusalem gemacht, wo sie das Kreuz Jesu fand und in einer eigens erbauten Kirche über Gethsemane aufstellen ließ. Den Leibrock Christi und drei der Nägel, mit denen er ans Kreuz genagelt worden war, wollte sie nach Rom bringen. Doch einen der Nägel verlor sie, als ihr Schiff in einen Sturm geriet, der sich nur dadurch besänftigen ließ, daß Helena eine der Reliquien in die aufgewühlten Fluten warf. Den zweiten Nagel ließ sie ihrem Sohn Konstantin in den Helm einarbeiten, auf daß er ihn gegen Feinde schütze. Den dritten brachte sie mitsamt dem Heiligen Rock, um den die römischen Söldner unter dem Kreuz gewürfelt hatten, weil sie ihn nicht hatten zerteilen wollen, nach Trier.

Saarland

DILLINGEN (Lkr. Saarlouis)

Haienbach
„An der Haibach“ in *Pachten* soll der Sage nach der römische Landpfleger Pontius Pilatus „off Maul und Nas“ begraben liegen. Nachdem er Jesus den Juden zur Kreuzigung überliefert hatte, verklagten ihn diese beim Kaiser. Der ließ ihn nach Rom kommen und verbannte ihn nach Gallien. Unterwegs soll Pilatus in *Rilchingen-Hanweiler* bei der Heilquelle gerastet haben. Danach zog er zu einem Freund nach Pachten, wo er Selbstmord verübte. Er stürzte sich aus Verzweiflung über den Verrat an Jesus in sein Schwert und wurde in dieser Lage auch im Haienbachtal begraben. Dort soll man des Nachts oft noch den schaurigen Ruf hören: „Ich bin unschuldig am Blute dieses Gerechten“. Sagenhafte Pilatus-Stätten sind auch für Vienne an der Rhône, den Pilatus-Bergstock am Vierwaldstätter See und Forchheim in Oberfranken überliefert.
Was die Formulierung „auf Maul und Nase“ betrifft, dürfte dies die Erklärung sein: Man fand bei Freilegung römischer Gräber einen nicht mehr identifizierbaren Steintorso bäuchlings in der Erde liegend; die Situation unterstützt die These vom Selbstmord durch das eigene Schwert.
→ Eltz (Eifel-Mosel) → Forchheim (Franken)

GRONIG (Gem. Oberthal, Lkr. St. Wendel)

Mommerich
Die Südostkuppe des Mommerich (449 m) wird durch einen sichelförmigen Steinwall der Frühlatènezeit gegen das nördlich sich anschließende Plateau abgeriegelt. Die kleine Schanze auf dem westlichen Bergsporn wurde vermutlich erst in spätrömischer Zeit errichtet, als die einheimische Bevölkerung vor den germanischen Invasoren in den alten keltischen Fliehburgen Schutz suchte. Nach der Überlieferung ist die Anlage auf dem Mommerich ein „Hünenwall“: das Werk von Riesen, die mit Urgewalt Felsen schleudern und Berge versetzen konnten.
Hier soll sich auch eines der drei Schlösser des Rixius Varus befunden haben, des legendären römischen Statthalters von *Trier* unter Kaiser Diokletian (285 bis 305). Auf einer breit angelegten Heerstraße soll Varus oft zum Mommerich gekommen sein. Hier suchte er Erholung und jagte in den Wäldern. Der „Augenborn“

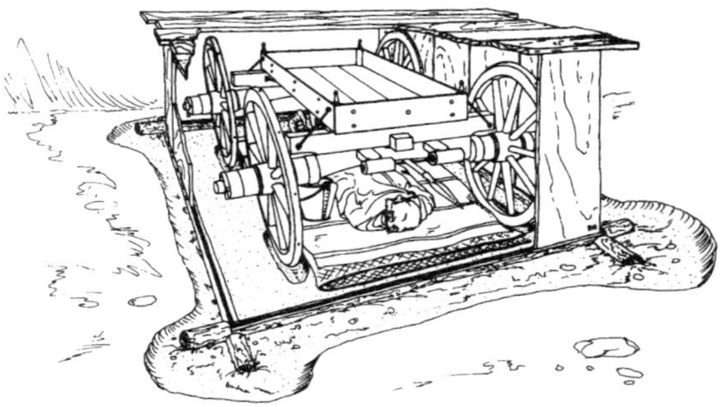

Rekonstruktion eines Wagengrabes aus der Hallstattzeit

bei *Bliesen,* an dem ein verwundeter Legionär Heilung gefunden haben soll, wurde der Überlieferung nach von den Römern als „Varusquelle" bezeichnet. Als fanatischer Christenverfolger soll Varus sich auch hier gezeigt haben. Zur Strafe für seine Grausamkeit fand er nach dem Tod keine Ruhe: Als Wilder Jäger streift er umher, oder seine Seele führt als gespenstisches Irrlicht späte Wanderer in die Irre.
Im Berg ist angeblich auch die mit Schätzen beladene „goldene Chaise" des Varus versteckt. Obwohl sie so dicht unter der Erdoberfläche liegen soll, daß ein Hahn die Wagendeichsel freischarren könnte, wurde sie nie gefunden – auch nicht von den Groniger Rötelgräbern, die in der Nähe nach der „Roten Kreide" schürften.

PÜTTLINGEN (Stadtverband Saarbrücken)

Denkmal des Wilden Jägers Maltitz
Eine Brunnenanlage im Ortsteil *Sellerbach* zeigt Georg Wilhelm von Maltitz, den sagenumwobenen Oberhofjägermeister der Saarbrücker Grafen, jagdhornblasend und auf einem Wildschwein reitend. Volkstümlicher Überlieferung zufolge kann der Maltitz wegen seiner zu Lebzeiten begangenen schweren Frevel keine Ruhe finden, sondern muß als Wilder Jäger auf ewig durch die Lüfte ziehen. Maltitz war nicht nur selbst ein leidenschaftlicher Weidmann, der sonntags wie werktags der Jagd frönte – er setzte auch die leibeigenen Bauern sogar an hohen kirchlichen Feiertagen zu Hilfsdiensten für die bei adligen Grundherren so beliebten Treibjagden ein; dies führte oft zu Ernteschäden, weshalb er besonders verhaßt war.
Die „Maldit-, Maltitz-, Baldix-, Maldix- und Maldiss"-Sagen sind Legion. Im *Köllertal* wird erzählt,

der Oberhofjägermeister habe an einem Sonntag die Bauern wieder einmal zum Frondienst aufgerufen und zur „Proforschjagd" (Parforcejagd) auf ein Rudel Wildschweine aufgestellt, obwohl soeben die Glocke von Kölln zum Gottesdienst rief. Über ihre flehentlichen Bitten, sie wenigstens heute freizustellen, lachte er nur. Als ein alter Mann ihm ernste Vorhaltungen wegen dieser „Sabbatschändung" machte und ihn an Gottes drohendes Strafgericht erinnerte, schäumte er vor Wut, drang auf den Alten ein und versetzte ihm mehrere Schläge mit dem Saufänger. Zur Strafe wurde er in den Wilden Jäger verwandelt: unter plötzlich aufbrausendem Sturm brach eine mächtige Wildsau aus dem dunklen Forst hervor; sie stürmte auf Maltitz zu, unterlief ihn, so daß er rittlings auf ihren Rücken zu sitzen kam, und verschwand ebenso plötzlich, wie sie erschienen war. Obwohl der Jägermeister sich bemühte, vom Rücken des Tieres herunterzukommen, saß er doch fest, wie mit eisernen Ketten angeschmiedet, und wurde im Fluge dahingeführt.
Wie der Rodensteiner im Odenwald, so kündigt auch der Maltitz nahende Kriege an. Zum letzten Mal, so heißt es, soll er im Jahr 1866 kurz vor Ausbruch des Preußisch-Österreichischen Krieges erschienen sein.
→ Fränkisch-Crumbach (Hessen)

Hohberg
Nach Kohle wurde im Püttlinger Bann bereits im 16. Jh. gegraben. Wie von anderen Bergbaugebieten haben sich auch in Püttlingen spezifische Sagen gebildet, in deren Mittelpunkt Bergwerksdämonen stehen. Im Saarkohlenwald bestimmen – anders als im Erzgebirge und im Harz – vor allem die koboldartigen und den Bergleuten freundlich gesinnten Bergmännlein das Bild. „De Bouwen (Buben) werfen", sagt der Bergmann, wenn das Geröll krachend zu Tal kommt. Der älteste Berggeist im Püttlinger Revier hatte im Hohberg zwischen Püttlingen und *Altenkessel* sein Reich. Er war, wie alle Berggeister, ein launischer, aber letztlich doch guter Geist, der die Bergleute zwar neckte und schreckte, aber auch als Warner auftrat. Drohten Schlagende Wetter, Wassereinbrüche oder Brände, erschien er meist schon drei Tage vorher. Da stand er denn mit seinem langen weißen Bart im Schein seiner bläulich blinkenden Lampe, trug die Bergmannskappe und einen hell gewaschenen Anzug und in der Rechten einen Meterstock aus purem Gold und hob wortlos nur warnend die Hand. Respektierte man ihn dennoch nicht und trieb den Abbau weiter,

ohne genügend auf die Sicherheit vor Ort zu achten, brach das Unglück herein.
Eine jüngere Sage, die auf ein Grubenunglück im Jahr 1861 zurückgeht, gesellt dem „guten Hohberger" einen Gegenpart bei, einen Wiedergänger, den „Hohberger Matz". Beim Abteufen des Luftschachtes auf dem Hohberg soll ein Steiger sich durch sein rücksichtsloses und brutales Vorgehen unrühmlich hervorgetan haben. Über und unter Tage zitterten die Bergleute vor ihm. Eines Tages vergaß er in seiner Rage alle Vorsicht, trat fehl und stürzte von der Schachtleiter hinab in den Schachtsumpf. Man fand ihn nie mehr wieder. In stürmischen Nächten nur geistert er fluchend um den Berg. In einer anderen Version muß der „Hohberger Matz" Sonntag für Sonntag mit seinem Meterstock den Heinrichsstollen in der Grube Bauernwald vermessen – ein Akt spiegelnder Bestrafung, weil er zu Lebzeiten durch falsches Vermessen seinen Leuten die vor Ort geleistete „Meterarbeit" bewußt vorenthalten und sie so um den zustehenden Lohn gebracht hatte.

Saarbrücken

Schloß

Das auf steil abfallendem Sandsteinfelsen gelegene spätbarocke Schloß über dem linken Saarufer wurde mehrfach um- und nach Zerstörung wiederaufgebaut. Um die ehemalige Residenz ranken sich mehrere Sagen: Im nahen katholischen Lothringen erzählte man von einem Saarbrücker Fürsten, der nach der Einfüh-

Brand des Saarbrücker Schlosses am 3. 10. 1793. Ölgemälde von J. F. Dryander, 1798

rung der Reformation 1575 zum Luthertum übergetreten war und die katholischen Kirchengüter für sich eingezogen hatte. Zur Strafe konnte er nach dem Tod keine Ruhe finden: als man seinen Sarg aus dem Tor trug, soll er an einem Fenster des Schlosses erschienen sein und seinem eigenen Leichenzug nachgesehen haben. Es heißt auch, der Teufel habe ihn geholt und sei unter großem Gestank mit ihm im Schloß erschienen. Sein Nachfolger machte jedoch dem Spuk ein Ende, indem er den toten Fürsten von zwei Barfüßermönchen in ein Faß bannen ließ, das dann im Bunte, einem Nebenarm der Saar, versenkt wurde.
Im Nordflügel des Schlosses, wo die Frauengemächer lagen, soll sich früher eine weißgekleidete Dame gezeigt haben, die unheimliche Rufe ausstieß. Angeblich handelte es sich um den ruhelosen Geist einer Fürstin, der die wechselnden Geliebten ihres Gemahls den Rang abgelaufen hatten.

SAARBURG (Lkr. Trier-Saarburg)

Nikolausstatue an der Leuker Grub

Bevor durch die Kanalisierung der Saar auch das Wildwasser zwischen der Cloet (*Orscholz*) und Saarburg zur Wasserstraße wurde, galt die Leuker Grub in der Flußkehre bei *Niederleuken* als eine der gefährlichsten Stellen für die Schiffahrt. Dort steht am rechten Ufer in einer Felsnische dicht am Fluß eine Holzfigur des hl. Nikolaus, des Schutzpatrons der Schiffer. Man zog vor dem „Nekläs'chen" die Mütze und wenn man angesichts der Leuker Grub sich seiner besonders versichern wollte, gelobte man ihm eine große Kerze. Wehe dem Schiffer, der sein Versprechen nicht hielt. Von einem solchen erzählte man sich, daß noch vor der Mündung der Saar in die Mosel der Fluß sich an ihm gerächt habe: sein Schiff zerschellte an der Konzer Brücke.
In den gleichen Kontext gehört eine Glockensage. Einmal hatte der Kurfürst von *Trier* für Dreikönig drei Glocken in Auftrag gegeben. Ein reicher Schiffer verpflichtete sich, sie trotz des Treibeises rechtzeitig zu verfrachten. Kaum aber hatte er die Glocken verladen und war abgestoßen, um ins richtige Fahrwasser zu kommen, verklemmte eine Eisscholle das Ruder. Das Schiff drehte sich blitzschnell und zerschellte an einem Felsen, die Glocken versanken in der Grub. Der Schiffer ertrank: er hatte es nicht für nötig befunden – was er, bevor er zu Reichtum gekommen war, immer getan hatte –, vor dem hl. Nikolaus an der Grub die

„Kaap“ zu ziehen. Seitdem muß er in der Christ- und Dreikönigsnacht in der Tiefe die drei Glocken läuten, um den Leuten in Leuken anzuzeigen, um Mitternacht werde das Wasser in der Grub in Wein verwandelt. Auch wenn jemand in der Saar ertrinkt und nicht mehr gefunden wird, muß er den Totenglöckner machen, weil dem Ertrunkenen am Land keine Glocke mehr gezogen werden kann.

St. Ingbert (Saarpfalz-Kreis)

Der Franzosenstein
Der als knorriger Baumstrunk bearbeitete rötliche Sandstein am Eingang des Alten Friedhofs erinnert an ein Ereignis in der St. Ingberter Franzosenzeit zwischen der Französischen Revolution und den Befreiungskriegen, in der die Region an Saar und Blies als Teil des linken Rheinufers zu Frankreich gehörte. Napoleon sind in der Saarpfalz zwei Denkmäler gewidmet: der Schlangenbrunnen in *Blieskastel* und ein Obelisk am Schelmenkopf in *Bruchhof*.
In der Erinnerung an Napoleon blieben die Kleine-Leute-Geschichten, darunter die Sage von einem französischen Soldaten, der beim Vorrücken der Preußen unter General Blücher nach dem Gefecht „Am Franzosenkopf“ bei *Rohrbach* auf der Schmelz in St. Ingbert tödlich verwundet und zu Füßen des Baumes begraben wurde. Ehe er starb, hatte er mit seinem Messer in den Stamm die Worte geritzt: „Vive la République!“

Pfalz-Kurpfalz

ANNWEILER (Lkr. Südliche Weinstraße)

Trifels
10 km westlich von *Landau in der Pfalz* liegt das Städtchen Annweiler, das von der „Burgdreifaltigkeit“ (Trifels, Annebos und Münz) überragt wird, die schon Josef Viktor von Scheffel besungen hat. Als bedeutendste der drei Burgen gilt der Trifels, dem im hohen Mittelalter als Reichsburg eine besondere Bedeutung zukam.

Der Trifels, um 1840

Die bekannteste Sage um den Trifels ist die von der Befreiung Richard Löwenherz’ durch seinen treuen Hofsänger Blondel. Löwenherz war auf seinem Rückweg von Palästina von Heinrich VI. auf der Burg Trifels gefangengesetzt worden, seine Anhänger zu Hause in England aber wußten nichts über seinen genauen Aufenthaltsort. Auf der Suche nach seinem Herrn kam der Minnesänger Blondel auch nach Annweiler, wo er in der Nähe der Burg ein Hirtenmädchen die erste

Strophe eines Liedes singen hörte, das er selbst einst für Richard Löwenherz gedichtet hatte. Das Hirtenmädchen gab ihm zur Antwort, sie habe das Lied aus dem Turm der Burg singen gehört. Darauf schlich sich Blondel in der Nacht zum Verlies und begann, zur Laute das Lied anzustimmen. Als Antwort erklang aus dem Innern des Turms die zweite Strophe und Blondel wußte nun, daß Richard Löwenherz hier gefangen gehalten wurde. Die Befreiung des Königs gelang durch eine List: Während die gesamte Burgbesatzung anläßlich der Krönung Heinrichs VI. zum Kaiser in einer nahen Schenke kräftig feierte und sich an der doppelten Menge Weins betrank, die Blondel bestellt hatte, überwältigte der Sänger mit seinen Getreuen die Wachmannschaft, befreite König Richard und entkam unbeschadet mit ihm nach England.

Tatsächlich wurde Richard Löwenherz seit März 1193 auf dem Trifels gefangengehalten. Der sagenhafte König war aber keineswegs der edle Ritter, zu dem ihn die romantische Dichtung machte. So ist etwa überliefert, daß er bei der Belagerung von Akkon rund 2700 moslemische Gefangene töten ließ, weil ihm das Lösegeld Sultan Saladins zu niedrig war. Richard verließ 1192 das Heilige Land, weil ihm zu Hause in England sein Bruder Johann ohne Land den Thron streitig machen wollte. Trotz seiner Verkleidung als Pilger wurde er bei *Wien* erkannt und von Herzog Leopold V. gefangen gesetzt. Kaiser Heinrich IV. forderte seine Herausgabe und ließ ihn zur Trifels bringen. Nachdem er einen Lehnseid auf den Kaiser geleistet hatte, wurde Richard Löwenherz im Februar 1194 gegen das vom Kaiser geforderte Lösegeld aus England freigelassen. Er starb 1199 bei der Belagerung einer Burg.

Dahn (Lkr. Südwestpfalz)

Jungfernsprung

Das im Südwesten der Pfalz, nahe an der Grenze zum Elsaß gelegene Städtchen Dahn ist Mittelpunkt des Dahner Felsenlandes. Europas größte Buntsandstein-Felslandschaft beeindruckt mit mächtigen Massiven, mit tiefen Schluchten und bizarren Gipfeln, die aus dem satten Grün des Pfälzerwaldes ragen. Sagenhaft sind die Namen der Felsen in Kaiser Barbarossas einstigem Jagdrevier: „Teufelstisch“, „Braut und Bräutigam“ oder „Jungfernsprung“. Mehr als zwei Dutzend Burgen erinnern an die Geschichte der Kelten und Römer, der Salier und Staufer, die hier ihre Spuren hinterlassen haben.

Am Ortseingang ragt unübersehbar ein schlanker Fels empor, der nach der Sage „Jungfernsprung“ heißt. Einst soll eine Schäferin auf der Flucht vor einem Jäger, der sie verfolgte, an den Felsvorsprung gekommen sein. Nur durch einen Sprung in die Tiefe konnte sie sich vor ihrem Verfolger retten. Ein Gebet sprechend, sprang sie vom Fels. Wie durch ein Wunder überlebte die junge Frau den Sturz ins Tal, und an der Stelle, wo sie aufkam, entsprang eine Quelle, die sich allerdings nicht erhalten hat.

ERLENBACH (Lkr. Südwestpfalz)

Burg Berwartstein

Die sagenumwobene Burg, die 1893–1896 im Stilempfinden der Romantik wieder errichtet und heute bewohnt und bewirtschaftet wird, fand ihre erste Erwähnung 1152 als Reichsburg. Im 14. Jh. wurde der Vorwurf des Straßenraubs der Wehranlage zum Verhängnis, als nach wochenlanger Belagerung einem Heer der Reichsstädte *Straßburg* und *Hagenau* die Erstürmung gelang und die Burg zerstört wurde.

Der wohl berühmteste Burgherr war der thüringische Ritter Hans von Trotha (Hans Drot), der die Anlage 1480 erwarb. Fast ein Vierteljahrhundert, bis zu Hans von Trothas Tod, dauerten die Streitigkeiten um Besitzrechte mit dem Kloster *Weißenburg*. Der kämpferische (Raub-)Ritter „Hans Trapp“ und seine Taten blieben in der Erinnerung der Bevölkerung lebendig und fanden Eingang in zahlreiche Sagen. So soll der Ritter etwa die Lauter angestaut und dadurch eine verheerende Überschwemmung angerichtet haben, welche die Ernte des Klosters vernichtete. In der Weißenburger Gegend diente Hans Trapp bis ins 20. Jh. hinein als Schreckgespenst, mit dem man den Kindern Angst machte: „Wenn Kinder schrei'n zu Weißenburg und Wort und Rut' nicht frommt, so schlägt gewiß zuletzt noch durch der Ruf: ‚Hans Trapp, der kommt!‘“

Auf die Belagerung und Einnahme der Burg im 14. Jahrhundert geht wohl die Sage von der Weißen Frau auf dem Berwartstein zurück: Als der Feind nach langer Belagerung die Burg stürmte, gab es ein fürchterliches Gemetzel. Alle Verteidiger kamen um. Die Burgfrau rettete sich mit ihrem Säugling an einen sicheren Ort. Doch die Besatzer legten Feuer, so dass der Berwartstein bald in hellen Flammen stand. Da die Burgfrau sich nicht den rohen Kriegshorden ausliefern wollte, stürzte sie sich in ihrer Verzweiflung mit ihrem Kind in die Flammen. Seitdem kehrt sie einmal im Jahr zu ihrer Burg zurück. Um Mitternacht holpert ihr Wagen durch das Dorf und hält am Fuße des Felsens an. Die weiß gekleidete Frau steigt mit ihrem Kind die Burg hinauf und stürzt sich voller Verzweiflung in die Tiefe.

HEIDELBERG

Schloß

Um Schloß und Parkanlage ranken sich viele Sagen. Eine von ihnen hat Generationen von Heidelberger Kindern (und Besuchern) besonders imponiert: die Sage vom Hexenbißring. Am Einlaßtor des Schlosses befindet sich ein schwerer, eiserner Ring, von dem es heißt, daß derjenige zum Besitzer des Heidelberger Schlosses würde, dem es gelingt, den wuchtigen Ring mit Hilfe seiner Zähne zu sprengen. Vor langer Zeit soll eine Hexe von der Geschichte gehört haben und flog nach Heidelberg, um das Schloß in ihren Besitz zu bringen. Nachdem der erste und der zweite Hexenbiß den Ring nicht sprengen konnten, setzte die Hexe zu einem dritten verzweifelten Versuch an, bei dem ihre Zähne einen tiefen Spalt in den ehernen Reifen rissen. Trotzdem glückte es ihr nicht, den Ring zu zerbrechen, ja sie mußte sogar einen ihrer Hexenzähne darin zurücklassen. Mehr vor Wut als vor Schmerz heulend, verschwand sie und wurde nie wieder gesehen. Seither sind alle Bemühungen, die von der Hexe geschlagene Kerbe auch nur ein klein wenig zu vergrößern, erfolglos verlaufen. Der Sprung im Eisen ist heute noch zu sehen und wird „Hexenbiß“ genannt.

LANDSTUHL (Lkr. Kaiserslautern)

Burg Nannstein, Sickinger Würfel

Reichsritter Franz von Sickingen (1481–1523), der „letzte Ritter“, ist im Bewußtsein des Städtchens Landstuhl noch recht gegenwärtig. Durch zahlreiche Fehden schuf er sich am Mittelrhein eine starke Machtposition, 1517 wurde er Feldhauptmann Kaiser Maximilians I. und dann seines Nachfolgers Karl V. Als er als Hauptmann des „Landauer Bundes“, einem Zusammenschluß der oberrheinischen Ritterschaft, einen Kampf gegen *Trier* begann, mußte er 1523 auf seiner Burg Nannstein, oberhalb der Stadt gelegen, Zuflucht suchen und starb dort bei der Belagerung durch die Truppen des Landgrafen von Hessen und der Kurfürsten von Trier und von der Pfalz. In der katholischen Pfarrkirche St. Andreas befindet sich das Grabmal Sickingens.

Grabmal des Franz von Sickingen an der Pfarrkirche St. Andreas

Die sog. Sickinger Würfel auf dem Alten Markt, drei quadratische Sandsteinblöcke, sind Reste eines römischen Grabmals. Wie sie ihren Platz auf dem Markt fanden, weiß folgende Sage zu berichten: Franz von Sickingen, mit Riesenkräften ausgestattet, pflegte einst mit den schweren Quadern zu würfeln. Auch sollen sie ihm die Zukunft vorausgesagt haben. Bei einer Bedrohung durch seine Feinde befragte Sickingen in seiner Not die Würfel. Sie prophezeiten ihm eine dunkle Zukunft. Darüber war der Ritter so erbost, daß er einen nach dem anderen nahm und ihn den Berg hinunter warf, wo sie heute noch liegen.

Neustadt an der Weinstrasse

Hambacher Schloß

Das Hambacher Schloß, im Volksmund *Kestenburg* genannt (Keste = Kastanien), war im 19. Jahrhundert Schauplatz der ersten politischen Massenkundgebung in Deutschland. Am 27. Mai 1832 zogen 30 000 Menschen von Neustadt aus zur Burg, um gegen Fürstenwillkür und für demokratische Rechte und ein geeintes Deutschland zu demonstrieren.

Auf dieser exponierten Anhöhe soll einst Jesus vom Satan in Versuchung geführt worden sein. Der Teufel soll Jesus auf den Kestenberg geführt und ihm von hier oben die Schätze der Welt gezeigt haben mit den Worten: „All dies soll dir gehören, wenn du vor mir nieder-

Zug auf das Hambacher Schloß, 1832

fällst und mich anbetest." Darauf soll Jesus gesagt haben: „Behalt's." Der Teufel machte sich aus dem Staub, aber das Wort des Herrn soll der Region den Namen gegeben haben: Pfalz.

OGGERSHEIM (Stadt Ludwigshafen/Rhein)

Stadtmauer

Der Ludwigshafener Stadtteil Oggersheim ist gut ein Jahrtausend älter als die Chemiestadt am Rhein; bereits im 10. Jh. ist die Grundherrschaft des Klosters *Weißenburg* beurkundet. Von der ehemaligen Stadtbefestigung finden sich im Ortsbild noch einige Reste. Die Sage von Hans Warsch, dem Oggersheimer Hirten, der seine Stadt vor der Verwüstung durch die Spanier rettete, geht auf den Dreißigjährigen Krieg zurück: Beim Anrücken der Spanier waren alle Bewohner des Ortes geflohen – außer Hans Warsch, der seine Frau und das neugeborene Kind nicht allein zurücklassen wollte. Als die Spanier vor Oggersheim erschienen, schloß Warsch die Tore ab. Vom Turm herab erwiderte er den Belagerern, daß die Tore geöffnet würden gegen Zusicherung des Schutzes der Bürger und Achtung des Eigentums. Andernfalls wäre man zu mutiger Gegenwehr entschlossen. Da die Spanier eine wehrbereite Bevölkerung innerhalb der Stadtmauern befürchteten, ging deren Anführer auf die Bedingungen ein. So war denn die Verwunderung groß, als man beim Einzug in das Städtchen nur eine Frau mit ihrem Säugling vorfand. Der spanische General war ob des Mutes und der Treue des Hirten so gerührt, daß er Oggersheim verschonte und sogar bei der Taufe des Kindes Pate stand.

Speyer

Dom St. Maria und St. Stephan – Kaisergruft

Speyer, im Mittelalter zeitweise zu den wichtigsten Städten Deutschlands zählend, ist vor allem wegen des ehrwürdigen Kaiserdoms St. Maria und St. Stephan, einem der größten romanischen Sakralbauten Europas, von Interesse. Die Stadtgeschichte Speyers ist eng verbunden mit der Geschichte der salischen Kaiser, die sich hier unweit des Rheinufers ihren Dom und ihre Grablege erbauen ließen. Konrad II., erster Herrscher aus dem Hause der Salier, wählte den in seinem Machtbereich gelegenen alten Bischofssitz Speyer als Standort seiner neuen Haus- und Eigenkirche aus. Exakte Angaben zum Gründungsdatum, das für das Jahr 1030 angenommen wird, existieren zwar nicht, dafür berichtet eine Legende, daß Kaiser Konrad in aller Frühe den Grundstein zum Kloster *Limburg* (bei *Bad Dürkheim*) gelegt habe und dann mit seiner Gemahlin und seinem Gefolge nach Speyer geritten und dort den Grundstein zum Dom und zum Johannisstift, dem späteren Guidostift, legte.

Kaiserdom

Wie nach ihm sieben andere deutsche Herrscher fand Kaiser Konrad II. seine letzte Ruhe in der Kaisergruft des Speyerer Doms. Am Eingang zur Gruft befindet sich die Grabplatte König Rudolfs von Habsburg (1273–91), des ersten Habsburgers, der 1273 zum deutschen König gewählt wurde. Rudolf von Habsburg, der durch die Heirat seiner Tochter Mechthilde mit dem Pfalzgrafen Ludwig II. mit der Pfalz verbunden war und zahlreichen Orten der Region während seiner Herrschaft die Stadtrechte verlieh, wählte die ehrwürdige Grablege der salischen Herrscher in bewußter Anknüpfung an die alte Königs- und Kaisertradition.

Einer Sage zufolge soll der König vom 15 km entfernten *Germersheim*, seinen Tod vorausahnend, zum Sterben nach Speyer geritten sein. Die Glocken läuteten, und alles Volk war aus den Häusern und Hütten geströmt, um Rudolfs Ritt zum Grabe das Geleit zu geben. In Speyer angekommen, ließ sich der Kaiser aus dem Sattel heben und stieg mit letzter Kraft die Stufen des Domes hinauf. Vom Bischof mit den Sterbesakramenten versehen, verschied er nach seinem letzten Gebet.

Bronzeplastik im Domgarten

Im Domgarten, östlich zum Rhein hin gelegen, steht eine Bronzeplastik. „Fährmann, hol über" ist sie benannt, in Erinnerung an eine Sage, die ebenfalls mit den mittelalterlichen Kaisern zu tun hat und die im Volk lange verbreitete Sehnsucht nach einer glanzvollen Epoche für die Stadt und das gesamte Land widerspiegelt: In einer Oktobernacht des Jahres 1813, während der Befreiungskriege gegen Napoleon, sollen sich um Mitternacht am Ufer des Stromes mehrere schwarz gekleidete Gestalten beim Fährmann eingefunden und die Überfahrt verlangt haben. Bei der Rückkehr würde der Schiffer entlohnt, versprachen sie. In der vierten Nacht nach dieser seltsamen Begegnung hörte der Fährmann den bekannten Ruf „Hol über!" von der anderen Rheinseite. Es waren die selben schwarzen Gestalten, deren Schwerter und Rüstungen unter den Mänteln blitzten. Nachdem sie auf der Speyerer Seite angekommen waren, zahlten sie für die Überfahrt und verschwanden im Dom. Als der Fährmann später von der Völkerschlacht bei *Leipzig* hörte, ahnte er, daß seine nächtlichen Passagiere die Kaiser gewesen, die aus ihrer Gruft gestiegen waren und den Deutschen in der Schlacht Beistand geleistet hatten.

Worms

Dom St. Peter und Hagen – Standbild am Rhein

Worms stellt sich als Nibelungenstadt dar; die Nibelungen sind in der Stadt omnipräsent: in Form von Denkmälern (Hagen-Standbild am Rhein, Siegfriedbrunnen am Markt), Architektur (Dom, Nibelungenschule, Nibelungenbrücke), Plätzen, Straßen- und Gaststättennamen bis hin zu Biermarken.

Auf der Treppe zum Hauptportal des romanischen Domes spielte sich eine entscheidende Episode der

Nibelungensage ab: Der Streit der Königinnen Brunhild und Kriemhild um das Recht, wer von beiden als erste den Dom betreten dürfe. Der Königinnenstreit hatte fatale Folgen für Siegfried: Brunhild rächte sich für Siegfrieds betrügerische List und auch für die Indiskretion Krimhilds, welche den Betrug öffentlich machte, und ließ den Ritter durch Hagens Schwert richten. Hagen von Tronje seinerseits soll den Nibelungenhort im Fluß versenkt haben. Ein Standbild am Rhein erinnert an die Sage. Nach Siegfrieds Tod hatte Kriemhild den Schatz aus dem Nibelungenland holen lassen. Zwölf Doppelwagen schafften die unermeßlich große Ladung an Gold, Edelsteinen und Geschmeiden flußaufwärts nach Worms. Siegfrieds Witwe hatte indes keine Freude an ihrem Reichtum, der ihr den Geliebten nicht zurück bringen konnte. So erwarb sie sich als mildtätige Frau viel Sympathie beim Volk, weil sie Teile ihres Vermögens an die Armen verschenkte. Hagen von Tronje, ihr Erzfeind, ruhte nicht eher, bis er sich heimlich den Zugang zur Schatzkammer verschafft und den gesamten Schatz im Rhein versenkt hatte. Von nun an beweinte Kriemhild nicht nur den Verlust des Gatten, sondern auch des Nibelungenhorts – was ihre Rachegelüste nur noch steigerte. Bekanntermaßen nahm Kriemhild Jahre später blutige Rache, indem sie die Burgunden an den Hof König Etzels in einen tödlichen Hinterhalt lockte. → Grasellenbach (Odenwald) → Xanten (Niederrhein)

Schwarzwald

Baden-Baden

Wandelgang in der Trinkhalle
In der Trinkhalle sind 14 großformatige Wandfresken in Anlehnung an regionale Sagenstätten zu sehen; darunter ist auch die Sage von den Nixen im schönen Mummelsee, die ein beliebtes Thema der romantischen Dichtung geworden sind.
→ Mummelsee

Blick ins Innere der Trinkhalle von Baden-Baden. Kupferstich

Bad Säckingen (Lkr. Waldshut)

Trompeterschlößchen
Das im 17. Jh. erbaute Schloß der Freiherren von Schönau wurde berühmt als Schauplatz von Victor von Scheffels Versepos „Der Trompeter von Säckingen“. Eine Bronzeplastik des Trompeters begrüßt den Besucher auf der Freitreppe. In Scheffels romantischer Dichtung gewinnt der arme Student Werner Kirchhofer mit seinem Trompetenspiel die Liebe des Freifräuleins Margarete von Schönau. Ihr Vater lehnt eine Verbindung aber wegen des Standesunterschiedes ab. Traurig verläßt der junge Trompeter Säckingen und zieht nach Rom, wo er päpstlicher Kantor wird. Nach einigen Jahren kommt auch Margarete nach Rom – der Zufall führt sie zusammen und ihre Liebe findet ein glückliches Ende: Der Papst ernennt seinen Kantor zum Marchese Camposanto, so daß der ehem.

Trompeter seine Geliebte nun standesgemäß heiraten kann. Der Papst selbst zelebriert die Messe.
Scheffel hat sich von einer wahren Begebenheit inspirieren lassen: Maria Ursula von Schönau, die in dem Schlößchen aufgewachsen war, heiratete im Jahr 1657 den Bürgerlichen Franz Werner Kirchhofer. Die unstandesgemäße Verbindung stieß auf Widerstand seitens der Adelsfamilie. Man versuchte sogar, das junge Paar aus vorderösterreichischen Landen zu vertreiben. Kirchhofer wußte sich jedoch durchzusetzen und brachte es zu Ansehen und Wohlstand. Der Grabstein des Ehepaares Kirchhofer befindet sich heute an der Choraußenwand des Fridolinsmünsters.

BAHLINGEN (Lkr. Emmendingen)

„Hoselips“ im Rathaus
Im Bürgersaal des Bahlinger Rathauses steht auf einem Faßriegel die holzgeschnitzte Figur des „Hoselips“. Die mit Trauben und Weinlaub gekrönte Gestalt soll wie viele ähnliche Faßverzierungen am Oberrhein den Weingott Bacchus darstellen. Seinen Namen hat der grimmig dreinschauende Hoselips wohl von seinem aus Früchten und Rebblättern bestehenden Lendenschurz erhalten. Die früher häufig bei Festumzügen mitgeführte Figur hatte ursprünglich eine Riesentraube in der rechten Hand, die man nach dem Zweiten Weltkrieg durch ein Weinglas ersetzte, mit dem der Hoselips die Besucher begrüßt.
Daß dieser Bahlinger Bacchus ein wirklicher Weingott und damit auch für die Fruchtbarkeit der Region zuständig ist, soll er im Jahr 1880 bewiesen haben: Damals kaufte ein Mannheimer Weinhändler den gesamten Herbst (Weinernte) der Kaiserstuhlgemeinde unter der Bedingung auf, daß er die Figur als Dreingabe erhalte. Doch nachdem der Hoselips den Ort verlassen hatte, folgte eine schlechte Weinernte der anderen. Da man das Ausbleiben des Weinsegens mit dem Verschwinden der Bacchusfigur in Verbindung brachte, mußte der Gemeinderat auf Drängen der Winzer den Hoselips wieder zurückkaufen.

ETTLINGEN (Lkr. Karlsruhe)

Narrenbrunnen
Der Brunnen auf dem Ettlinger Marktplatz zeigt als Bekrönung einen in roten Sandstein gehauenen Narren mit seinem Kind. Das Narrenkind, das zu seinen Füßen kauert und dem Betrachter sein nacktes Hinter-

teil weist. Auf der Brunnensäule ist neben einigen Narrenattributen wie Eselsohrenkappe, Zepter und Schellen auch ein Porträtmedaillon zu sehen, das den badischen Hofnarren Hennslin von Singen darstellen soll.

Von diesem Hans von Singen ist folgende Geschichte überliefert: Der Markgraf von Baden hatte zwölf Ettlinger Ratsherren wegen eines Übergriffs auf das Kloster Frauenalb zum Tode verurteilt. Der Vollstreckung dieses Urteils in Ettlingen wohnte er selbst bei, und als der elfte Ratsherr geköpft wurde, fragte er seinen Hofnarren, wie ihm dieses Köpfen gefalle. Darauf gab Hans die Antwort: „Wenn's Weidenstöcke oder Krautköpfe wären, die wieder nachwüchsen, gefiele es mir schon!" Dieser schlagfertige Spruch veranlaßte den Markgrafen, den zwölften Ratsherren zu begnadigen.

→ Stockach (Schwaben-Bodensee)

FELDBERG (Lkr. Breisgau-Hochschwarzwald)

Feldberg und Feldsee

Jahrhundertelang war das Feldberggebiet außer von Hirten kaum besiedelt. Viele Sagen handeln von spukenden Geistern, die man möglichst weit weg von den menschlichen Behausungen der Täler in dieses einsame Grenzland des 1493 m hohen Berges verbannen ließ, um sie loszuwerden.

Vor allem in den 340 m unterhalb des Feldbergs liegenden, kreisrunden Feldsee soll man unliebsame Geister hineinbeschworen haben. Eine Sage berichtet folgendes: Ein Fürstabt und zwei weitere Mönche des Klosters St. Blasien sollen ihre Untertanen schlecht behandelt und übervorteilt haben. Zur Strafe für ihre Sünden mußten sie nach dem Tod als ruhelose Geister im Kloster umgehen. Um sie endlich loszuwerden, ließ man einen Kapuzinerpater aus *Staufen* kommen, der die „Armen Seelen" in Säcke bannte. Mit zwei Männern trug er sie zum Feldsee, wo sie die schwere Last hineinwarfen. Die ruhelosen Seelen waren nun an den See und seine nächste Umgebung gebunden. Einem Löffelschnitzer sollen sie im Wald begegnet sein. Der Abt mit seinem goldenen Kreuz schritt voraus und klagte: „O weh!", der zweite Mönch: „Die Armut!", der dritte: „Das ungerechte Gut!"

Berg und See waren einst auch das Herrschaftsgebiet des „Dengelegeistes", der Wanderer und Hirten in den Nebeln und Schneestürmen irreführte. Dieser Geist, der als unheimliche, schwarze Gestalt beschrieben wurde, soll in der Abendzeit oft gehört worden sein, wenn er seine Sense klopfte (‚dengelte'). Er galt als Todesbote. Dem Dichter Johann Peter Hebel war dessen grausiges Aussehen allerdings zuwider. In seinem Gedicht „Geisterbesuch auf dem Feldberg" verwandelte er den Geist in einen lieblichen Engel in weißem Gewand mit rosenfarbenen Gürtel, der „in mitternächtiger Stunde uffeme silberne Gschirr si goldeni Sägese (Sense) denglet". Damit hat der Geist seinen Schrekken als „Schnitter Tod" verloren. Er nimmt die Sense nur noch in die Hand, um die Matten des Feldbergs zu mähen und mit dem Gras den Esel des Weihnachtskindes zu füttern.

Freiburg im Breisgau

Schwabentor

Von der mittelalterlichen Stadtbefestigung Freiburgs existieren noch das Martinstor und das Schwabentor. Durch das in der ersten Hälfte des 13. Jh. erbaute Schwabentor verlief die Hauptverkehrsader der Stadt, die Salzstraße. Von hier zogen die Fuhrwerke hinauf in den Schwarzwald und nach Schwaben. Daran erinnert ein Bild auf der Innenseite des Tores, das einen Händler mit seinem vierspännigen Fuhrwerk zeigt. Um diese allegorische Darstellung rankte sich bald die Sage vom reichen, einfältigen Bauern und seiner klugen Frau:
Ein schwäbischer Bauer hatte so viel von der Schönheit Freiburgs gehört, daß er beschloß, die Stadt zu kaufen. Er füllte zwei Fässer mit Gold, fuhr hinunter in die Stadt und fragte: „Was kostet's Städtle?" Die Bürger lachten ihn gewaltig aus, weil ihnen Freiburg nicht für alles Gold der Welt feil gewesen wäre. Noch mehr

Freskobild am Schwabentor

Spott erntete der Schwabe jedoch, als er, um seinen Reichtum zu demonstrieren, die Fässer öffnete und darin statt des Goldes nur Sand vorfand – seine kluge Frau hatte heimlich den Inhalt ausgetauscht.

Berthold-Schwarz-Brunnen auf dem Rathausplatz
Der Brunnen vor der ehem. Franziskanerkirche zeigt in einem großen steinernen Standbild den Franziskanermönch Berthold Schwarz, jenen Alchimisten, der in seiner Klosterstube zufällig das Schießpulver entdeckt haben soll – wie es auf den Fresken am Brunnenstock zu sehen ist. Die Bedeutung Freiburgs als Bergbaustadt – die Hochblüte des Silber- und Erzabbaus am Schauinsland und im Münstertal liegt in der Mitte des 13. Jh. – macht ein Wirken von Berthold Schwarz nicht unwahrscheinlich. Historisch belegt ist, daß Berthold Schwarz 1388 in Prag wegen Ketzerei zum Tode verurteilt und auf dem Scheiterhaufen hingerichtet wurde. Sein Name ist vermutlich ein Pseudonym und vom lat. „niger" = schwarz abgeleitet. Um 1400 wird „niger Bertholdus" in Abschriften eines Feuerwerksbuches als Erfinder einer Steinbüchse genannt, mit der sich Steinkugeln bis zu 2,5 km weit schießen ließen. In der Tat tauchten solche Waffen Anfang des 15. Jh. am Oberrhein auf. Das Schwarzpulver, das der Sage nach seinen Namen von dem experimentierfreudigen Mönch trägt, wurde allerdings bereits im 11. Jh. in China entwickelt.
→ Goslar (Harz)

HASEL (Lkr. Lörrach)

Erdmannshöhle
Die Haseler Erdmannshöhle, die zu den ältesten und größten Tropfsteinhöhlen Deutschlands gehört, ist auf 500 m ausgebaut und besteht aus mehreren Haupthöhlen, Grotten und Seitengängen, die im Laufe der Zeit so klangvolle Bezeichnungen wie etwa ‚Rittersaal', ‚Zaubergarten' oder ‚Fürstengruft' erhalten haben.
Wie schon der Name vermuten läßt, sollen hier Erdmännlein gewohnt haben. Diese Männlein waren nur ein paar Spannen hoch, von zierlicher Gestalt und besaßen sanfte Gesichtszüge. Den guten Leuten in Hasel und den umliegenden Ortschaften halfen sie unentgeltlich bei der Feldarbeit, im Stall und in den Spinnstuben. Um zehn Uhr abends mußten die hilfreichen Geister allerdings wieder nach Hause gehen, sonst wurden sie von ihrem Herrscher ausgezankt. Einem Bauern, der zwei Erdmännlein mit Suppe bewirtete,

lohnten sie seine Gastfreundschaft damit, daß sie ihn in ihre Höhle mitnahmen und ihm alles zeigten. Viele tausend Erdleute waren hier mit dem Abbau von Gold und Silber beschäftigt. Als der Bauer sich alles angesehen hatte, schenkten ihm die Männlein eine Stange Gold. Und so geschah es jedesmal, wenn er ihnen wieder von seiner Suppe abgab. Eigentümlich erschien ihm nur, daß die kleinen Leute ihre Füße niemals zeigten und unter langen Gewändern verbargen. Um seine Neugier zu befriedigen, streute der Mann Asche vor seine Haustür, in der sich die Fußstapfen der Zwerge abdrücken sollten. Als die Männlein darübergingen, blieben Fußspuren zurück, die denen von Gänsen glichen. Über diesen Verrat waren die Erdmännlein so erzürnt, daß sie sich seitdem nie wieder in der Gegend blicken ließen.

HÖLLENTAL (Lkr. Breisgau-Hochschwarzwald)

Hirschsprung im Höllental

Seinen Namen hat das Höllental, bis ins 18. Jh. „Falkensteiner Tal“ genannt, von französischen Soldaten, die das damals sehr enge, urwüchsige und durch Felsstürze und Hochwasser oftmals schwer passierbare Tal „Val d' Enfer“ nannten. Am Eingang des Höllentals liegt der Hirschsprungfelsen. An ihn knüpft sich eine auch von anderen Felsklüften erzählte Sage, wonach ein von Jägern gehetzter Hirsch den Sprung über das Tal hinweg auf die andere Felswand gewagt haben soll, um seinen Verfolgern zu entkommen. Ein 2,50 m hohes und 350 kg schweres Denkmal aus getriebenem Kupfer soll an die Sage erinnern.

Die ‚Höll‘, Eingang zum Höllental. Lithographie

Hornberg (Ortenaukreis)

Hornberger Schießen

Ein Wandgemälde am Rathaus stellt das sprichwörtlich gewordene Hornberger Schießen dar: Im Jahr 1564 erwarteten die Hornberger ihren Landesherren, den Herzog von Württemberg. Das ganze Städtchen war aufgeregt und traf Anstalten, den Herzog vom Schloßberg herab mit Salutschüssen würdig zu empfangen. Als nach langem Warten endlich eine Staubwolke herannahte, schossen die Hornberger in ihrem Übereifer die Böller ab. Doch leider hatte sich nur eine blökende Schafherde über die Straße gewälzt, so daß beim Einrücken des Landesherren alles Pulver verschossen war. Die Hornberger, so heißt es, sollen ihrem Fürsten sodann mit lauten „Piff-Paff"- und „Bum-Bum"-Rufen einen donnernden Empfang bereitet haben, was dieser allerdings höchst ungnädig aufgenommen und die Schreier für einige Tage in den Kerker geworfen haben soll.
Ein Brunnen mit einer Inschrift am Brunnenrand zeigt den erzürnten Herzog. Jedes Jahr im Sommer erinnern die Hornberger mit einem Laienspiel an die Geschichte.

Lörrach (Lkr. Lörrach)

Burg Rötteln

Über dem Lörracher Ortsteil Haagen liegt die zweitgrößte Ruine Badens, die Burg Rötteln, deren älteste Teile aus dem 11. Jh. stammen. Eine Sage erzählt von einem Fluch der sog. „Hexe von Binzen", die mit einem Knecht der Burg verheiratet war: Als eines Tages der Lieblingshund des Schloßbesitzers starb, machte der Herr den Knecht wegen vermeintlich schlechter Pflege für seinen Tod verantwortlich und ließ ihn von seinen Hunden zerfleischen. Darauf verwünschte seine Witwe das Schloß und die grausame Herrschaft. Als Folge des Fluchs fiel der Bräutigam des Schloßfräuleins tot vom Pferd. Später soll die Frau den Feinden bei der Belagerung der Burg einen geheimen Eingang gezeigt und so zum Untergang Röttelns beigetragen haben.

Mummelsee (Ortenaukreis)

Am Fuß der Hornisgrinde liegt der 3,7 Hektar große Mummelsee, der mit gelben Seerosen (Mummeln) bewachsen ist. Der See, der eine ehemalige Gletscher-

Blick in den Mummelsee mit Drachen

mulde ausfüllt, ging bereits im 17. Jh. als sagenumwobener Ort in die Literatur ein. Simplicius, Held des gleichnamigen Romans von Johann Jakob von Grimmelshausen, erfährt von den Einheimischen in *Griesbach* allerhand ‚lügenhafte' Geschichten über den See. So soll sich ein schreckliches Ungewitter erheben, sobald man einen Stein in das Wasser werfe. Auch sollen im See Erd- und Wassermännlein wohnen. Einmal soll ein brauner Stier aus dem Wasser gestiegen, sich zu dem Vieh der Bauern gesellt haben und bald darauf von einem kleinen Männlein wieder zurück in den See gebracht worden sein. Ein Jäger hätte auf dem See ein Wassermännlein sitzen sehen, das einen ganzen Schoß voller Goldmünzen gehabt und damit gespielt hätte. In seinem Roman erwähnt Grimmelshausen außerdem eine Sage von der Unergründbarkeit der Seetiefe, wie sie in ähnlicher Form auch bei anderen Schwarzwaldseen (z. B. dem *Titisee*) vorkommt. So habe ein Herzog von Württemberg ein Floß auf den See rudern lassen, um dessen Tiefe auszuloten. Aus unerklärbaren Gründen sei es aber gesunken, und die Besatzung mußte sich an Land retten. Schließlich sucht Simplicius selbst den von dunklen Tannenwäldern umgebenen See auf und erlebt Abenteuer mit den darin lebenden Sylphen und deren König.

Zu Beginn des 19. Jh. verwandelten sich die ehemals kleinen Wassergeister der alten Sagen unter dem Einfluß romantischer Dichtung in schöne Seejungfrauen, über die der Seekönig als strenger Vater wacht. Bekannt wurde der Seekönig vor allem durch Eduard Mörikes Gedicht „Die Geister am Mummelsee“. Heute ist der einst so einsam gelegene See touristisch gut erschlossen; am Ufer kann man sich mit dem See-

könig, einer algenverzierten Gestalt mit langem Rauschebart und Dreizack, fotografieren lassen.
→ Baden-Baden (Schwarzwald) → Titisee (Schwarzwald)

OBERRIED (Lkr. Breisgau-Hochschwarzwald)

Kruzifix in der ehem. Klosterkirche
Die Pfarrkirche Mariä Krönung war ursprünglich die Klosterkirche des Wilhelmitenordens. An der Nordseite des Langhauses befindet sich ein spätmittelalterliches Kruzifix, das durch seine außerordentlich realistische Darstellung beeindruckt. Dieser Gekreuzigte soll nach einer Legende auf wunderbare Weise in das Oberrieder Kloster gelangt sein. Am Rheinufer wollten eine Magd und ein Knecht Futter holen, als sie einen eigentümlichen Gegenstand bemerkten, der flußaufwärts schwamm. Sie erkannten in ihm ein Kruzifix von seltsamem Aussehen: der lebensgroße Körper Christi sah aus wie eine Leiche, die im Wasser gelegen hatte. Die beiden zogen das Kreuz aus dem Fluß, banden es einer Kuh auf den Rücken und gingen zum nächsten Geistlichen, um ihn um Rat zu fragen. Vor dem Pfarrhaus angekommen, brachten sie das Tier jedoch nicht zum Stehen. Da riet ihnen der Pfarrer, die Kuh mit dem Kreuz laufen zu lassen, wohin sie wolle. Sie ließen sie weiterziehen und gingen mit ihr durch *Freiburg*, das Dreisamtal hinauf, bis nach Oberried. Hier hielt das Tier vor dem Wilhelmitenkloster. Darin

Kreuz in der Klosterkirche Oberried

erkannte man Gottes Fügung und stellte das Kreuz in der Klosterkirche auf.
Diese Legende vom flußaufwärts schwimmenden Bildnis hat einen realen Kern. Man vermutet, daß der um 1500 datierte Kruzifixus aus dem Mutterkloster der Wilhelmiten in *Hagenau* im Elsaß stammt. Die Legende gibt also die Richtung an, aus der das Kreuz kam. Da der Christus echte Menschenhaare trägt, wurde früher erzählt, die Haare des Gekreuzigten würden wachsen. Eine Warnsage berichtet von einem Studenten, der diesem Geheimnis auf die Spur kommen wollte. Er stieg auf eine Leiter und fing an, das Christusbild auf der rechten Seite zu rasieren. Doch der Frevler fiel herab und blieb tot am Boden liegen.
Die Legende der wachsenden Christushaare läßt sich wohl darauf zurückführen, daß die Perücke aus natürlichem Menschenhaar von Zeit zu Zeit durch eine neue ersetzt wurde. So konnte vor allem bei fremden Besuchern, die das Kreuz lange nicht mehr gesehen hatten, der Eindruck entstehen, die Haare seien gegenüber den alten vollkommener, ja sogar gewachsen.
→ Freising (München-Oberbayern) → Regensburg (Niederbayern-Oberpfalz)

STAUFEN (Lkr. Breisgau-Hochschwarzwald)

Gasthaus „Zum Löwen"
An der Giebelseite des Gasthauses „Zum Löwen" am Marktplatz stellt ein Fresko den Teufel dar, der gerade dem Doctor Faustus den Hals umdreht. Die Inschrift darunter erzählt von dem schrecklichen Ende, das der „weytbeschreyte Zauberer und Schwartzkünstler" in diesem Haus gefunden haben soll:
„Anno 1539 ist im Leuen zu Staufen Doctor Faustus so ein wunderbarlicher Nigromanta gewesen, elendiglich gestorben und es geht die Sage der obersten Teufel einer, der Mephistophiles den er in seinen Lebzeiten nur seinen Schwager genannt, habe ihm, nachdem der Pact von 24 Jahren abgelaufen, das Genick abgebrochen und seine arme Seele der ewigen Verdammnis überantwortet." Die einzigen Belege für einen etwaigen Tod Fausts in Staufen liefern zwei Textstellen der 1565 entstandenen Zimmerschen Chronik. Trotzdem weiß die Lokaltradition genau, wo Fausts Höllenfahrt begann: im Löwen, Zimmer Nr. 5, dritter Stock. Hier kann man heute noch übernachten.
Drei Häuser weiter, im spätgotischen Rathaus, befindet sich auf einer der obersten Stufen des Treppenturms ein Fußabdruck des Teufels. Er soll entstanden

sein, als der Leibhaftige, nachdem er Faust geholt hatte, mit gewaltigem Absprung die Stadt verließ.
→ Knittlingen (Schwaben-Bodensee) → Leipzig (Sachsen) → Maulbronn (Schwaben-Bodensee)

TITISEE-NEUSTADT (Lkr. Breisgau-Hochschwarzwald)

Titisee
Der 1,1 qkm große und bis zu 40 m tiefe Titisee ist Überrest eines eiszeitlichen Gletschers, der einst das ganze Bärental, die *Hinterzartener* Talmulde und das Gutachtal unterhalb *Neustadt* ausfüllte.
Vor vielen hundert Jahren soll unterhalb der Seesteige eine reiche Stadt mit einem Kloster gestanden haben. Ihre Bewohner waren so übermütig, daß sie Brotlaibe aushöhlten und darin wie in Schuhen gingen. Wegen dieser Frevelhaftigkeit versank die Stadt in der Erde, und an ihrer Stelle entstand der Titisee. An stillen Sonntagen hört man die Glocken dieser Stadt aus der Tiefe heraus läuten, und bei klarem Wetter soll man die Turmspitze der Klosterkirche erkennen können.
Als der See vor langer Zeit an der Höllsteige auszubrechen drohte, kam eine alte Frau und verstopfte die undichte Stelle mit ihrer Haube. Jedes Jahr verfault ein Faden davon, und wenn endlich auch der letzte vermodert sein wird, bricht der See durch und überschwemmt das ganze Dreisamtal. Eine andere Sage handelt von der Unergründbarkeit des Schwarzwaldsees: Als man versucht hat, mit einer Schnur und dem Senkblei die Tiefe in der Seemitte zu messen, rief eine schreckliche Stimme: „Missest du mich, so freß' ich dich!"
→ Mummelsee (Schwarzwald) → Zinnowitz (Mecklenburg-Vorpommern)

Panorama des Titisee

Schwaben-Bodensee

BISINGEN (Zollernalbkreis)

Burg Hohenzollern
Die erste Burg auf dem 885 m hohen Bergkegel, das Stammhaus des Hauses Hohenzollern, wurde 1423 nach langer Belagerung durch 18 schwäbische Reichsstädte zerstört, aber bereits 1454–61 wieder aufgebaut. Nach dem Dreißigjährigen Krieg zerfiel die Festung, bis König Friedrich Wilhelm IV. von Preußen im 19. Jh. nach mittelalterlichem Vorbild die heutige Burg im spätgotischen Stil errichten ließ. Die Wände der Galerie, die zwischen Grafensaal und Markgrafenzimmer liegt, sind mit großformatigen Gemälden aus dem Themenkreis der hohenzollerischen Sage und Geschichte geschmückt. Das an der Längsseite des Zimmers befindliche Bild hat den Titel ‚Die treue Magd aus Steinlach schreitet durch das Lager der Feinde'. Während der Belagerung der Burg soll die Geliebte des Grafen Friedrich XII, ein Mädchen aus *Mössingen*, die Sage von der „Weißen Frau" benutzt haben, um unbehelligt Proviant, Munition und Verbandsmaterial auf die bedrängte Festung zu bringen: Sie zog sich weiße Gewänder an und verkleidete sich so als der Schutzgeist der Hohenzollern. Nach einiger Zeit wurde das Mädchen jedoch entdeckt und gefangengenommen.
Von der Weißen Frau wußten auch noch spätere Generationen zu berichten: Der Geist soll mit einem Schlüsselbund in der Hand aus dem Burgtor herauskommen und zum Wald hinabgehen, bis er an einen Felsen kommt. An diesen Felsen pocht die Weiße Frau dreimal, und die Pforte zu einer Schatzhöhle öffnet sich. Wer ihr nachgehen will, wie dies einst ein Jägerbursche tat, wird von einem schwarzen Pudel mit feurigen Augen vertrieben.
Das Bild ‚Friedrich der Öttinger schlägt sich durch den Tross der Belagerer 1423' zeigt, wie der Zollergraf, verfolgt von Henriette von Württemberg, seine Gegner niederreitet, um Hilfe für die schwer bedrängte Burg zu holen. Im Gegensatz zu dem Mädchen gelang dem Grafen die Flucht. Auf zwei weiteren Gemälden sind ebenfalls sagenhafte Begebenheiten dargestellt, die sich am Fuß des ‚Hohenzollern' abgespielt haben sollen. Auf dem einen ist die legendäre Gründung der Wallfahrtskirche Maria Zell bei *Boll* durch Engel zu sehen.
Das andere über der Tür trägt den Titel ‚Die Strafe des Frevlers am heiligen Kreuz bei Stetten'. Einer Le-

gende zufolge hatte Graf Friedrich von Hohenzollern einen Knappen, der, um ein unfehlbarer Schütze zu werden, dreimal auf ein am Weg stehendes Kruzifix geschossen haben soll. Er konnte jedoch den Pfeil nicht mehr herausziehen; zudem schien es ihm, daß aus der getroffenen Stelle (der Seitenwunde) Blut fließe und der Gekreuzigte ihn mit schmerzlichem Blick anschaue. Auf Befehl des Grafen wurde der Knappe an der Stelle der Freveltat enthauptet. Nach einer anderen Version stürzte er nach der Tat zu Boden und starb im Beisein eines vorbeikommenden Priesters. Am Ort des Geschehens ließ der Graf die ‚Gottesacker'- oder ‚Heiligkreuzkapelle' bauen. Das Gemälde in der Bibliothek zeigt den tot vor dem geschändeten Bildstock liegenden Knappen, neben ihm den betenden Priester, im Hintergrund die Burg Hohenzollern.

BLAUBEUREN (Alb-Donau-Kreis)

Blautopf

Der Blautopf, in dessen Nähe das Benediktinerkloster liegt, ist der Punkt, an dem in einem weitverzweigten Höhlensystem angesammelte große Wassermengen an die Oberfläche drängen. Das Innere der gigantischen Blautopfhöhle ist bis heute nicht vollständig erforscht. Dies und die Schönheit des Blautopfs, der seinen Namen von der Tiefe und Reinheit des Wassers erhielt, haben auch die Sagenbildung angeregt.

Einst fanden zwei Brüder aus dem Geschlecht der Grafen von Helfenstein am Rand des Blautopfs einen schimmernden Stein. Als ihn der eine in die Hand nahm, wurde er unsichtbar. Lange berieten sie, wie der Zauberstein am besten zu nutzen sei. Da er aber nicht nur Glück, sondern auch Unheil über ihr Geschlecht bringen konnte, warfen sie ihn in den Blautopf, wo er heute noch liegen soll.

Im Jahre 1641 soll der Blautopf so stark angeschwollen sein, daß das naheliegende Kloster gefährdet war. Man hielt daher einen Bettag, veranstaltete eine Prozession zur Quelle und warf zur Versöhnung der dort wohnenden Nymphe zwei goldene Becher hinein, worauf das Toben des Blautopfes nachließ.

Die bekannteste Geschichte über den Blautopf stammt von dem schwäbischen Dichter Eduard Mörike. In seinem Märchen ‚Das Stuttgarter Hutzelmännlein' erzählt er auch die ‚Historie von der schönen Lau', die in einem auf dem Grund des Blautopfs liegenden Schloß wohnt. Sie ist dorthin verbannt worden, weil sie nur

Der Blautopf von Julius Steinkopf, um 1840

tote Kinder zur Welt brachte; das wird sich erst ändern, nachdem sie fünfmal von Herzen gelacht hat. Bei der Wirtin vom Nonnenhof lernte sie das Lachen und stiftete aus Dankbarkeit einen Krug voll Silbergroschen, der nie leer wird, sowie ‚auf hundert Jahre fünf Glückstage'. Eine Skulptur der ‚Schönen Lau' steht an der Nordseite der Hammerschmiede am Blautopf.

Hohenkrähen (Gem. Hilzingen, Lkr. Konstanz)

„Poppele" vom Hohenkrähen
Burg Hohenkrähen, auf einem 622 m hohen, markanten Bergkegel gelegen, ist die Heimat des „Poppele", der bekanntesten Hegauer Sagengestalt. Vast Popolius Maier lebte hier zu Beginn des 15. Jh. als Burgvogt. Er galt als Raufbold und Leuteschinder. Seine Greueltaten riefen den Abt eines schwäbischen Klosters herbei, der auf der Burg nach dem Rechten sehen wollte. Popolius lockte den Abt in den Kerker, wo er ihn gefangen setzte. Hier sollte dieser bleiben, bis er bei Wasser und Brot so zusammengeschmolzen wäre, daß man ihn durch ein Nadelöhr ziehen könne. Erst nach 9 Jahren und 40 Tagen wurde er freigelassen. Mit Hilfe eines alten Zauberbuches verfluchte der Abt den Burgvogt, so daß dieser vom Pferd stürzte und sich das Genick brach – seither muß er als Geist umgehen.
Nach einer anderen Sage ermordete er hinterrücks seinen eigenen Bruder, um ihn zu beerben. Vor Gericht leugnete er dies und schwor, die Wahrheit zu sagen, sonst wolle er als Geist umgehen. Als solcher nahm er nach seinem Tod an allen Feldzügen Napoleons teil. 1813 kehrte er allerdings in den Hegau zurück und er-

klärte, er tue jetzt nicht mehr mit, weil Napoleons Heer bald unterliegen werde.

Das Grab des Poppele soll sich in *Mühlhausen* befinden: hier erinnern eine Grabplatte an der südlichen Außenmauer der Kirche sowie ein Brunnen an die Sagengestalt.

KNITTLINGEN (Enzkreis)

Fausts Geburtshaus, Faustdenkmal

Knittlingen gilt als Geburtsort des historischen Dr. Faust. Als Geburtsjahr wird meist 1480 angegeben. An den berühmtesten Sohn der ‚Fauststadt' erinnert auch eine Bronzestatue vor dem Neuen Rathaus. Im Alten Rathaus sind das Faust-Museum und Faust-Archiv untergebracht.

Johann Georg Faust soll in Heidelberg, Ingolstadt und Krakau Medizin, Astrologie und Alchemie studiert und sich bereits früh mit Magie befaßt haben; schließlich schloß er einen Teufelspakt, der ihm für 24 Jahre die Dienste Mephistopheles sicherte. Schon zu Lebzeiten hat die Sagenbildung um seine Person eingesetzt, wobei bereits bekannte Motive von Zaubertaten, die man auch Albertus Magnus und anderen Gelehrten

Dieses Faust-Bild nennt Knittlingen (= Kundlingen) als Fausts Geburtsort

zugeschrieben hatte, auf Faust übertragen wurden: mit Hilfe des Teufels fliegt er durch die Luft, läßt mitten im Winter Gärten erblühen und Feldwege pflastern, bevor er darüberfährt, und dann blitzschnell wieder aufreißen. Als Sterbeorte Fausts werden u. a. Maulbronn, Wittenberg und Staufen genannt.
→ Leipzig (Sachsen) → Maulbronn (Schwaben-Bodensee) → Staufen (Schwarzwald)

Lorch (Ostalbkreis)

Limes

In Lorch stoßen der Obergermanische Limes und der Rätische Limes aufeinander. Dieser Grenzwall der Römer, um 155 n. Chr. angelegt und 213 verstärkt, soll nach dem Volksglauben ein Werk des Teufels sein: Der Satan bat sich von Gott ein Stück Land aus, so groß, daß er es in einer Nacht mit einer Mauer oder einem Graben umgeben könne. Die Bitte wurde ihm gewährt, worauf er in Gestalt eines Schweines den Erdwall aufzuwühlen und aufzuwerfen begann; deshalb heißt der Limes auch „Schweinsgraben". Weil der Teufel es aber auf ein zu großes Stück Land abgesehen hatte, überraschte ihn der Tag noch vor der Vollendung der Verschanzung. Aus Ärger zerstörte er sofort wieder das ganze Werk.

Maulbronn (Enzkreis)

Kloster

Das ehemalige Zisterzienserkloster Maulbronn gilt als die am besten erhaltene mittelalterliche Klosteranlage nördlich der Alpen. Eine Gründungslegende erzählt von der Wahl des richtigen Ortes für den Klosterneubau: Die elsässischen Mönche des Klosters Neuburg beluden einen Maulesel mit dem für den Neubau bestimmten Geld und ließen ihn frei laufen. Als dieser an einer Quelle Rast machte, war so der neue Platz gefunden, der nach seiner Auffindung durch einen Maulesel ‚Maulbronn' genannt wurde.
Zur Erinnerung an diese Begebenheit ist im Gewölbe des Brunnenhauses das Bildnis eines an einem Brunnen stehenden Maulesels angebracht worden. Seit dem frühen 18. Jh. zeigt auch das Wappen von Maulbronn ein ‚Maultier vor einem Bronn'.
Das Tal, in dem Maulbronn liegt, war zum Zeitpunkt der Gründung unbewohnt und diente Räubern und Wegelagerern als Schlupfwinkel. Diese drohten, alles zu zerstören, falls der Klosterbau nicht sofort einge-

stellt werde; einer der Mönche schwor daraufhin, das Kloster nicht fertig zu bauen. Man vollendete den Bau trotzdem, ließ aber an der linken Wand des Kirchenschiffs eine Lücke und legte den fehlenden Quaderstein darunter. Als die Räuber die Mönche des Meineids beschuldigten, wiesen diese auf das Loch und den Stein: die Kirche sei noch nicht fertig und werde nie fertig werden. Daraufhin zogen die Räuber ab und ließen die Mönche fortan in Frieden.
Der schwäbische Arzt und Dichter Justinus Kerner berichtet in seinen Maulbronner Kindheitserinnerungen von allerlei Spukerscheinungen. So soll in den Gängen der ehemaligen Prälatur der verstorbene Prälat Weiland umgehen: er ging die Treppe hinab und setzte sich in die damals noch vorhandene Prälaturkutsche. Auch soll ein Poltergeist sein Wesen getrieben haben, der gelegentlich die Gestalt einer schwarzen Katze annahm.

Faustturm
Von der ehemaligen Wehrmauer des Klosters sind heute noch drei Befestigungstürme erhalten, darunter der „Faustturm“. Seinen Namen erhielt er vom Besuch des berühmten Doktor Faustus aus dem benachbarten *Knittlingen.* Der Maulbronner Abt Johannes Entenfuß hatte diesen auch als Alchimisten bekannten Zauberer und Schwarzkünstler ins Kloster kommen lassen, damit er ihm Gold mache und so den mißlichen Finanzen der Abtei aufhelfe. Während seines Aufenthalts in Maulbronn soll Faust in diesem Turm gewohnt und in der nahen Klosterküche sein Labor gehabt haben. Im Turmzimmer, so eine Überlieferung, hat ihn schließlich auch der Teufel geholt.
→ Knittlingen (Schwaben-Bodensee) → Leipzig (Sachsen) → Staufen (Schwarzwald)

Reichenau (Lkr. Konstanz)

St. Georgskirche in Oberzell

In der St. Georgskirche befinden sich bedeutende Wandmalereien, darunter auch (links im Chor) ein aus dem 14. Jh. stammendes Fresko, auf dem vier Teufel ein großes Tierfell halten. Ein fünfter Teufel schreibt darauf auf, was zwei in einer Kirche eifrig schwatzende Frauen einander erzählen. Die zugrundeliegende Anschauung ist die, daß alle Sünden der Menschen von Teufeln aufgeschrieben werden, um später beim Jüngsten Gericht als Belastungsmaterial zu dienen. Das Gerede der beiden Frauen „geht jedoch auf keine Kuhhaut", d. h., der Sünden sind so viele, daß sie sich auf kein noch so großes Pergament schreiben lassen (gemeint ist hier die Kuhhaut als große Schreibfläche).

Bildliche Darstellung des Ausspruches „Das geht auf keine Kuhhaut". Wandfresko in der Kirche St. Georg von Oberzell

Diese noch heute gebräuchliche Redensart geht auf eine mittelalterliche Exempelerzählung zurück: Jemand sieht während des Gottesdienstes einen Teufel mit den Zähnen an einem großen, bereits vollgeschriebenen Pergament zerren. Auf Befragen erklärt der Böse, er müsse die Zerstreutheiten, das ungebührliche Benehmen und unnütze Geschwätz der Kirchenbesucher notieren, doch für das alles reiche das Pergament nicht aus.

Rottweil (Lkr. Rottweil)

„Rottweiler Esel" am Rathaus

Ein Eselskopf ziert einen Fenstersturz an der Nordseite des Neuen Rathauses. Er spielt auf den Necknamen der Rottweiler „Esel" an, der seit 1698 urkundlich belegt ist. Mehrere Geschichten versuchen zu begründen, wie die Rottweiler zu ihrem Spitznamen kamen: Einst fanden die Rottweiler einen großen Kürbis, den sie für ein Ei hielten. Der Bürgermeister sollte dieses Ei ausbrüten. Als die gesetzte Frist verstrichen und nichts geschlüpft war, meinten die Ratsherren, das Ei sei faul geworden, und warfen es über die Stadtmauer. Dabei wurde ein Hase aufgescheucht, und als die Rottweiler das Tier sahen, riefen sie: „Da, schaut, schaut! Ein junger Esel ist in dem Ei gewesen!" Nach einer anderen Version ließen die Rottweiler die Flucht der hl. Familie nach Ägypten an das Neukircher Tor anmalen, dazu den alten Gebetsvers: „Sub tuum praisidium confugimus" („Unter deinem Schutz und Schirm fliehen wir"). Dem Maler ging aber bei der Darstellung der hl. Familie die Ölfarbe aus, und er beendete das Bild mit Wasserfarben. Beim ersten Regen wurde alles, was nicht Öl war, heruntergewaschen. Am nächsten Morgen sahen die Rottweiler am Tor einen Esel mit der Unterschrift „Sub tuum praesidium confugimus".

STOCKACH (Lkr. Konstanz)

Hans-Kuony-Brunnen
Auf dem Marktplatz steht der Hans-Kuony-Brunnen, dessen 2 m hohe Brunnenfigur den Stockacher Bürgersohn und Hofnarren Hans Kuony darstellt. Auf ihn wird eine der traditionellsten Fastnachtsveranstaltungen im Bodenseeraum zurückgeführt, das Stockacher Narrengericht. Bei diesem Rügegericht werden Ereignisse des vergangenen Jahres in lustiger Form aufgespießt. Hans Kuony soll seinem Herrn mit einem ebenso weisen wie witzigen Ratschlag das Leben gerettet haben: Vor der Schlacht bei Morgarten gegen die Schweizer hatte er auf die scherzhafte Frage Erzherzog Leopolds von Österreich, was er von dem Plan halte, geantwortet: „Ihr ratet alle, wie wir in das Land Schweiz hinein, aber nit, wie wir wieder heraus kommen wollen." Die Schlacht ging verloren, und dem Herzog gelang die Flucht nur, weil er sich rechtzeitig an die Wortes seines Narren erinnert hatte. Zum Dank erhielt Hans Kuony das Privileg zur Gründung einer Narrenzunft mit alljährlicher Abhaltung eines Narrengerichts in seiner Heimatstadt Stockach. So entstand das „Hohe Grobgünstige Narrengericht", das jährlich vom Fastnachtssonntag bis -dienstag tagt.
→ Ettlingen (Schwarzwald)

Stuttgart

Württemberg
Der Name des Württemberges, auch Rotenberg genannt, leitet sich wahrscheinlich vom keltischen ‚Virodunum-Berg‘ ab. Der Wirtem- oder Wirtenberg war der Stammsitz des württembergischen Fürstenhauses. Die Herkunft des Namens Wirtemberg versuchen mehrere Sagen zu erklären: Einst liebte die Tochter des Kaisers einen Mann aus dem Bürgerstand. Sie flohen gemeinsam nach Schwaben und bauten sich eine Wirtschaft. Nach deren Lage hieß ihr Besitzer ‚Wirt am Berg‘. Als Jahre später der Kaiser auf dem Weg nach Frankfurt in diesem Wirtshaus einkehrte, gab sich das junge Paar samt ihrem kleinen Sohn dem Kaiser zu erkennen. Aus Freude, seine Tochter wiedergefunden zu haben, verzieh er ihnen und machte den Mann zum Herzog, der zum Andenken an diese Geschichte den Namen ‚WirtamBerg‘ beibehielt. Dies war der Anfang des Königshauses von Wirtemberg oder Württemberg.

Kupferstich des Schlosses Württemberg

Nach einer anderen Version war der erste Württemberger ein Metzger, der Kaiser Barbarossas Tochter entführte und mit ihr das Wirtshaus einrichtete. Als der Kaiser dort einkehrte, wurde ihm sein Lieblingsessen serviert. Als er dieses sah, ließ er seine Tochter rufen, verzieh ihr und ihrem Mann und machte ihn zu einem Grafen von Wirtemberg.

Tübingen

Stiftskirche
An der Nordseite der Kirche befindet sich das ‚Wahrzeichen von Tübingen‘, das in Stein gehauene Bild eines Geräderten – eine ungewöhnliche und sehr seltene Darstellung vom Martyrium des Kirchenpatrons

St. Georg. Eine Sage erklärt den „Mann im Rad“ folgendermaßen: Einst gingen zwei Handwerksburschen auf Wanderschaft, aber nur einer kehrte zurück. Als bei ihm der Dolch des anderen gefunden wurde, den er einst als Geschenk erhalten hatte, hielt man ihn für den Mörder; er wurde zum Tod durchs Rad verurteilt. Wenig später kehrte aber der andere lebendig, frisch und gesund nach Tübingen zurück. Als Sühnemal zum Gedächtnis des Unglücklichen und zur Warnung vor Justizmord soll das Bild des geräderten Mannes in Stein gehauen und in die Kirchenmauer eingefügt worden sein.

ULM (Alb-Donau-Kreis)

„Ulmer Spatz“ im Münster
Auf dem Dach des Ulmer Münsters sitzt der in Kupfer getriebene und vergoldete „Ulmer Spatz“. Im Kircheninnern ist in einer Glasvitrine sein aus Sandstein gefertigter Vorgänger zu besichtigen. An diese Skulptur knüpft sich folgende Stadtsage: Als die Ulmer ihr Münster bauten, sollte ein langer Balken durch eine schmale Türe ins Innere der Kirche geschafft werden. Der Balken war aber, quer getragen, zu breit, und der ganze Bau geriet ins Stocken. Da beobachtete ein Geselle einen Spatzen, der mit einem Strohhalm im Schnabel durch eine schmale Luke hineinflog, wobei er den Halm der Länge nach trug. Die Ulmer folgten dem Beispiel des Vogels und setzten dem Spatzen dieses Denkmal.
Tatsächlich war der Vogel ursprünglich ein Reichsadler, der so stark verwittert war, daß er nicht mehr zu erkennen war. Der Spottname für die Ulmer ‚Spatzen‘ – sie hatten wegen einer Spatzenplage eine Prämie für jeden abgelieferten toten Spatzen ausgeschrieben – wurde vermutlich erst im 19. Jh. auf den Vogel übertragen.

Ulmer Spatz. In Stein gehauen

Weingarten (Lkr. Ravensburg)

Basilika

Die größte Barockbasilika nördlich der Alpen ist das Wahrzeichen der welfischen Stadt Weingarten, welche diesen Namen erst seit der Erhebung zur Stadt 1865 trägt und vorher *Altdorf* hieß.

Im Jahr 1094 wurde den Benediktinermönchen des welfischen Klosters Altomünster, die hier lebten, eine Heilig-Blut-Reliquie übereignet: ein in einen Bergkristall eingeschlossenes, rund 3 cm langes, stäbchenartiges Gebilde von dunkler Farbe, das heute im „Kreuz- oder Heiligblutaltar" der Basilika aufbewahrt wird.

Geschichte und Legende der Reliquie erzählen acht Tafelbilder unter der Orgelempore: der halbblinde römische Soldat Longinus, der Jesus am Kreuz die Seite durchbohrte, erhielt durch den Blutstrahl das Augenlicht zurück. Später selbst Christ geworden, vergrub er kurz vor seinem Märtyrertod in Mantua das aufgefangene Blut in der Erde, wo die Reliquie am 12. März 1048 in einer bleiernen Lade wiederaufgefunden und wegen der auftretenden Wunder als echt anerkannt wurde. Zunächst befand sich die Blutreliquie im Besitz Kaiser Heinrichs III.; sie ist erst durch Schenkung in den Hausschatz der Welfen gelangt. Eine Verehrung ist seit dem frühen 13. Jh. bezeugt. Die Heilig-Blut-Reliquie ist Ziel von Wallfahrten und wird alljährlich beim Weingartener Blutritt (am Freitag nach Christi Himmelfahrt) von einer mehr als 2000 Teilnehmer umfassenden Reiterprozession durch und um die Stadt begleitet.

Weinsberg (Lkr. Heilbronn)

Burg Weibertreu

Berühmt wurde die Burg Weibertreu durch eine Begebenheit, die sich im 12. Jh. abgespielt haben soll: Nach der verlorenen Schlacht der Welfen gegen den staufischen König Konrad III. im Jahr 1140 durften die Frauen der Feste mitnehmen, was sie auf ihren Schultern tragen konnten. Sie ließen ihre ganze Habe zurück, nahmen ihre Männer auf die Schultern, trugen sie von der Burg herab und retteten sie so vor dem Tod. Als Herzog Friedrich, der Neffe des Königs, dagegen protestierte, erklärte der König, ein Königswort müsse unwandelbar sein.

Seit dem 16. Jh. wurde die Geschichte von den treuen Weibern weithin verbreitet und als Wandersage auf andere Burgen übertragen. Den Namen ‚Weibertreu' hat Burg Weinsberg erst im 18. Jh. erhalten.

Allgäu – Bayerisch-Schwaben

AUGSBURG

Zirbelnuß im Stadtwappen

Auf dem Fronhof südlich des Domes wurde aus Architekturfragmenten und Reliefs des 1.–4. Jh. die „Römermauer“ als Freilichtmuseum aufgebaut. Hier befindet sich auch der vielschuppige Pinienzapfen, das Feldzeichen der römischen Legion, Symbol der Fruchtbarkeit und des sich immer wieder erneuernden Lebens in der Natur. Dieses ursprüngliche Stadtsiegel ist auch im Augsburger Stadtwappen zu finden. Es zeigt im gespaltenen Schild die rot-weißen Farben der ehemaligen bischöflichen Stadtherren. Die grüne Zirbelnuß (Pyr = Pinienzapfen) auf goldenem, mit einem gekrönten Köpfchen belegten Kapitell ist einem antiken Fruchtbarkeitssymbol nachgebildet.

Der Pyr gilt als Glücksbringer. Der Sage nach überbrachte ein kaiserlich-römischer Kurier seinem Herrn den Pinienzapfen als Gabe der Fruchtbarkeitsgöttin Cisa (Cybele). Weil dieser an die wundersamen Kräfte der Zirbelnuß glaubte, wurde er mit Glück, Frieden und Reichtum belohnt. Eine große Zirbelnuß aus Bronze bekrönt auch die Spitze des Dreieckgiebels an der Schauseite des Rathauses.

Perlachturm

Nördlich neben dem Rathaus steht der schlanke 70 m hohe Perlachturm. Das Wort Perlach wird als Platz gedeutet, auf dem Bären in Käfigen gehalten wurden. Daraus entwickelte sich ein Volksfestplatz, auf dem Tanzbären vorgeführt wurden. Auf mittelalterlichen Stichen sind an der Stelle zwischen Perlach und Rathaus Bärenzwinger zu erkennen. Die kupferne Kuppel des Turmes wird von der vergoldeten Wetterfahne mit der Figur der Stadtgöttin Cisa, die den Pyr in der Hand hält, bekrönt.

Seit dem 13. Jh. gab es auf dem Perlachturm eine Sturmglocke. Diese wurde im 16. Jh. durch eine grö-

Rathaus und Perlachturm

ßere ersetzt, die nicht nur bei Unwetter und Feuersbrünsten zum Einsatz kam und beim Herannahen von Feinden zu den Waffen rief, sondern auch am jährlichen Ratswahltag erklang. Eine Sage erzählt, warum sie auch bei Hinrichtungen geläutet wurde: Während bei der Herstellung dieser Glocke die Metallmasse beim Schmelzen war, entfernte sich der Glockengießer für eine kurze Zeit. Seinem Lehrling hatte er ausdrücklich verboten, inzwischen etwas anzurühren. Der Meister kam lange Zeit nicht zurück. Inzwischen hielt der Lehrling die Glockenmasse für den Guß geeignet und ließ das flüssige Erz in die Form laufen. Der in diesem Moment hinzukommende Meister war so sehr über die Voreiligkeit des Burschen erzürnt, daß er ihn erschlug. Bald zeigte sich jedoch, daß der Guß vortrefflich gelungen war. Der Meister wurde wegen Totschlags zum Tode verurteilt. Vor der Hinrichtung wünschte er sich, daß ihn der Klang der frisch gegossenen Glocke auf seinem letzten Weg begleiten möge. Dies geschah dann jedesmal, wenn ein Verurteilter zur Hinrichtung geführt wurde, bis die Glocke 1806 verstummte.
In einem Fensterbogen am unteren Teil des Perlachturmes erscheint am Michaelstag (29. 9.) zu jeder vollen Stunde die Figur des ‚Turamichele' (‚Turm-Michael') und durchbohrt bei jedem Schlag der Turmuhr mit seiner Lanze den sich zu seinen Füßen windenden Drachen. Der siegreiche Kampf des Erzengels Michael mit dem Drachen symbolisiert den Triumph des Guten über das Böse. Unter der Führung Michaels, des himmlischen Feldherrn Gottes, wurden der Drache (Luzifer, der „gefallene Engel") und sein Anhang gestürzt. In der Frühzeit der Christianisierung wurden zahlreiche heidnische (Berg-)Heiligtümer mit dem

Patronat des hl. Michael belegt – als kraftvolle Wehr gegen die alten Götter.
→ Bamberg (Franken) → Naumburg (Sachsen-Anhalt)

FÜSSEN (Lkr. Ostallgäu)

Totentanz in der Annakapelle
Die Annakapelle ist nur über das Museum der Stadt Füssen im ehem. Kloster St. Mang zu besichtigen. Ab dem 16. Jh. diente die Annakapelle vor allem den Adeligen des Füssener Landes als Grablege. Neben zahlreichen Epitaphien und Totenschilden erinnert besonders der berühmte Totentanz, ein Fresko von Jakob Hiebeler, an die Allgegenwart des Todes im täglichen Leben. Das in 20 Einzelbilder mit ihren jeweiligen Untertiteln aufgeteilte Gesamtbild ist mit Temperafarben auf Holz gemalt und wird von einem Stuckrahmen eingefaßt. Auf einem ovalen Schild oberhalb des Rahmens steht der Vers, der gleichsam als Überschrift verstanden werden kann: „Sagt Ja Sagt Nein. / Getanzt Mueß Sein". Angeführt von Papst und Kaiser folgen die einzelnen Stände – Adel, Klerus und einfaches Volk – dem Tod in Form eines Knochenmannes mit Sense, der zuletzt auch den Maler selbst nicht verschont.
Bei Totentanzdarstellungen handelt es sich um einen seit dem späten Mittelalter weit verbreiteten Bildtypus, bei dem der Tod in Gestalt eines Gerippes an die Vertreter der einzelnen Stände herantritt und sie begleitet. Daß Tote um Mitternacht ihre Gräber verlassen und zu diesem unheimlichen, qualvollen Tanz gezwungen wurden, sah man als die Fegefeuerpein der „Armen Seelen" an.
Der Künstler des Füssener Totentanzes malte seine Personen in zeitgenössischer Kleidung, der Tracht der spanischen Mode um 1600. Auch die dargestellten Instrumente – der „Spielmann Tod" zwingt mit Fiedeln und Pfeifen die Seelen in seinen Bann – wurden zur damaligen Zeit gespielt. Im ersten Bild ist eine Hexe zu sehen („die Unholdt"). Im begleitenden Text als „kammelthier" bezeichnet, folgt dem Tod eine bucklige Alte in der Tracht einer Bäuerin, eine Heugabel in der Hand und einen Ziegenbock zur Seite – im Volksglauben eine der möglichen Erscheinungsformen des Teufels.
→ St. Englmar (Niederbayern-Oberpfalz)

Lauingen (Lkr. Dillingen)

Schimmelturm
Am Marktplatz steht der Schimmelturm als Wahrzeichen der Stadt. Sein Name wird abgeleitet vom Fresko am vierten Geschoß, das die Sage vom 15 Schuh langen Roß darstellt: Im 13. Jh. soll ein fast 5 m langes gewaltiges weißes Pferd, das nur einen mißgestalteten Knecht in seiner Nähe duldete, dem schwer erkrankten Lauinger Bürgermeister das Leben gerettet haben. Da in der Stadt kein Arzt zu finden war, schickte man den Knecht mit seinem mächtigen Schimmel in das sechs Wegestunden entfernte Kloster *Donauwörth*, um den heilkundigen Pater Severin zur Hilfe zu holen. Das Stadttor Richtung *Dillingen* war aber durch einen mit Heu beladenen Wagen versperrt. Kurzerhand setzte der Knecht auf dem Schimmel mit einem gewaltigen Sprung über Stadtmauer und Graben hinweg und galoppierte nach Donauwörth, um mit dem Klosterbruder wieder zurück nach Lauingen zu kommen. Durch die schnelle Hilfe genas der Bürgermeister und die Lauinger ließen zum dauernden Gedenken das Abbild des Schimmels am Hofturm freskieren, wodurch dieser seinen Namen bekam.

Schwangau (Lkr. Ostallgäu)

Schloß Neuschwanstein
In fast tausend Metern Höhe thront auf den steilen Felsen über der Pöllatschlucht das Märchenschloß König Ludwigs II. Ausschlaggebend für den Bau seines neuen Schlosses im Stil mittelalterlicher Burganlagen war eine Reise König Ludwigs zur Wartburg bei *Eisenach*, wo er sich besonders für den historischen Schauplatz des Sängerkrieges interessierte. Der Grundstein für den Palas des neuen Schlosses, welches seinen Namen nach dem Schwanenritter Lohengrin trägt, wurde 1869 gelegt. Zahlreiche Wandbilder zeigen Szenen aus verschiedenen Sagen: Tannhäuser, Lohengrin, Tristan und Isolde, Nibelungen.
Der eindrucksvollste Raum von Schloß Neuschwanstein ist der Sängersaal, der nach dem Vorbild des Festsaales auf der Wartburg entstand. Hier und im Tribünengang wurden die bedeutendsten Szenen aus dem Leben Parzivals dargestellt.
→ Berg (München-Oberbayern → Eisenach (Thüringen) → Kleve (Niederrhein) → Worms (Pfalz-Kurpfalz)

München-Oberbayern

Bad Reichenhall (Lkr. Berchtesgadener Land)

Lattengebirge: Schlafende Hexe
Etwa auf halber Strecke zwischen Bad Reichenhall und *Berchtesgaden* fällt der Blick auf das Lattengebirge mit dem markanten Bergzug der „Schlafenden Hexe". Mit einiger Phantasie kann man in ihm eine liegende Frauengestalt erkennen, ausgestreckt auf den Gipfeln des Predigtstuhls und des Schlegels, mit spitzem Kinn und einer langen, spitzen Nase, die sich in den Himmel streckt.
Eine Sage sucht sowohl die auffallende Felsformation wie auch das hier nicht selten auftretende Phänomen des Steinschlags zu erklären und bringt sie mit dem Wirken der heiligen Bischöfe Zeno von Verona und Martin von Tours in Verbindung. Beide wirkten im 4. Jh. als Missionare und Prediger. Als nach Zenos Tod die bayerische Bevölkerung zu seinem Grab im Dom von Verona zu pilgern begann, soll am Hallthurmpaß eine Hexe ihr Unwesen getrieben haben: Sie reichte den Reisenden mit Gift versetzte „erfrischende" Getränke und rollte große Felsbrocken von den Berggipfeln herab, um die unten vorbeiziehenden Gläubigen zu töten. Schließlich konnte der hl. Martin ihrem teuflischen Treiben Einhalt gebieten: Auf einer Missionsreise in seine Heimat Ungarn entkam er beim Hallthurmpaß knapp einer von der Hexe ausgelösten schweren Steinlawine und hielt ihr, auf der Paßhöhe angekommen, sein Brustkreuz entgegen. Daraufhin wurde sie von unsichtbaren Kräften in die Luft geschleudert und fiel, zu Stein verwandelt, auf die Gipfel des Predigtstuhls und des Schlegels nieder.

Lattengebirge: Die steinerne Agnes
Im Lattengebirge erhebt sich die „Steinerne Agnes", eine schlanke Felsspitze. Eine Sage, welche dieses auffallende Naturgebilde zu erklären sucht, berichtet, daß die Sennerin Agnes eines der „saubersten Dirndl" im Land gewesen sei: flink bei der Arbeit und lustig, wenn von anderen Almen Burschen und Sennerinnen zu Besuch kamen. Auch war sie sehr fromm, was den Teufel ärgerte. Als Jäger, Hirt und Musikant wollte er sie verführen, aber Agnes blieb standhaft. Eines Tages trieb der Teufel ihre schönste und beste Kuh weit weg von der Herde. Als Agnes nach langem Suchen das Tier gefunden hatte und es nach Hause treiben wollte, stand plötzlich der Teufel als Wildschütz mit funkeln-

den Augen vor ihr. Agnes lief voller Angst davon, gejagt vom Teufel. Entkräftet sank sie zusammen und bat in ihrer Not die Muttergottes um Beistand. Da öffnete sich plötzlich die steinerne Wand, so daß Agnes hindurch laufen konnte. Sie glaubte, dem Teufel entronnen zu sein, dieser aber war ihr noch immer auf den Fersen. Als er auf sie losstürzen wollte, rannte er sich seine Nase ein, denn Agnes war zu Stein geworden. Noch heute heißt die steinerne Wand das „Teufelsloch".

BERCHTESGADEN (Lkr. Berchtesgadener Land)

Watzmann, Hundstod und Untersberg
Die Berchtesgadener Alpen sind ihrer Entstehung nach ein Plateaugebirge und werden in neun Gruppen eingeteilt, darunter der sagenumwobene Untersberg und der Watzmann mit seiner prägnanten Gestalt, das Symbol von Berchtesgaden. Über die Entstehung des mächtigen Berges berichtet eine bekannte Sage: Vor langer Zeit herrschte im Berchtesgadener Land ein wilder König namens Watzmann. Er war ein grausamer Wüterich, der schon aus den Brüsten seiner Mutter Blut getrunken hatte und weder Menschen noch Tiere liebte. Sein höchstes Vergnügen fand er in der wilden Hetzjagd, der er gemeinsam mit seinem ebenso blutrünstigen Weib und seinen Kindern nachging. Eines Tages jagte der grausame König wieder mit seinem Gefolge und sah in der Dämmerung eine alte Frau mit ihrer Enkelin auf dem Schoß vor ihrer Hütte sitzen. Er lenkte sein Pferd dorthin und weidete sich daran, als seine Meute über die alte Frau herfiel und sie blutüberströmt, das zerfleischte Kind neben ihr, am Boden zurückließ. Plötzlich erhob sich ein dumpfes Brausen, ein Heulen in den Klüften. Die Hunde würgten den König, die Königin und ihre sieben Kinder. Ihr Blut strömte ins Tal und ihre Leiber wurden in riesige Felsen verwandelt. So steht heute der eisumstarrte Bergriese König Watzmann mit seiner Familie, den kleineren Zinken, zu grauenvoller Erinnerung da.
Zwischen Watzmann und dem Steinernen Meer erhebt sich die mächtige Kuppel des Hundstod. Unter seiner Steinmassen sollen die Hunde von König Watzmanns Meute liegen. In stürmischen Nächten hört man ihr Winseln und Kläffen.
Der Untersberg wird auch „Wunderberg" genannt. Hier soll tief im Inneren in einer prächtig ausgestatteten Halle auf einem Marmorsessel mit juwelenbesetzter Krone und goldenem Zepter Kaiser Karl der Große

thronen. Er ist umgeben von seinem Hofstaat und den tapfersten Kriegern, welche alle in einen todesähnlichen Schlaf gefallen sind. Sein langer, weißer Bart ist mit Perlen durchflochten und fällt über goldenen Brustpanzer und Schoß auf den Boden. Er ist so lang, daß er schon zweimal um den vor ihm stehenden Tisch herumreicht. Eine Sage prophezeit, daß das Ende der Welt kommen wird, wenn der Bart des Kaisers ein drittes Mal um den Tisch gewachsen ist. Wenn es aber jemandem gelänge, das Zepter zu entwenden und damit drei Streiche gegen den Berg zu führen, würde der Kaiser aufwachen und zu den Lebenden zurückkehren. Auch Kaiser Friedrich I. Barbarossa soll sich im Untersberg aufhalten. Er soll mit seinem Gefolge in das unterirdische Reich verbannt worden sein. Um Mitternacht ertönt kriegerische Musik, und Waffen klirren aus den Höhlen des Berges. Die Krieger Barbarossas durchstürmen auf feurigen Rossen die benachbarten Gefilde und kehren im Morgengrauen wieder in den Berg zurück, wo sie in Gebet und guten Werken auf ihre Erlösung warten.
→ Kyffhäuser (Thüringen)

BERG (Lkr. Starnberg)

Schloß Berg, Votivkapelle und Kreuz im See
Schloß Berg ist eng verknüpft mit der Tragödie, die sich dort am 13. Juni 1886 ereignet hatte, als König Ludwig II. von Bayern im Starnberger See den Tod fand. Am 10. Juni 1886 wurde er von der bayerischen Regierung vom Thron abgesetzt und am 12. Juni von Neuschwanstein nach Schloß Berg gebracht, wo er am folgenden Tag zusammen mit dem ihn begleitenden Psychiater Dr. Bernhard von Gudden unter ungeklärten Umständen im Starnberger See ertrunken ist. Die Unglücksstelle ist heute durch ein Kreuz im Wasser, nur wenige Meter vom Seeufer entfernt, gekennzeichnet. Im südlichen, öffentlich zugänglichen Teil des Schloßparks befindet sich eine Gedächtniskapelle mit Fresken. Auf dem Absatz der Terrassenanlage steht eine Totenleuchte, die Königinmutter Marie in Gedenken an ihren toten Sohn gestiftet hatte.
Der nie geklärte Tod verhalf dem „Märchenkönig" zu unsterblicher Popularität. Niemand weiß, was sich am Ufer des Starnberger Sees wirklich zugetragen hat. Die am meisten vertretene Version besagt, der König habe schwimmend über den See fliehen bzw. mit einem für ihn bereitgestellten Fischerboot oder einer Flugmaschine entkommen wollen, woran der beglei-

Ludwig II.

tende Arzt, an dessen Körper man Spuren von Gewaltanwendung gefunden hatte, ihn zu hindern versuchte. Seinen gewaltsamen Tod im Wasser soll Dr. von Gudden im Traum vorausgesehen haben. Andere Theorien sprechen von Mord, Selbstmord oder einem Herzschlag. Es wird auch behauptet, der König habe einen Doppelgänger gehabt, welcher dem Psychiater ausgeliefert wurde, während er selbst unerkannt entkommen konnte. Einer Sage nach schläft König Ludwig II. heute in einer Höhle des beim niederbayerischen *Deggendorf* gelegenen Natternbergs, aus dem er eines Tages wiederkommen wird, um seinem Volk in schwierigen Zeiten zu Hilfe zu kommen.

→ Neuschwanstein (Allgäu-Bayerisches Schwaben)

Ettal (Lkr. Garmisch-Partenkirchen)

Abtei, Pfarr- und Wallfahrtskirche St. Maria

Kloster Ettal ist eine Gelöbnisstiftung Kaiser Ludwig des Bayern und verdankt seine Entstehung der halblegendären Geschichte eines Marienbildes. Madonna und Kind tragen eine mit Perlen, roten und grünen Steinen besetzte Goldkrone und sind seit der Barockzeit bekleidet.

Die legendäre Geschichte der 33 cm großen und 12 kg schweren Plastik aus Carraramarmor wurde über dem Chorbogen bildlich dargestellt: Ludwig der Bayer, der

Die Gründungslegende. Fresko über dem Torbogen von J. J. Zeiller, 1752

1328 nach seiner Kaiserkrönung in Rom in Not geraten war, betete der Überlieferung nach in einer Kapelle und rief die Gottesmutter um Hilfe an. Da erschien ihm ein Engel im Mönchsgewand, machte ihm das Marienbild zum Geschenk und erteilte ihm den Auftrag, ein Kloster zu gründen. Als der Kaiser nach Wochen den heimatlichen Ammergau erreichte, fühlte er, wie das mitgeführte Marienbild immer schwerer wurde, bis sein Pferd schließlich vor einer Tanne an der Straße dreimal in die Knie sank. Der Kaiser sah das als Weisung des Himmels, an dieser Stelle sein Versprechen der Klostergründung einzulösen. Er ließ den Wald rund um die Tanne roden und legte den Grundstein zu Kirche und Kloster.

FREISING

Grabstein des Otto Semoser im Dom

Der Freisinger Dom besitzt eine große Anzahl bemerkenswerter Grabmonumente, so im südlichen Seitenschiff den Grabstein des Otto Semoser. Das Kalksteinrelief zeigt eine männliche Gestalt mit langem spitzem Bart, gekleidet in eine Art Tunika mit Gürtel. Eine kleine Steinplatte in der Nähe des Grabsteins gibt Aufschluß: Otto Semoser, Türhüter unter Bischof Gerold. Daß dem einfachen Türhüter mit diesem aufwendigen Grab solche Ehre erwiesen wurde, läßt sich wohl nur durch sein besonders tugendhaftes Leben erklären. Dafür hält die Legende das Beispiel der wundersamen Brotumwandlung bereit: Bischof Gerold, herzlos und geizig den Bedürftigen gegenüber, überraschte Otto Semoser, als dieser, verborgen unter seinem Gewand, Brote zu den Armen bringen wollte. Auf die Frage Gerolds, was er verberge, entgegnete er erschrocken, es seien Steine. Das erwies sich beim Überprüfen auch als richtig. Als der Bischof den Türsteher daraufhin gehen ließ, hatten sich die Steine wieder in Brote zurückverwandelt.

→ Eisenach (Thüringen) → Marburg (Hessen)

Ehem. Benediktinerkloster Weihenstephan und Korbiniansbrünnl

Neben dem „mons doctus“ – dem gelehrten Berg – wird Freising durch den dahinterliegenden „Nährberg“ bestimmt. Schon 768 sind Berichte über Hopfenanbau nachweisbar, weshalb Weihenstephan als älteste noch bestehende Braustätte der Welt bezeichnet wird. Um 720 hatte sich hier der hl. Korbinian mit seinen Brüdern niedergelassen, Anfang des 11. wurde ein Benediktinerkloster gegründet.

Die Legende erzählt, daß der hl. Korbinian durch ein Lichtwunder in der schon bestehenden kleinen Stephanskapelle veranlaßt wurde, sich hier mit seinen Mönchen niederzulassen. Während einer Krankheit konnte er nicht, wie üblich, mit seinen Brüdern zum Morgenlob in die Stephanskirche gehen. Aus der leeren Kirche strahlte jedoch ein wunderbares Licht und Chorgesang erklang. Eine Darstellung dieser Gründungslegende ist auf einem Asam-Fresko im Dom zu sehen.

An den Heiligen erinnert auch die nach ihm benannte Quelle am Südhang des Weihenstephaner Berges, die zu den ältesten bayerischen Quellheiligtümern zählt. Im Zuge der Säkularisation wurde 1803 die Kapelle über der Quelle größtenteils abgebrochen. An dieser Stelle soll der hl. Korbinian, veranlaßt durch Klagen seiner Diener über das mühsame Heraufschleppen des Wassers, nach langem Gebet seinen Stab in die Erde gestoßen und so die wundersame Erweckung der Quelle bewirkt haben.

Jahrhundertelang schätzte man das Korbiniansbrünnl als heilsam bei Fieber, Augenleiden und Aussatz. Die spektakulärste überlieferte Heilung vollzog sich an Kaiserin Beatrix, Gemahlin von Friedrich I. Barbarossa, welche durch Anwendung des Quellwassers vom Aussatz geheilt worden sein soll. Heute wird vom spärlich tröpfelnden Wasser keine Heilung mehr erwartet.

Kochel am See (Lkr. Bad Tölz-Wolfratshausen)

„Schmied von Kochel"
Auf einem Platz in der Mitte des Ortes steht die legendäre Gestalt des „Schmied von Kochel" in bayerischer Tracht auf einem Felssockel, in der einen Hand eine Fahne, in der anderen einen Stock mit Stachelkugel, einen „Morgenstern". Als im Jahr 1705 während des spanischen Erbfolgekrieges die kaiserlich-österreichischen Truppen *München* besetzt hielten, machten sich in der Christnacht mehrere tausend Oberländer nach München auf, um sich gegen die Willkür der Besatzungsmacht zu wehren. Die Bauern waren größtenteils nur mit Sensen und Dreschflegeln bewaffnet und wurden vor den Toren Münchens, am alten Sendlinger Friedhof, in der berüchtigten „Mord-Weihnacht" von den Husaren regelrecht niedergemetzelt. Dabei soll auch der starke Schmied Balthes vom Kochelsee hinter den Mauern des Sendlinger Friedhofs gefallen sein, dort, wo sich der Rest der Bauern versammelt hatte, um ihr Leben im Kampf für die Freiheit zu geben. Als einer der letzten tat er, schon dem Tode nahe, mit den geflügelten Worten „Lieber bayerisch sterb'n als kaiserlich verderb'n" den letzten Atemzug.

München (Landeshauptstadt)

Stadtwappen
Das heutige Stadtgebiet war bereits in vor- und frühgeschichtlicher Zeit besiedelt. Ins volle Licht der Geschichte tritt München jedoch erst mit dem Schiedsspruch Kaiser Friedrich Barbarossas auf dem Augsburger Reichstag 1158 im machtpolitischen Streit zwischen Herzog Heinrich dem Löwen und Bischof Otto I. von Freising.
Der Welfe Heinrich war bereits Herzog von Sachsen und 1156 vom Kaiser mit dem Herzogtum Bayern belehnt worden. Er ließ die dem Bischof von Freising gehörende zollpflichtige Isarbrücke bei *Oberföhring*, über die das lebensnotwendige Salz transportiert

wurde, zerstören und verlegte den Flußübergang in die Nähe einer flußaufwärts gelegenen Mönchssiedlung „apud munichen“. Daran erinnert das Stadtwappen: Es zeigt einen Benediktiner-Mönch in Kutte und Kapuze. Als Teil des Stadtwappens ist der Mönch bereits 1304 nachgewiesen. Die Verniedlichung zum weltbekannten Münchner Kindl, dem Wahrzeichen der Stadt, hat im 16. Jh. eingesetzt. Der Mönch als „redendes“ Spiegelbild ist bis heute als „Münchner Kindl“ Siegel- und Wappenbild.

Neues Rathaus / Wurmeck

Die westliche Ecke zur Weinstraße heißt „Wurmeck“. Zwei Deutungen des Namens sind möglich: die eine leitet ihn her vom Hausnamen einer Metzgerfamilie Wurm, die im 13. Jh. das Eckhaus Weinstraße/Marienplatz bewohnte; wahrscheinlich ist er aber auf ein früher hier angebrachtes Fresko, das den Drachenkampf des hl. Georg zeigte, zurückzuführen.

Im Zusammenhang mit dem Bau des Neuen Rathauses entstand am Rathauseck die Plastik eines großen, sich windenden bronzenen Lindwurms mit Drachenkopf, Adlerklauen und riesigen Fledermausflügeln. Der Sage nach soll ein solches schreckliches Ungeheuer die Pest in alle Gassen und Wohnungen der Bürger geblasen haben, welche sich daraufhin in ihren Häusern einschlossen. Als sich der Lindwurm wieder einmal am Wurmeck niederließ, gelang es den Männern der Hauptwache, ihn mit einem einzigen Kanonenschuß zu töten. Aus Freude über die Tötung des pestbringenden Drachen sollen die Schäffler (Faßbinder, Böttcher, Küfer) ihren Schäfflertanz am „Wurmeck“ aufgeführt haben. Bei diesem Zunfttanz bewegen sich 18 Reifenschwinger in schmucker Tracht, mit bogenförmigen Girlanden in der Hand, im Polkaschritt. Zwischen Tänzern und Zuschauern springt der Kasperl umher und schwärzt jungen Mädchen und Kindern die Nase, was an die Pest, den „Schwarzen Tod“ erinnern soll. Obwohl das Ungeheuer getötet worden war, wagte sich, so die Sage, niemand auf die Straße. Fenster und Türen blieben verschlossen. Da zogen die mutigen Schäffler vor die Häuser, führten Freudentänze auf und lockten mit ihren Späßen die Bewohner aus ihren dunklen

Wohnungen. Als Dank dafür wird der Schäfflertanz alle sieben Jahre zu Fasching in den Straßen der Stadt aufgeführt. Sie sind mit ihrem Tanz auch als Figuren am Glockenspiel des Rathausturmes zu sehen.
Die lokale Überlieferung, wonach der Schäfflertanz auf eine Pestepidemie des Jahres 1517 zurückgehen soll, hat sich als nicht stichhaltig erwiesen. In München wird er seit dem frühen 19. Jh. gepflegt und gilt als ein „Markenzeichen" der Stadt.

Frauenkirche
Die kraftvollen Türme der mächtigen Backsteinkirche mit ihren Zwiebeldächern, den sog. „welschen Hauben", sind das Wahrzeichen der Stadt.
In der Vorhalle stößt man auf eine Bodenplatte mit einem großen schwarzen Fußabdruck, dem sog. „Teufelstritt". Sie markiert einen Punkt, von dem aus sämtliche Seitenfenster unsichtbar sind, weil sie durch die Pfeiler des Kirchenschiffes verdeckt werden. Vermutlich handelt es sich bei dem Fußabdruck um ein Steinmetzzeichen, das bei der Neupflasterung der Kirche im Jahr 1671 angebracht worden ist. Eine bekannte Münchner Stadtsage erzählt, daß der Baumeister, als er den Auftrag zum Bau der Frauenkirche erhielt, einen Pakt mit dem Teufel geschlossen hatte, um mit dessen Hilfe die schwierige Aufgabe besser zu bewältigen. Dieser verpflichtete sich, beim Bau zu helfen, wenn das Gotteshaus ohne Fenster errichtet würde. Andernfalls sollte dem Höllenfürsten die Seele des Baumeisters gehören. Als die Kirche mit der unermüdlichen Hilfe des Satans vollendet war, führte ihn der Baumeister zu der Stelle, von wo aus kein einziges Fenster zu sehen war. Zornig und vor Wut fast zerspringend, weil der Baumeister seine Seele gerettet

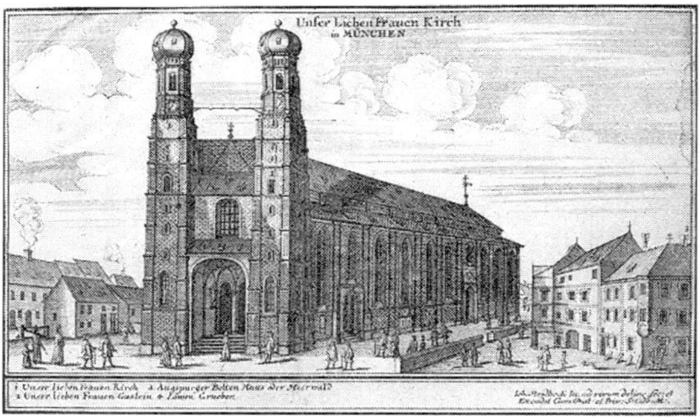

Die Frauenkirche. Kupferstich von Johann Stridbeck aus dem Anfang des 18. Jahrhunderts

hatte, stampfte der Teufel so fest auf, daß heute noch der Fußabdruck in der Vorhalle zu sehen ist.
Nach einer anderen Sage hatte Meister Jörg von Halsbach die Frauenkirche fast vollendet, als der Teufel davon erfuhr. Wutentbrannt fuhr er, Feuer und Schwefel speiend, aus der Hölle zu seinem Freund, dem Sturm, der ihm riet, die noch nicht geweihte Kirche zu betreten und innen zu zerstören – er, der Sturm, werde sie von außen angreifen. Nach einer anderen Version verwandelte der Teufel sich selbst in einen heftigen Sturmwind und versuchte, den Bau zum Einsturz zu bringen, was ihm jedoch nicht gelang. Doch soll er noch immer sein Unwesen treiben, und so kommt es vor, daß unter den Türmen der Frauenkirche meist ein heftiger Wind weht.

NEUBURG A. D. DONAU (Lkr. Neuburg-Schrobenhausen)

Residenzschloß
Der Pfalzgraf Philipp Wilhelm, unter dem ab 1665 der frühbarocke Ostflügel an die Renaissance-Residenz angebaut wurde, hegte zeitlebens eine große Verehrung zum hl. Erzengel Michael; so entstand folgende Legende: Ein Bauer, der in Not geraten war, traf auf einem Feld bei Neuburg einen Jüngling, der sich Michael nannte und der ihn um die Ursache seines Kummers befragte. Als der Bauer ihm seine Not klagte, empfahl ihm der Jüngling, zum Pfalzgrafen in die Residenz zu gehen und den Hofbedienten aufzutragen, den jungen Prinzen Philipp Wilhelm in ein anderes Zimmer zu bringen. Der Bauer tat, wie ihm geraten worden war. Bei Hof wunderte man sich über den Auftrag, fand aber bei näherer Besichtigung die Zimmerdecke baufällig und beschloß, dem Rat Folge zu leisten. Bald darauf stürzte die Decke ein. Der Bauer hatte mit seinem Rat großes Unheil verhindert und wurde reichlich belohnt.
Philipp Wilhelm war auch sehr freigebig gegen die Armen und trug immer einen Almosenbeutel bei sich. Als er einmal bei einer Wildschweinjagd von einem Eber angefallen wurde, bohrten sich die Zähne des Wildschweins genau in den Almosenbeutel und der Herzog blieb unverletzt.

WALCHENSEE (Lkr. Bad Tölz-Wolfratshausen)

Der Walchensee hat durch seine große Tiefe (bis zu 192 m) und sein besonders klares, grünes Wasser zu

vielen Sagen Anlaß gegeben. Wie er zu seinem Namen kam, erzählt die folgende Geschichte:
Vor langer Zeit wollte einmal ein Herzog von Bayern, der auf seinen Jagdzügen oft an den See kam, dessen Tiefe ergründen. Er ließ sich also von seinen Jagdknechten in einem Kahn auf die dunkle, einsame Wasserfläche hinausrudern. In der Mitte angelangt, begannen sie, ein langes Seil, an dessen Ende ein Stein befestigt war, hinunterzulassen. Immer wieder mußte ein weiteres Seil angebunden werden und nichts deutete auf Grund. Plötzlich begann es aus der Tiefe heraus wild zu sprudeln, und eine dumpfe Stimme erklang: „Ergründest Du mich, so schlünd ich Dich". Voller Angst beeilte man sich, mit dem Boot wieder das Ufer zu erreichen, bevor es in dem aufgewühlten Wasser umstürzen konnte. Ein alter Fischer am Ufer des Sees erzählte dann dem Herzog von einem riesigen Fisch in der Tiefe des Sees, einem Waller, der denjenigen hinunterziehe, der den See zu ergründen wage. Er liege dort mit seinem Schwanz im Maul und warte darauf, ob die Verderbtheit im Lande einmal überhand nehme. Dann werde sein Schwanz aus dem Rachen schnellen, den Kesselberg mit einem gewaltigen Schlag zum Einsturz bringen, und die Wasser des Sees würden das ganze Land überschwemmen. Der Herzog, in Sorge um Volk und Land, warnte seine Untertanen und ließ in den Klöstern *Schlehdorf* und *Benediktbeuern* Fürbitten und Meßopfer abhalten. So wurde es gehalten durch viele Jahrhunderte, um das Ungeheuer zu versöhnen.
In einer weiteren Sage wird behauptet, daß im Jahr 1755, als Lissabon durch das große Erdbeben zerstört und teils vom Meer verschlungen wurde, der Walchensee heftig getost habe. Er stehe nämlich durch eine Ader mit dem Meer in Verbindung. Zur Abwendung eines möglichen Unglücks, bei dem sich die Wasser gegen *München* ergießen würden, ließ man einmal im Jahr einen goldenen Ring in den See werfen und in der ehemaligen Gruftkirche in der Stadt täglich eine heilige Messe lesen.

Niederbayern-Oberpfalz

Bayerisch Eisenstein (Lkr. Regen)

Großer Arber und Großer Arbersee

Der Große Arber ist mit 1455 m der höchste Berg des Bayerischen Waldes. Unterhalb des Berges liegt inmitten von Wäldern der etwa 4,5 ha große Arbersee. Sowohl Berg als auch See sind von Sagen umwoben. Auf dem Arber sollen vor langer Zeit drei Riesen mit Namen Ossa, Arwa und Falko gehaust haben. Nach ihnen wurden später die Gipfel benannt. Der Riese Ossa bewohnte eine gewaltige Burg, Falko hauste im Höllbachgespreng und Arwa hatte sein Lager auf der Ostkuppe aufgeschlagen, wo er einen reichen Schatz aus Gold und Edelsteinen hütete. Dieser war in einer Höhle verborgen, welche der Riese mit einem gewaltigen Felsbrocken, auf dem er auch schlief, verschließen konnte. Nur bei Nacht öffnete er das Versteck, leuchtete mit einer riesigen Kerze hinein und spielte mit seinen Kostbarkeiten. Einem Köhlerjungen namens Loisl gelang es, die Riesen heimlich zu beobachten. Er hatte sich eines Abends unter einer Tanne zum Schlafen gelegt, als plötzlich an den Hängen des Arbers große Lichter aufflammten; die Erde dröhnte unter den Schritten der Riesen, die sich alle drei in Arwas hell erleuchtete Höhle begaben, wo sie ein fröhliches Zechgelage veranstalteten. Bald darauf wurde Loisl Zeuge, wie der Riese zum Arbersee hinunterstieg, um die dort wohnenden Wassernixen beim Spiel zu stören. Seine riesige Kerze stellte er am Ufer ab; der Köhlerbub nutzte die Gelegenheit, an ihr hochzuklettern und sie auszublasen, so daß es stockfinster wurde. Der Riese, der sich in der Dunkelheit nicht zurechtfinden konnte, tappte hilflos umher und stürzte schließlich in den See. Sofort zogen die Nixen ihn hinunter auf den Grund, wo er nun für alle Zeiten bleiben muß. Schlägt der Arbersee heftige Wellen, so wird dies als Toben des zornigen Riesen gedeutet. Die vielen Königskerzen, die an den Hängen des Großen Arber wachsen, sollen Arwas Lichter sein.

Auch an den Arbersee knüpft sich eine Schatzsage: Es heißt, in ihm leben Fische mit goldenen Schuppen und Augen aus Edelsteinen. Ihr Haus besteht aus weißen Perlen, ihre Betten aus roten Korallen. Ein Fischer hatte einst einen kleinen Fisch gefangen; dieser bat ihn, ihn freizulassen und sich stattdessen um einen jener großen und kostbaren Fische zu bemühen. Von Gier gepackt, setzte der Fischer das Tier ins Wasser zurück und warf nochmals die Angel aus. Als er ein Ziehen an der Leine verspürte, beugte er sich neugierig so weit vor, daß er das Gleichgewicht verlor und in den See stürzte. Seither wurde er nicht mehr gesehen.

LANDSHUT

Klötzlmühle

Vor vielen Jahren, so wird überliefert, war in der Mühle in der Liebenau ein Feuer ausgebrochen, das sich nicht löschen ließ. Schließlich rief man einen Franziskanerpater zu Hilfe, der sich auf Magie verstand. Dieser bannte das Feuer, indem er in den Brandherd einen Holzteller warf, auf welchen er mit Kreide die „Sator-Arepo-Formel" geschrieben hatte, ein Zauberspruch in Form eines magischen Quadrates, der, vor- und rückwärts, von oben nach unten und umgekehrt gelesen, stets den gleichen lateinischen Text ergibt:

SATOR
AREPO
TENET
OPERA
ROTAS

(Sämann Arepo hält mit Mühe die Räder.)

Dieses berühmteste unter den magischen Quadraten ist bereits aus dem 1. Jh. aus Pompeij bekannt. Als Hilfsmittel gegen Feuer war die Sator-Formel lange Zeit äußerst beliebt.

Wallfahrtskirche Maria Brünnl

Die Kirche am südlichen Ortsende ist ein Quellheiligtum, dessen Wasser noch heute zum Auswaschen der Augen benutzt wird. Die Anfänge der Wallfahrt liegen im Jahr 1661, in dem man eine neu entsprungene Quelle entdeckte, die man zunächst mit einem Bildstock mit einer Mariahilf-Darstellung und dann mit einer Kapelle ausstattete. Zahlreiche Votivbilder zeugen von der Beliebtheit der einst blühenden Wallfahrt, deren „heillsambe wasser" vor allem aber bei inneren Erkrankungen getrunken wurden. Eine große Tafel an der rechten Seitenwand erzählt in Bild und Schrift die Geschichte eines Heilungswunders: Eine Dienstmagd hatte Froschlaich getrunken, worauf in ihrem Leib Frösche heranwuchsen, die zu schreien anfingen. Als sie das Wasser aus dem heilkräftigen Brunnen trank, brach sie vier Frösche aus und war wieder gesund. Das Bild zeigt im oberen Teil Maria mit dem Jesuskind, darunter die Magd, die auf einem niedrigen Hühnerstall liegt und aus deren Mund die Frösche hüpfen.

Regensburg

Steinerne Brücke

Das berühmteste profane Bauwerk der Stadt ist die über 300 m lange und fast 8 m breite Brücke, die in sechzehn Bögen die Donau überspannt. Sie zählt zu den größten technischen Leistungen des Mittelalters. Die gefährlichen Donaustrudel haben Anlaß zu der volkstümlichen Ballade „Als wir jüngst in Regensburg waren" gegeben. Sie erzählt vom Schicksal eines adligen Fräuleins, das seine Unschuld verloren hat und deshalb von einem Wassermann in die Tiefe gezogen wird, während ein zwölfjähriges Mädchen unversehrt bleibt, weil es „noch nicht lieben kunnt".

Auch von der „Stainern Pruckn" in Regensburg ist eine Teufelssage im Umlauf. Es heißt, ihr Baumeister habe mit dem Meister des gleichzeitig im Bau befindlichen Domes eine Wette abgeschlossen, daß sein Werk als erstes vollendet sein werde. Das rasche Heranwachsen der Kirche vor Augen, schloß der Brükkenbaumeister einen Pakt mit dem Teufel, der sich ihm erboten hatte, die Brücke fertigzustellen. Als Entgelt verlangte er die Seelen der ersten drei Passanten, die die Brücke überqueren. Der Brückenbaumeister gewann die Wette, konnte aber den Teufel übertölpeln, indem er zwei Hähne von einem Hund auf die Brücke jagen ließ, bevor sie der erste Mensch betrat. Der wütende Teufel soll daraufhin ein Loch in die Brücke geschlagen und sich mit den Tieren in die Tiefe des

Wassers gestürzt haben, wodurch der Sage nach die vielbesungenen Strudel entstanden.
Das berühmteste Bildwerk und zugleich das eigentliche Wahrzeichen der Brücke befindet sich etwa in deren Mitte. Hier thront auf dem Satteldach einer bildstockförmigen Säule rittlings ein nur mit einem Lendenschurz bekleideter Jüngling, der unter schützender Hand nach Süden zum Dom hin schaut. Die Sage erklärt die im Volksmund „Bruckmandl" genannte Skulptur des Brückenmännchens als ein Konterfei des Brückenbaumeisters, der das Wachsen des Domes beobachtet, dem es aber schließlich gelingt, mit Hilfe des Teufels sein eigenes Werk doch eher zu vollenden.
Die Figur wird auch als Maurerlehrling gedeutet, der mit Hilfe des Teufels die Brücke früher fertiggestellt hat als sein Meister den Dom. Auf dem Dach eines kleinen Brückenhauses sitzt nun der Junge und verlacht seinen Meister, der auf dem Dom steht und sich ärgert. In Wirklichkeit war das „Bruckmandl", das sehr unterschiedliche Deutungen erfahren hat, wohl nur die Werbefigur für eine Badestube, wie sie im Mittelalter vielfach in der Nähe von Brücken betrieben wurden: die Nachbildung eines Püsterichs, den man, mit Wasser gefüllt, ins Feuer setzte, um Dampf zu erzeugen.

Dom St. Peter
An den reichgegliederten Außenfassaden des Domes wurde vielfältiger figürlicher Schmuck angebracht mit sagenhaften Überlieferungen in Stein. Am nördlichen Domchor ist neben dem Eselsturm in großer Höhe ein steinerner Wasserspeier angebracht. Er stellt einen Mann mit markantem Profil in angespannter

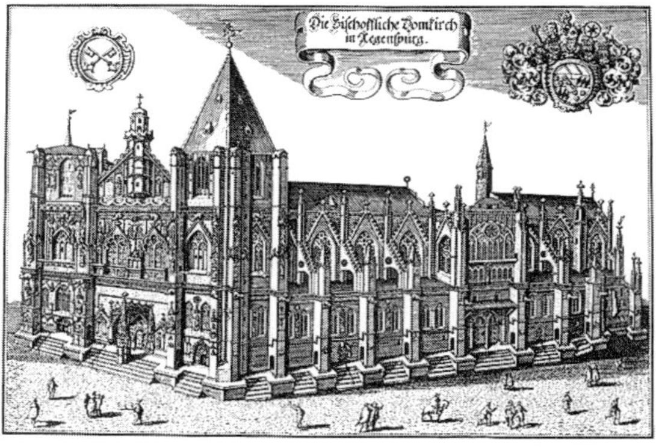

Regensburger Dom. Kupferstich 1657

Haltung dar, den Körper wie zum Sprung vorgestreckt, Gesäß und Schenkel gegen die Mauer gestemmt. Die Hände halten einen Krug, aus welchem bei Regen das Wasser abfließen kann. Diese Figur stellt der Sage nach den Dombaumeister dar, der sich aus Zorn und Verzweiflung in die Tiefe gestürzt haben soll, nachdem er gegen den Baumeister der Steinernen Brücke die Wette verloren hatte, daß er sein Werk vor jenem vollenden würde.

Ehem. Benediktinerklosterkirche St. Emmeram
St. Emmeram ist eines der ältesten Klöster in Bayern. Anlaß zur Klostergründung war die Überführung des um 715 ermordeten Wanderbischofs Emmeram durch Herzog Theodo II. nach Regensburg. Der vermutlich in Poitiers geborene Emmeram hatte in Süd- und Westfrankreich Missionsarbeit geleistet, bevor er nach Regensburg kam. Hier blieb er mehrere Jahre, bis er einer wohl politisch motivierten Hofintrige zum Opfer fiel. Da historische Quellen fehlen, war Raum für die Entstehung von Legenden gegeben.
Nach einer Lebensbeschreibung aus dem 8. Jh. erwartete die Herzogstochter Uta vom Sohn eines hohen Beamten ein uneheliches Kind. Sie vertraute sich Emmeram an, der freiwillig die Verantwortung auf sich nahm, um den Vater zu schützen. Auf einer gerade angetretenen Pilgerreise nach Rom wurde er von Utas Bruder Lantpert in der Nähe von *München* auf grausame Weise gemartert, verstümmelt und blutend liegengelassen. Die Einwohner des Ortes brachten den Sterbenden nach *Aschheim*, wo er zunächst begraben wurde. Wochenlange Regengüsse und eine große Überschwemmung bedeuteten ihnen, daß Emmeram hier nicht bleiben wollte. Da sich mittlerweile auch seine Unschuld an Utas Schwangerschaft herausgestellt hatte, veranlaßte Herzog Theodo die Überführung des Leichnams nach Regensburg. Ein führerloses Ochsengespann brachte ihn nach *Oberföhring* an der Isar; dort wurde er auf ein bereitstehendes Schiff verladen, das der Legende nach selbständig die Isar hinab und dann auf der Donau stromaufwärts bis Regensburg fuhr. Die auf dem Schiff befestigten Kerzen sollen trotz heftigen Sturms nicht erloschen sein.
In Regensburg wurde Emmeram zunächst auf einem südwestlich der Römermauer gelegenen frühchristlichen Gräberfeld bestattet, über welchem eine Georgskapelle entstand. Seine Gebeine ruhen seit 1659 in einem silbernen Schrein unter dem Hochaltar. Zehn

Freskobilder an den Seitenwänden des Mittelschiffs zeigen Szenen aus Leben und Martyrium des Heiligen.

St. Englmar (Lkr. Straubing-Bogen)

Totenbretter

Im Ortszentrum von St. Englmar stehen beim Schuhbauersteg rund ein Dutzend teilweise bemalte Totenbretter. Die in ganz Bayern verbreiteten Totenbretter stammen aus einer Zeit, in der es mangels Sarg und Leichenhalle noch üblich war, den Verstorbenen zu Hause aufzubahren. Als Unterlage diente ein Brett, auf dem man ihn in ein Leintuch gewickelt zum Friedhof trug. Am Rand des Grabes wurde das Brett schräggestellt, so daß der Tote hinabglitt. Der Volksmund nannte diesen Vorgang „Brettlrutsch'n". „Aufs Brett kommen" bedeutet in Ostbayern noch heute soviel wie „sterben". Die weitere Behandlung dieser Totenbretter verlief unterschiedlich. Teilweise legte man das Brett mit ins Grab; häufig stellte man es als Erinnerungszeichen für die Lebenden auf, um der Toten im Gebet zu gedenken. Als zu Beginn des 19. Jh. auch auf dem Lande die Sargbestattung üblich wurde, wandelten sich die Totenbretter zu Gedenkbrettern. Zum Schutz vor der Witterung erhielten sie ein kleines vorspringendes Dach und wurden dann bei Weggabelungen, Brücken, Bäumen, Kreuzen oder Kapellen als Denkzeichen aufgestellt und entsprechen so in ihrer Funktion den Grabmälern auf dem Friedhof.

Natürlich hat diese Nähe zum Tod auch die Sagenbildung angeregt und es verbinden sich mit den Brettern viele abergläubische Vorstellungen. So schrieb man ihnen Zauberkräfte zu und ihre Standplätze galten als Spukort. In einigen Gegenden wurden sie als Stege über Bäche und in Sümpfe gelegt, zum einen, um der Seele den Übergang ins Jenseits zu erleichtern, zum anderen, um den Zerfallsprozeß zu beschleunigen, weil man annahm, der Verstorbene könne erst dann Ruhe finden, wenn sein Totenbrett vermodert sei.

Man erzählt sich, daß die Seelen Verstorbener zu bestimmten Zeiten auf die Erde zurückkehren dürfen, um mit Hilfe frommer Menschen Erlösung aus dem Fegefeuer zu finden. Nächtliche Wanderer begleiten sie oft in Gestalt eines Irrlichts, um dann plötzlich hinter einem Totenbrett zu verschwinden. Wer auf ein solches Brett tritt, tritt auf das Herz der „Armen Seele" und schändet ihre Wohnung.

Sehr übel nehmen es die Verstorbenen, wenn man sich an ihrem Eigentum (Totenkleid, Grabschmuck, Sarg etc.) vergreift: Einem Bauern, der Totenbretter heimträgt, um damit einzuheizen, zerreißt es den Ofen; ein Tischler muß ein aus einem Totenbrett gefertigtes Nudelholz zurücknehmen, da der Bäuerin alle Nudeln vom Tisch gesprungen sind, und erhält für lange Zeit keine Aufträge; ein gottloser Geselle, der in der Allerseelennacht (2. November) aus Übermut ein Totenbrett stiehlt, wird von diesem fast totgedrückt und verfällt für den Rest seines Lebens in Wahnsinn.

Straubing

Agnes-Bernauer-Kapelle und Grabstein
Die Agnes-Bernauer-Kapelle auf dem Friedhof der Peterskirche ist eine Sühnestiftung Herzog Ernsts von Bayern für die auf sein Geheiß ertränkte Agnes Bernauer, die unebenbürtige Gattin seines Sohnes. Der an der Südwand eingemauerte Grabstein aus rotem Marmor stellt Agnes Bernauer in fürstlicher Tracht mit hermelingeschmücktem Mantel und Schleier dar. Die rechte Hand mit dem Trauring hält einen Rosenkranz.

Hinrichtung der Agnes Bernauer, 19. Jh.

Flankiert wird die Bernauerin von zwei Hündchen, den Sinnbildern der Treue.
Agnes Bernauer war die Tochter eines Augsburger Baders. Als Herzog Albrecht III. dessen Badehaus besuchte, lernte er Agnes kennen. Zwischen beiden kam es zu einer heimlichen Eheschließung. Albrecht nahm Agnes mit auf das Herzogsschloß in Straubing. Sein Vater sah durch diese Liaison die Dynastie gefährdet, denn die Nachkommen aus dieser unstandesgemäßen Ehe wären nicht erbberechtigt gewesen. Daher ließ er Agnes Bernauer in Abwesenheit ihres Gemahls, den er nach Landshut zur Jagd eingeladen hatte, im Turm des Straubinger Schlosses einkerkern und durch ein Scheingericht zum Tode verurteilen. Die Anklage warf ihr Betörung des Herzogs durch zauberische Mittel sowie versuchten Giftmord an Albrechts Vater und einem jüngeren Vetter vor. Sie wurde als Hexe verurteilt und am 12. Oktober 1435 in der Donau ertränkt.
Die Mystifizierung der Agnes Bernauer begann mit ihrem Tod; Geschichtsschreibung, Volkslied, Dichtung und Musik befassen sich mit ihrem Leben. Friedrich Hebbel widmete ihr ein Drama, Carl Orff eine Oper. Eine Straubinger Attraktion sind die alle vier Jahre stattfindenden „Agnes-Bernauer-Festspiele.

VIECHTACH (Lkr. Regen)

Pfahl

Das markanteste Naturdenkmal Bayerns ist der sog. „Pfahl", ein weithin sichtbares, zerklüftetes Quarzriff von 150 km Länge. Die volkstümliche Bezeichnung für die bizarren weißen Felsen stammt von lat. pallidus, „bleich" bzw. „fahl". Im Mittelalter wurden die Felsen auch „Teufelsmauer" genannt, da man sich ihr Vorhandensein nur als Satanswerk erklären konnte. Um den Pfahl rankt sich eine Sage mit stark märchenhaften Zügen. Sie erzählt von dem jungen Ritter Bertold, der mit einem schönen Ritterfräulein verlobt war. Als er eines Tages nach der Jagd unter einem Felsen einschlief, erschien ihm im Traum eine in silberne Gewänder gekleidete Frau, die eine Krone aus Kristallglas trug. Sie gab sich als Königin des Kristallreichs zu erkennen und führte ihn durch den Felsen in einen herrlichen Palast, der von einem Blumengarten aus lauter Edelsteinen umschlossen war. Die Frau bat Bertold, für immer bei ihr zu bleiben, und gab ihm einen kostbaren Ring, den er beim Erwachen am Finger fand und mit dessen Hilfe er die Königin jederzeit rufen konnte, wenn er ihn drehte. Sie lehrte ihn auch ein ma-

gisches Ritual, durch das er Eingang in das kristallene Reich finden würde: er müsse nur vor Sonnenuntergang ein Feuer machen, den Stein emporheben, eine darunter sitzende grüne Eidechse fangen und einen entsprechenden Zauberspruch aufsagen. Bertold konnte das begonnene Ritual jedoch nicht vollenden, da er durch eine Stimme unterbrochen wurde, die „In Gottes Namen – halt ein, halt ein!" rief. Damit war der Zauber gebrochen; Feuer kam aus dem Boden, Palast und Königin verschwanden in der Tiefe. Die Eidechse verwandelte sich in einen riesigen Drachen, dessen weißer Rückenpanzer die Pfahlfelsen der heutigen Bayerwald-Landschaft bildet.
Das Viechtacher Kristallmuseum besitzt ein Ölgemälde, auf dem die Pfahlsage dargestellt ist.

WELTENBURG (Stadt Kelheim, Lkr. Kelheim)

Benediktinerabtei
Das in einer Donauschleife liegende Benediktinerkloster geht auf eine sehr alte Gründung zurück. Iroschottische Kolumbanermönche sollen sich hier schon im 7. Jh. niedergelassen haben. Wahrscheinlich war es St. Bonifatius, der um 740 die Benediktinerregel einführte, woraufhin Herzog Tassilo III. das Kloster durch großzügige Schenkungen förderte. Aus der Frühzeit des Klosters ist folgende Legende überliefert: Als Karl der Große sich wieder einmal in Regensburg aufhielt, besuchte er auch Kloster Weltenburg. Beim gemeinsamen Essen erblickte er einen blinden

Karl der Große. Holzschnitt, 1493

Mönch, den er zu kennen glaubte. Auf seine Frage, wer dieser sei, entgegnete ihm der Abt, er wisse es selbst nicht genau. Der Blinde nenne sich Bruder Romuald und sei vor einigen Jahren aus einem rheinischen Kloster übergesiedelt. Der Kaiser hörte um die Mitternachtsstunde Schritte vor seiner Zellentür. Er schaute hinaus und sah, wie der blinde Mönch, gehüllt in den Lichtkreis eines strahlenden Jünglings, der ihm vorausschwebte, in der Klosterkirche verschwand. Karl, der ihnen folgte, fand Bruder Romuald dort auf dem Boden liegend, laut betend für seinen Feind, den Frankenkönig Karl, der ihm alles, selbst sein Augenlicht genommen hatte, indem er ihn hatte blenden lassen. Da erkannte Karl der Große in ihm seinen Erzfeind Tassilo, den Bayernherzog. Tief gerührt bot er Tassilo an, ihm Macht und Würden wiederzugeben. Der aber lehnte ab, weltliche Güter interessierten ihn nicht mehr. Er wünsche nur, zum Sterben in sein Kloster *Lorsch* am Rhein zurückkehren zu können. Daraufhin ließ ihn Karl der Große in seinem eigenen Wagen hinbringen. Schon wenige Monate später erhielt er die Nachricht vom Tod des einst so großen Bayernherzogs.

ZWIESEL (Lkr. Regen)

Waldmuseum

Die am Zusammenfluß von Großem und Kleinem Regen gelegene Stadt („Zwie-Sal" meint ein doppeltes Flußbett, die Gabelung zweier Flüsse) verdankt ihre Entstehung der Sage zufolge Goldwäschern. Zwiesel ist Zentrum der im Bayerischen Wald blühenden Glasindustrie.

Lange Zeit standen die Gläser aus Venedig und den sog. Venezianerhütten, die seit dem 16. Jh. mit Hilfe venezianischer Glasmacher nördlich der Alpen gegründet worden waren, in höherem Ansehen als jene aus Böhmen und Bayern. Dieser Umstand bildet den Hintergrund zu einer Sage, die wissen will, wie das Glas nach Bayern kam. Sie erzählt von einem Glasmacher aus Murano, der Venedig verließ, um die weite Welt kennenzulernen. Aus Sorge, er werde das Geheimnis seiner Kunst verraten und so seiner Heimatstadt Schaden zufügen, schickte man Häscher hinter ihm her. Der Glasmacher suchte Zuflucht in einem Kloster, dessen Abt er anbot, als Gegenleistung für erwiesenen Schutz die Mönche im Glasmachen anzuleiten. Dies geschah auch, bevor die Verfolger in das Kloster eindringen und den Venezianer erdolchen konnten.

Der Glasmacher. Kupferstich, 1698

Die *Theresienthaler* Kristallmanufaktur in Zwiesel war berühmt für ihre Rubingläser. Das Rubinglas ist eine Erfindung des Chemikers, Alchimisten und Glasmachers Johann Kunckel von Löwenstein, der auch seine Werkstatt auf der *Berliner* Pfaueninsel hatte. Eine sagenhafte Überlieferung schreibt den Ursprung der in der Glasfabrik Theresienthal hergestellten Gläser einem produktionstechnischen Zufall zu: Dem Schmelzermeister fiel einst eine Goldmünze in die glühende Glasmasse und wurde mitgeschmolzen. Am nächsten Tag zeigte sich den Glasmachern das Ergebnis der unbeabsichtigten Veredelung: das rötlich gefärbte Rubinglas.
In der Hütte Theresienthal soll früher ein Glasmacher gearbeitet haben, der ein Meister in der Herstellung von Schnupftabaksgläsern war. Sein eigenes Tabaksbüchsel wurde ihm eines Sonntags im Wirtshaus gestohlen. Um den Dieb ausfindig zu machen, wandte er sich an eine alte Witwe, die im Ruf stand, etwas von Zauberei zu verstehen. Diese sagte ihm zu, den Verbleib des Schnupftabakglases in Erfahrung zu bringen – doch werde er es nie zurückbekommen. Am folgenden Montag fehlte in der Glashütte der Schürer; es stellte sich heraus, daß er der Täter war und auf magische Weise seine Strafe erhalten hatte: zur selben Zeit,

als der Geschädigte bei der zauberkundigen Frau war und sich von ihr dreimal das Kreuzzeichen über die Hand machen ließ, hatte sich der Dieb aus dem gestohlenen Glas eine Prise Tabak auf die Hand klopfen wollen. Das Glas zersprang in tausend Scherben und verletzte ihn so schwer, daß die Hand amputiert werden mußte.
Auch der Teufel soll in Glashütten sein Unwesen treiben und sich in der Glasmacherkunst versuchen. Davon berichtet die folgende Sage: Als einst im Winter ein Schmelzofen eingestürzt war und der Hüttenherr mit seinen Lieferungen so in Verzug kam, daß seine Glasmacher Tag und Nacht arbeiten mußten, erschien um Mitternacht ein großer hagerer Mann mit kohlschwarzen Augen und einem grünen Geißbubenhütchen auf dem Kopf und bot seine Hilfe an; als Entgelt verlangte er, die in der Hüttenkapelle befindliche Muttergottesfigur für immer zu entfernen, was auch geschah. Der Fremde formte nun so schnell Becher und Kelche, daß alle Glasmacher zupacken mußten, um sie in den Kühlofen zu bringen. Der Hüttenherr ahnte, daß dies nicht mit rechten Dingen zugehen konnte. Um den unheimlichen Gesellen zu prüfen, bat er ihn, einen Weihwasserkessel herzustellen, was dem Teufel natürlich nicht möglich war. Fluchend rannte er aus der Hütte und stieß sich dabei das Hütchen vom Kopf. Darunter kamen zwei Hörner zum Vorschein. Das vom Teufel gefertigte Glas war unterdessen im Kühlofen zersprungen.
→ Berlin (Berlin-Brandenburg)

Franken

ANSBACH

Kaspar-Hauser-Gedenkstein

Im Hofgarten des Schlosses am östlichen Lindenplatz nahe der Orangerie steht ein Denkstein mit der seltsamen Inschrift ‚Hic occultus occulto occisus est' (Hier wurde ein Unbekannter von einem Unbekannten ermordet). Der Stein erinnert an das tragische und bisher ungeklärte Sterben des geheimnisvollen Findlings Kaspar Hauser, der hier am 17. Dez. 1833 durch Messerstiche ermordet und auf dem Ansbacher Friedhof beerdigt wurde. 1828 war Kaspar Hauser in Nürnberg aufgetaucht, ohne zunächst genaue Angaben über sein Vorleben machen zu können. Später berichtete er von Gefangenschaft in einem Kellerverlies. Kaspar Hauser erregte schnell öffentliches Interesse, geriet aber dabei seelisch immer mehr aus dem Gleichgewicht. Ritter von Feuerbach, sein väterlicher Wohltäter, vertrat die These, daß Hauser mit dem 1812 geborenen badischen Großherzog Karl Ludwig Friedrich identisch sei; die rivalisierende Linie Hochberg hätte den Mord veranlaßt. Letzte Klarheit über Herkunft und Mörder Kaspar Hausers konnte nicht gewonnen werden. In Ansbach lebte Kaspar Hauser von 1831 bis zu seinem Tode 1833.

Werwolfdokumentation im Stadtmuseum

In Form von Flugschriften und alten Abbildungen wird im Stadtmuseum auf eine berühmte lokale Überlieferung hingewiesen, die den Ansbachern lange Zeit den Ruf ‚Wolfshenker' einbrachte. Wie es zu diesem merkwürdigen Spitznamen kam, wird in einem 1686 erschienenen Traktat von Theophilus Lauben beschrieben: Demnach trieb ein Jahr zuvor ein mordlustiger Wolf in der Gegend von Ansbach sein Unwesen und hatte bereits einen Knaben und eine junge Frau zu Tode gebissen. Erst als das Tier in einen mit Reisig überdeckten Brunnen gefallen war, konnte es überwältigt werden. Man brachte den Kadaver nach Onolzbach (alter Name für Ansbach) und hängte ihn an einem Schnellgalgen in menschlicher Kleidung mit Perücke und Bart auf. Darüber hinaus hatte man dem toten Tier die Schnauze abgeschlagen und eine Maske mit menschlichem Gesicht aufgesetzt. Diese Prozedur brachte den Ansbachern und ihrer Obrigkeit den Spitznamen ‚Wolfshenker' ein. Auf Einblattdrucken wurde die Geschichte verbreitet und erregte großes

Werwolf im Markgrafentum Ansbach (Onolzbach), zeitgenössischer Stich

Aufsehen. Um das seltsame Verfahren mit dem Leichnam des toten Wolfes zu verstehen, muß man wissen, daß mit dem Auftreten des schreckenerregenden Tieres das Gerücht aufkam, der Wolf sei der ein Jahr zuvor verstorbene verhaßte Bürgermeister Michael Leicht. In der Öffentlichkeit war Leicht, der zweitreichste Mann in Ansbach, wegen seines Geizes, Eigennutzes, Wuchers und vermuteter Amtsuntreue äußerst unbeliebt. Zwar war er eines natürlichen Todes gestorben – doch bald hieß es, er habe vom Dachfenster seines Hauses aus seiner eigenen Beerdigung zugesehen und rumore nachts in der Wohnung.

BAD BERNECK (Lkr. Bayreuth)

Ruine Hohenberneck (Wallenrode)

Der ehem. Rittersaal der Burg ist Schauplatz der bekannten Sage vom „Geistermahl" auf Alt-Berneck: Einst hatte sich beim Pfarrer von Berneck eine lustige Gesellschaft zusammengefunden. Als um Mitternacht der Wein ausging, rief der Pfarrer in übermütiger Laune seine Magd und befahl ihr, auf die Burg hinaufzugehen: dort zechten allnächtlich die Geister, und sie würden ihm sicher einige Flaschen aus ihrem Keller zukommen lassen. Im Rittersaal der Burg fand die Magd auch wirklich die verstorbenen Ritter beim Gastmahl – doch sie benutzten Totenschädel als Pokale. Auf ihre Bitte füllte man ihren Krug mit Wein, warnte sie aber vor dem Wiederkommen. Als die Magd daheim von ihrem Erlebnis erzählte, erntete sie nur Spott. Plötzlich kam jedoch ein heftiges Unwetter auf, und am nächsten Morgen wurde der Hausherr tot gefunden.

Bamberg (Lks. Bamberg)

Kaisergrabmal im Dom

Der Bamberger Dom wurde 1237 geweiht. Im Ostchor (auch Georgschor) befindet sich das Grabmal des heiliggesprochenen Stifterpaares Heinrich und Kunigunde. Die Legende von der Feuerprobe erscheint erstmals 1070 in einer Lebensbeschreibung Kaiser Heinrichs. Danach war Kunigunde der ehelichen Untreue beschuldigt worden und mußte sich einem Gottesurteil unterziehen: auf offenem Markt schritt sie barfuß über sieben glühend gemachte Pflugscharen und blieb unverletzt, womit ihre Unschuld erwiesen war.

Kaiser Heinrich II. und Kaiserin Kunigunde mit dem Bamberger Dom. Holzschnitt von 1491

Der Legende nach soll Kunigunde die Handwerker beim Bau des Kollegiatstifts St. Stephan persönlich bezahlt haben; während der Bauzeit setzte sie täglich eine Schale voll Geld auf, aus der jeder seinen Lohn selbst entnehmen konnte – doch keinem war es möglich, mehr Pfennige zu ergreifen, als ihm seiner Leistung nach zustanden. Als einer der Arbeiter sich unrechtmäßig zu bereichern versuchte, begannen die Münzen in seiner Hand zu glühen, so daß er sich jämmerlich verbrannte.

Im Jahr 1022 unternahm Kaiser Heinrich einen Italienzug und suchte bei dieser Gelegenheit das vom hl. Benedikt gegründete Kloster auf dem Monte Cassino auf. Dieser Besuch bildet den historischen Hintergrund einer Legende, nach der Heinrich, der von einem sehr schmerzhaften Steinleiden geplagt wurde, den hl. Benedikt um Hilfe anrief. Dieser erschien ihm im Traum und schnitt den Stein heraus, den der Kaiser beim Erwachen in den Händen hielt.

Das letzte Relief zeigt den Erzengel Michael mit der Seelenwaage, an deren eine Schale sich Teufel krallen, während der hl. Laurentius ein schweres goldenes Gefäß in die andere senkt, als Zeichen all dessen, was Heinrich dem *Eichstätter* Laurentiusaltar gestiftet hat. Es wird erzählt, ein Einsiedler habe in der Nähe seiner Klause eine Schar Dämonen vorbeiziehen sehen, von denen er erfuhr, der Kaiser liege im Sterben und sei der Hölle verfallen. Der Einsiedler betete inbrünstig – und zwei Tage später kehrten die Teufel unverrichteter Dinge zurück, da im letzten Augenblick der hl. Laurentius durch Auflegen eines goldenen Kelchs die Wägung zugunsten des Kaisers entschieden hatte.
→ Augsburg (Allgäu-Bayr. Schwaben) → Nürnberg (Franken)

COBURG (Lkr. Coburg)

Stadtwappen

Seit dem frühen 16. Jh. zeigt das Wappen von Coburg auf goldenem Grund einen Mohrenkopf mit goldenem Ohrring. Es handelt sich um das Haupt des Stadtpatrons St. Mauritius (Moritz), der schon auf den ältesten Coburger Münzen (14. Jh.) erscheint und dem auch die evangelische Pfarrkirche geweiht ist. Der Legende nach war Mauritius Anführer des afrikanischen Teils der Thebäischen Legion, einer Abteilung von zum Christentum übergetretenen römischen Legionären, die zwischen 287 und 300 auf Befehl Kaiser Maximilians in Agaunum/Rhône hingerichtet wurden, weil sie sich weigerten, den alten Göttern zu opfern. Da Mauritius aus Afrika stammt, wird er gern als Mohr dargestellt. Spätere Legendenbildung bringt das Coburger Wappen mit den Hl. Drei Königen, von denen einer, meist Caspar, als Mohr dargestellt wird, in Zusammenhang. Als im Jahr 1164 ihre Gebeine von Mailand in den Kölner Dom überführt wurden, soll man Rast in der Stadt Coburg gehalten haben, die zum Andenken einen Mohrenkopf in ihr Wappen aufnahm.
→ Köln (Rheinland)

Der Mohrenkopf im Stadtwappen von Coburg

EICHSTÄTT (Lkr. Eichstätt)

Klosterkirche St. Walburg

Die hl. Walburgis, Schwester des ersten Eichstätter Bischofs Willibald und nach dem Tod ihres Bruders Wunibald Leiterin des Benediktinerklosters *Heidenheim*, ist dort am 25. Februar 779 gestorben und wurde Ende des 9. Jh. in die vor den Mauern Eichstätts gelegene Hl. Kreuzkirche überführt, wobei es zu außerordentlichen Wunderzeichen gekommen sein soll: Zum ersten Mal wurde der sog. ‚Ölfluß' beobachtet, d. h. man fand die Gebeine ‚feucht wie von Tautropfen'. Nach diesem spektakulären Wunder wurde die Kirche nach der Heiligen umbenannt. Der heutige Kirchenbau stammt aus dem 17. Jh. und ist noch immer eine vielbesuchte Wallfahrtsstätte. Die Heilige, deren Grab sich in einer 1706 erneuerten Gruftkapelle befindet, wird in Kindsnöten, bei Unfällen und Krankheiten von Tier und Mensch und vor allem bei Augenleiden angerufen; die Flüssigkeit, die der Reliquienschrein von Zeit zu Zeit absondert, wird als das heilkräftige ‚Walburgisöl' verehrt. Die hl. Walburga, ursprünglich zum Schutz gegen den Teufel angerufen, ist auch wegen ihres Festtages bekannt: In der Walpurgisnacht (30. April/1. Mai) treiben die Hexen ihr Unwesen.

→ Brocken (Harz)

FORCHHEIM

Pilatushof

Im Zentrum der Stadt liegt ein kleiner Platz mit dem ungewöhnlichen Namen ‚Pilatushof'. Diese Bezeichnung ist sehr alt; schon im Jahre 1077 traten während des Investiturstreites die Fürsten im damals schon so benannten Pilatushof zusammen. Namengebend ist nach einer merkwürdigen Überlieferung der römische Prokurator Pontius Pilatus, der in Forchheim geboren

sein soll. Diese Legende war offenbar seit dem hohen Mittelalter weitbekannt und wird von vielen Besuchern verwundert erwähnt. Als Beweis für die Richtigkeit der alten Überlieferung galten die Hosen, die man für die des Pilatus hielt und die jahrhundertelang im Rathaus aufbewahrt wurden. Manche Zeitgenossen beschrieben sie als eine aus rotem Bast geflochtene Ritterhose; ein anderer Augenzeuge spricht von schwarzem Tuch.
Solche augenfälligen Beweise schienen nötig, denn auch der benachbarte Ort *Hausen* erhob den Anspruch, als Geburtsstätte des römischen Landpflegers zu gelten. Bis heute ist der Streit um die Geburtsstätte des Pilatus nicht entschieden.
→ Daun (Eifel – Mosel) → Dillingen (Saarland)

IPHOFEN (Lkr. Kitzingen)

Wallfahrtskirche zum Hl. Grab (Hl. Blut)
Die Wallfahrtskirche ist auf der Stelle eines Hostienwunders (angeblich 1294) erbaut. Der Legende nach hatten in Iphofen ansässige Juden eine konsekrierte Hostie gestohlen; als sie diese mit Nadeln durchstachen, floß reichlich Blut heraus. Erschreckt warfen sie die Hostie in eine Abortgrube, wo sie aber in einem Spinnennetz hängenblieb – überirdischer Glanz erhellte das Haus und verriet die Freveltat. Die Juden wurden gefangengenommen und nach erfolgtem Geständnis hingerichtet. An der Stätte des Wunders erbaute man eine Kapelle.
Berichte von wunderbaren Geschehnissen in Zusammenhang mit der Eucharistie sind im Mittelalter vielfach überliefert; sie wurzeln in einer tiefen Ehrfurcht vor dem Altarsakrament, aber auch in magischem Wunderglauben. Die Legende von einer Hostienschändung durch Juden gehört zu einer Gruppe antisemitischer Erzählungen, die vor allem seit den Kreuzzügen der religiösen Diffamierung Andersgläubiger dienten; nicht selten sind blutige Judenpogrome mit solchen angeblichen Freveltaten gerechtfertigt worden.
→ Walldürn (Franken) → Weingarten (Schwaben-Bodensee)

JAGSTHAUSEN (Lkr. Heilbronn)

Götzenburg
In der Götzenburg, dem ältesten der drei Schlösser in Jagsthausen, wurde 1480 Ritter Götz (Gottfried) von Berlichingen geboren. Er verbrachte seine Knappen-

zeit am Hof des Markgrafen Friedrich von Ansbach und führte in den folgenden Jahren zahlreiche Fehden. 1504 wurde er von einer Kugel so unglücklich getroffen, daß er die rechte Hand verlor.
Die kriegerische Laufbahn des Ritters schien damit beendet zu sein – doch ein Waffenschmied in *Olnhausen* nahe Jagsthausen arbeitete ihm eine eiserne Hand; ein *Nürnberger* Schmied machte ihm eine weitere. Diese Meisterstücke mittelalterlicher Technik werden im Schloßmuseum gezeigt. Mit diesen Ersatzarmen ausgerüstet, erwarb Götz sich in den folgenden Jahren einen Ruf als rechter Haudegen, der auch vor Brandschatzerei und Überfällen nicht zurückschreckte. Am 23. Juli 1562 ist Götz von Berlichingen im Alter von 82 Jahren gestorben; er wurde im Kloster *Schöntal* beigesetzt. Weltberühmt wurde der Ritter mit der eisernen Hand durch Goethes Drama ‚Götz von Berlichingen'. Im Schloßhof von Jagsthausen finden alljährlich Götz-Festspiele statt.

Götz von Berlichingen. Kupferstich von 1858

Am Ortseingang von *Krautheim* (Hohenlohekreis) ist dem ‚Ritter mit der eisernen Hand' ein mannshoher Gedenkstein gesetzt: An dieser Stelle soll er den berühmten Kraftausdruck gebraucht haben, den Goethe nach Jagsthausen verlegt: „Er aber, sag's ihm, er kann mich ..." Der Ausspruch geht auf einen Vorfall zurück, den der Ritter in seiner Autobiographie geschildert hat. In Krautheim war damals ein gewisser Marx Stumpf als Amtmann tätig, der sich diesen Posten durch Verrat an Götz erworben hatte. Der Berlichinger sann auf Rache und „... brannte demnach in Begleitung von nicht mehr als sieben Mann drei Orte nieder, Ballenberg, Oberndorf und das Schafhaus zu Krautheim unter dem Schloßberg. Gern habe ich nicht gesengt und gebrannt; diesmal aber geschah es, weil ich wollte, daß der Amtmann herausrücken sollte und hielt deshalb wohl ein oder zwei Stunden zwischen Krautheim und Neuenstadt in einer schneehellen Nacht. Aber der Amtmann schrie, während ich unten brannte, nur von der Mauer herab, und ich rief zurück, er möge mich hinten lecken.“

Nürnberg

Burg

Der Sage nach verdankt Nürnberg seinen Ursprung Drusius Nero, dem Bruder des römischen Kaisers Tiberius. In der ‚Schedelschen Weltchronik‘ werden zwei Brüder als Gründer genannt: die erste Befestigung und später die Stadt seien nach ihnen ‚Neroberg‘ genannt worden. Es handelt sich hier um eine etymologische Fehldeutung des Ortsnamens Nürnberg: Sprachforscher vermuten, daß hier das ausgestorbene Eigenschaftswort nuorin (oder norin) zugrunde liegt, was felsig bedeutet. Mit dem ‚nourin berc‘ ist demnach der markante rote Sandsteinfelsen gemeint, auf dem die Burg erbaut wurde.

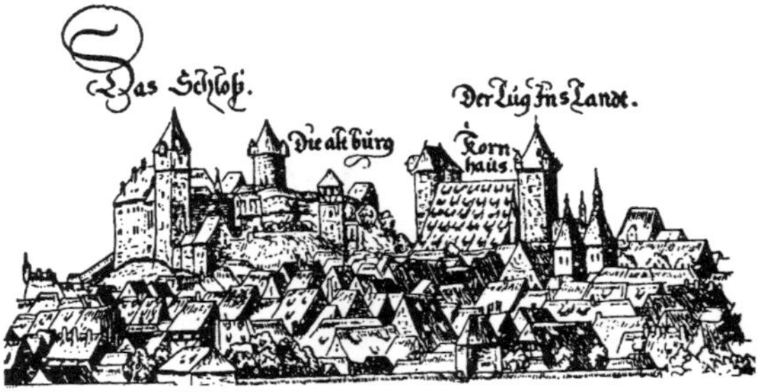

Burg. Holzschnitt von 1552

Kunigundenlinde

Im inneren Burghof steht eine Linde, die der Legende nach die 1200 heiliggesprochene Kaiserin Kunigunde gepflanzt haben soll zum Dank für die wunderbare Errettung ihres Gemahls Kaiser Heinrich II. aus großer Gefahr. Bei einem Jagdausflug hatte dieser zu Pferd eine Hirschkuh verfolgt – als sich plötzlich vor ihm ein Abgrund auftat, in den er gestürzt wäre, wenn nicht ein vom Blitz verkohlter Lindenstamm am Rand der Schlucht sein Roß aufgehalten hätte. Zum Andenken nahm er einen der wenigen grünen Triebe der Linde mit, und dieser wurde von Kunigunde in den Burghof gepflanzt, wo er zu einem herrlichen Baum heranwuchs. Die ‚tausendjährige' Linde ist aus dem Nürnberger Brauchtum nicht wegzudenken. Unter ihr fand wahrscheinlich das Hochgericht statt.

„Eppeleinssprung"
Auf der abgeschrägten Mauerbrüstung der Streichmauer am Fuß des „Fünfeckturms", des ehem. Bergfrieds der salischen Burg (um 1040), sind hufeisenförmige Vertiefungen zu sehen. Sie bezeichnen die Stelle, wo der Sage nach Ritter Eppelein von Gailingen mit einem gewaltigen Sprung über den Burggraben den Nürnbergern entkommen sein soll. Er sollte als Räuber und Wegelagerer gehängt werden, hatte sich aber als letzte Gnade ausgebeten, sein geliebtes Roß noch einmal besteigen zu dürfen. Man erfüllte seine Bitte – da gab Eppelein dem Tier die Sporen, so daß es sich hoch aufbäumte und in einem riesigen Satz über den Graben sprang. Von diesem Ereignis datiert die Redensart: „Die Nürnberger hängen keinen, sie hätten ihn denn zuvor!"

Eppelein von Gailingen springt mit seinem Pferd über den Burggraben von Nürnberg

Geschichten um den Raubritter Eppelein, vor allem seine Streiche gegen die Nürnberger ‚Pfeffersäcke', gibt es in Franken reichlich. Sie gehen zurück auf die historisch faßbare Gestalt des Ekkelein Gailing, der durch unzählige Überfälle und Raubzüge den Nürnbergern schwer zu schaffen machte. Gefangener auf der Nürnberger Burg ist der Ritter indessen nie gewesen. Ekkelein ist Anfang des 14. Jh. auf der Burg Gailing (bei *Rothenburg ob der Tauber*) geboren. Durch eine reiche Erbschaft war er für ein standesgemäßes Leben bestens gerüstet, aber ein solches Dasein

scheint ihn gelangweilt zu haben, und er führte ständig Privatfehden mit den fränkischen Reichsstädten. Hierbei galt seine Vorliebe den Nürnberger Kaufmannszügen, die er ausraubte und die Kaufleute erst gegen hohes Lösegeld wieder freiließ.
Schließlich wurde Ekkelein vom kaiserlichen Landgericht wegen Gewalttätigkeit geächtet, womit er seiner Privilegien verlustig ging und nunmehr als gemeiner Räuber gejagt wurde. Nachdem er bei Dachau den Nürnbergern 32 Pferde ausgespannt und bei Wachenrod Kaufleuten die Waren abgenommen hatte, wurde er 1381 gefangengenommen und zum Tode verurteilt; die Hinrichtung fand in Postbauer bei Neumarkt statt.
Wann die berühmten Hufabdrücke in der Nürnberger Burgmauer tatsächlich entstanden sind – besagte Mauer wurde erst 1536 angelegt – ist unbekannt. Offenbar waren sie hier schon im 18. Jh. zu sehen.

UNTERZELL (Würzburg)

Ehem. Kloster
In den alten Gebäuden der vormaligen Prämonstratenser-Abtei soll eine verschleierte Nonne umgehen. Sie trägt einen Rosenstrauß in der Hand und wandelt mit langsamen Schritten durch die Klosterhallen. Dies ist der Geist der am 21. Juni 1749 auf dem Hexenbruch bei *Würzburg* in Franken und ganz Deutschland als letzte Hexe verbrannten Maria Renata Singer von Mossau. Jedesmal, wenn sie bei ihrer nächtlichen Wanderung eine Rose aus ihrem Strauß zerpflückt hat und zu Boden fallen läßt, ist dies ein Zeichen, daß in Würzburg bald ein geistlicher Herr sterben wird.
Der Prozeß gegen die Subpriorin des Klosters Unterzell und die anschließende Hinrichtung der hochbetagten Frau erregte seinerzeit das Entsetzen vieler Zeitgenossen und den Zorn der Kaiserin Maria Theresia.
Maria Renata Singer war wegen ihrer Strenge bei den Nonnen und wegen ihrer Unnachgiebigkeit den männlichen Klostervorstehern gegenüber überaus unbeliebt. Hinzu kam, daß die alte Frau unter hysterischen Zuständen litt, die auf andere Nonnen übergriffen, so daß es im Kloster zu einer regelrechten Besessenheitsepidemie kam: Maria Renata wurde beschuldigt, ihre Mitschwestern durch dem Essen beigemischte Kräuter ‚verhext‘ zu haben. In der Untersuchungskommission saßen zwar einige einsichtige Männer, die das Leben der Nonne retten wollten, doch letztlich siegte das Zeugnis des Prälaten von Oberzell. Drei Tage nach

Urteilsverkündung wurde die greise Nonne, die nicht mehr gehen konnte, zum Richtplatz getragen, aus besonderer Gnade erst geköpft und anschließend verbrannt.

Walldürn (Neckar-Odenwald-Kreis)

Wallfahrtskirche

Walldürn ist Wallfahrtsort zum Heiligen Blut mit heute noch lebendigem Kult. Der Legende nach soll sich beim Meßopfer durch Umschütten des konsekrierten Kelches auf dem Korporale (Linnentuch unter Hostie und Kelch) der Gekreuzigte abgebildet haben, umgeben von elf weiteren ‚Veronicae' (Abbildungen des mit Dornen umwundenen Hauptes Christi im Volksmund nach dem Schweißtuch der hl. Veronika benannt).

Den Mittelpunkt der Wallfahrtskirche bildet der Heilig-Blut-Altar von 1626 an der Westseite des Nordturms. Die Gemälde der Außenflügel zeigen Szenen aus der Hl.-Blut-Legende. In einer Nische hinter dem Altar befindet sich ein Schrein, der das Wunderkorporale enthält. In dem ersten Bericht über dieses Wunder heißt es, der Priester, dem dieses Mißgeschick mit dem nach katholischem Glauben zum Blut Christi gewandelten Meßwein passiert war, versteckte aus Schrecken und Scham das gezeichnete Tuch hinter einem gelockerten Stein im Altar. Erst, nachdem er seine Tat bekannt und das Versteck verraten hatte, konnte er in Frieden sterben. Täglich ereigneten sich nun neue Wunder, und schon nach siebzig Jahren soll die Angelegenheit untersucht worden sein. 1445 wurde in einer päpstlichen Ablaßbulle die Echtheit des hl. Blutes festgestellt und die Wallfahrt anerkannt; sie erreichte im 17. und 18. Jh. ihren Höhepunkt. Ein Mirakelbuch berichtet über wunderbare Gebetserhöhrungen; so wurde ein ertrunkenes Kind wieder lebendig, eine lange Zeit blinde Frau wurde wieder sehend und ein Kind, dessen Kopf von einem Leitbaum zerschmettert worden war, blieb am Leben.

→ Iphofen (Franken) → Weingarten (Schwaben-Bodensee)

Weibersbrunn-Rohrbrunn (Lkr. Aschaffenburg)

Wirtshaus im Spessart

Am höchsten Punkt der Spessartautobahn liegt ein Rasthaus, das durch die gleichnamige Erzählung von Wilhelm Hauff bekanntgewordene ‚Wirtshaus im

Spessart'. In dieser Geschichte verbringt eine Gruppe von Reisenden die Nacht in einem Wirtshaus mitten im sagenumwobenen, von Räubern durchstreiften Spessart. Um die Angst vor den Wegelagerern – mit denen die Wirtsleute im Komplott zu sein scheinen – zu bannen, erzählt man sich Geschichten.
Befestigte Jagdhäuser an verkehrsmäßig bedeutsamen Straßen sind im Spessart seit dem 14. Jh. bezeugt; für Rohrbrunn findet sich der erste urkundliche Beleg im Jahr 1339. 1668 eröffnete der Oberjäger Melchior Unzuber an der sog. ‚Poststraße' zwischen *Aschaffenburg* und *Würzburg* eine ‚Würtschaft für Reisende zu Fuß und zu Pferd', die allgemein als ‚Unzuberei' bekannt war. Im Jahre 1790 verließ der letzte Unzuber das Haus, das nicht nur von Reisenden, sondern auch von Diebes- und Straßengesindel aufgesucht wurde. Überfälle und Plünderungen waren daher nicht selten. Der neue Posthalter riß das alte Blockhaus ab und baute ein Steingebäude, das aber erst, nachdem Hauffs Erzählung in aller Munde war, den Namen ‚Wirtshaus im Spessart' annahm. Bei dem heutigen Gasthaus handelt es sich um einen Nachfolgebau – die alte Waldschenke gleichen Namens in *Rohrbrunn* hat 1959 dem Neubau der Autobahn Frankfurt–Nürnberg weichen müssen.

Würzburg

Kiliangrab im Neumünster

Im Jahr 689 erlitt der irische Wandermönch Kilian mit seinen Gefährten in Würzburg den Märtyrertod. Die Legende erzählt, Kilian habe zahlreiche Bekehrungen bewirkt und auch Herzog Gozbert die Taufe spenden können. Er zog sich jedoch den Haß von dessen Gemahlin und früherer Schwägerin Geilana zu, als er die Trennung ihrer nach kirchlicher Auffassung unrechtmäßigen Ehe verlangte. In Abwesenheit des Herzogs ließ sie Kilian und seine Gefährten heimlich ermorden und unter einem Pferdestall verscharren. Die zur Strafe mit Wahnsinn geschlagenen Mörder gestanden jedoch die Tat.
Das Grab des hl. Kilian, an dem sich mancherlei Heilungswunder ereignet haben sollen, befindet sich in der Westkrypta. Kilian ist Patron des Bistums Würzburg; sein Festtag (8. Juli) wird mit einer Reliquienprozession und Schaustellung der Schädeldecken der Märtyrer im Dom feierlich begangen.

Der heilige Kilian

Kruzifix
In der nordöstlichen Nische der Rotunde ist ein aus dem 14. Jh. stammendes Kruzifix zu sehen. Auffallend sind die unter die Brust herabgenommenen Arme des Gekreuzigten, so als wolle er jemanden an sich drücken – etwa nach dem rätselhaften Satz im Evangelium: „Wenn ich am Kreuz erhöht werde, will ich alle an mich ziehen."
Diese eigenartige und sehr seltene Darstellung hat die Legendenbildung angeregt: einst soll ein Kirchenräuber versucht haben, eine von frommen Betern geopferte Goldkette zu stehlen – da löste das Christusbild seine Arme vom Kreuz und umschlang den Dieb so fest, daß dieser nicht freikommen konnte und um Hilfe schrie. Er wurde seiner verdienten Strafe zugeführt – die Arme des Gekreuzigten aber blieben in der Stellung, wie sie den Dieb losgelassen hatte.

Ortsverzeichnis

Hauptstichworte sind im Register **halbfett**, die Abbildungen *kursiv* gesetzt.

Die Schwarzen Führer:

1 Hamburg – Schleswig-Holstein
2 Mecklenburg-Vorpommern
3 Nordwestdeutschland
4 Niedersachsen – östlicher Teil
5 Der Harz
6 Sachsen-Anhalt
7 Berlin – Brandenburg
8 Sachsen
9 Thüringen
10 Hessen
11 Westfalen
12 Niederrhein
13 Rheinland
14 Bergisches Land
15 Eifel – Mosel
16 Saarland
17 Pfalz – Kurpfalz
18 Schwarzwald
19 Schwaben – Bodensee
20 Allgäu – Bayerisch-Schwaben
21 München – Oberbayern
22 Niederbayern – Oberpfalz
23 Franken

Der Schwarze Führer
Deutschland

0 50 100 150 200 km

Kartographie: Martin Lay

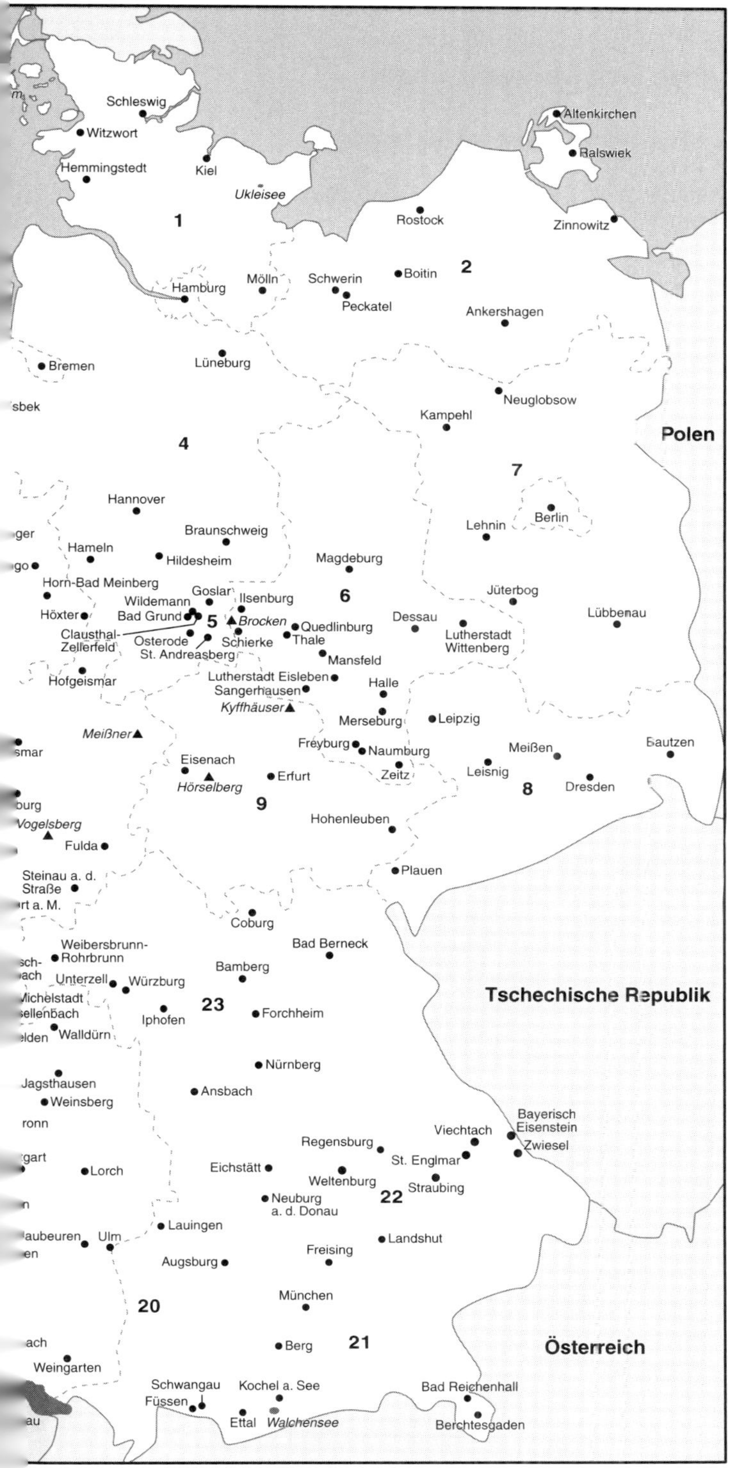
Schleswig
Witzwort
Hemmingstedt
Kiel
Ukleisee
1
Altenkirchen
Ralswiek
Rostock
Zinnowitz
2
Boitin
Schwerin
Peckatel
Hamburg
Mölln
Ankershagen
Bremen
Lüneburg
Neuglobsow
Kampehl
Polen
4
7
Hannover
Berlin
Lehnin
Braunschweig
Hameln
Hildesheim
Magdeburg
Horn-Bad Meinberg
Goslar
Ilsenburg
6
Jüterbog
Wildemann
Höxter
Bad Grund
5
Brocken
Quedlinburg
Dessau
Lübbenau
Clausthal-
Zellerfeld
Osterode
Schierke
Thale
Lutherstadt
Wittenberg
St. Andreasberg
Mansfeld
Hofgeismar
Lutherstadt Eisleben
Sangerhausen
Halle
Kyffhäuser
Leipzig
Merseburg
Meißner
Freyburg
Naumburg
Meißen
Bautzen
Eisenach
Erfurt
Zeitz
Leisnig
Hörselberg
8
Dresden
9
Vogelsberg
Hohenleuben
Fulda
Steinau a. d.
Straße
Plauen
Coburg
Weibersbrunn-
Rohrbrunn
Bad Berneck
Bamberg
Unterzell
Würzburg
Tschechische Republik
Michelstadt
23
Forchheim
Iphofen
Walldürn
Nürnberg
Jagsthausen
Ansbach
Weinsberg
Bayerisch
Eisenstein
Viechtach
Zwiesel
Regensburg
St. Englmar
Lorch
Eichstätt
Weltenburg
Straubing
22
Neuburg
a. d. Donau
Lauingen
Landshut
Ulm
Freising
Augsburg
München
20
21
Österreich
Berg
Weingarten
Schwangau
Kochel a. See
Bad Reichenhall
Füssen
Ettal
Walchensee
Berchtesgaden

Die Schwarzen Führer

Bergisches Land von Stephan Nuding
180 S. ISBN 3-89102-421-5

Berlin-Brandenburg von Reinhild Zuckschwerdt
216 S. ISBN 3-89102-429-0

Franken von Peter Bräunlein
240 S. ISBN 3-89102-123-2

Hamburg – Schleswig-Holstein
von Astrid Paulsen und Ulrike Looft-Gaude
240 S. ISBN 3-89102-426-6

Der Harz von Werner Bartens
204 S. ISBN 3-89102-420-7

Hessen – Südlicher Teil von Johanna M. Ziemann
264 S. ISBN 3-89102-428-2

München – Oberbayern von Ingrid Berle, Marie Luise Hoffmann, Renate Könke, Marie-Louise Schmeer-Sturm
312 S. ISBN 3-89102-424-X

Niederbayern-Oberpfalz von Ingrid Berle, Marie Luise Hoffmann, Renate Könke. 240 S. ISBN 3-89102-430-4

Nordwestdeutschland von Claudia Liebers
176 S. ISBN 3-89102-122-4

Sachsen von Frank Winkelmann
264 S. ISBN 3-89102-423-1

Saarland – Die Saar von Gabriele und Fred Oberhauser
240 S. ISBN 3-89102-431-2

Sachsen-Anhalt von Frank Winkelmann
252 S. ISBN 3-89102-427-4

Schwaben-Bodensee von Erich Viehöfer
248 S. ISBN 3-89102-121-6

Schwarzwald von Ines Heim
180 S. ISBN 3-89102-120-8

Thüringen von Rainer Hohberg
276 S. ISBN 3-89102-425-8

Westfalen von Renate Schmidt-V. und Gustav-Adolf Schmidt
240 S. ISBN 3-89102-422-3

In Vorbereitung

Allgäu – Bayerisch-Schwaben
Eifel – Mosel
Hessen – Nördlicher Teil
Mecklenburg-Vorpommern
Niederrhein
Niedersachsen – Östlicher Teil
Pfalz – Kurpfalz
Rheinland